普通話教程

PUTONGHUA JIAOCHENG

主编 贺 虎
编委 马雪艳 廖 贞 张 立
马 英 才仁卓玛

蘭州大學出版社

图书在版编目(CIP)数据

普通话教程/贺虎主编. —4版. —兰州:兰州大学出版社,2012.8(2019.2重印)

ISBN 978-7-311-02463-5

Ⅰ.①普… Ⅱ.①贺… Ⅲ.①普通话—教材 Ⅳ.①H102

中国版本图书馆CIP数据核字(2012)第184435号

策划编辑　梁建萍
责任编辑　钟　静
封面题字　樊　华
封面设计　管军伟

书　　名　普通话教程
作　　者　贺　虎　主编
出版发行　兰州大学出版社　(地址:兰州市天水南路222号　730000)
电　　话　0931-8912613(总编办公室)　0931-8617156(营销中心)
　　　　　0931-8914298(读者服务部)
网　　址　http://press.lzu.edu.cn
电子信箱　press@lzu.edu.cn
印　　刷　北京虎彩文化传播有限公司
开　　本　710 mm×1020 mm　1/16
印　　张　17.75
字　　数　332千
版　　次　2012年8月第4版
印　　次　2019年2月第16次印刷
书　　号　ISBN 978-7-311-02463-5
定　　价　32.00元

一部重视语言“应用研究”的好教材

——序贺虎主编《普通话教程》

社会科学与自然科学一样，都必须进行“理论研究”和“应用研究”。社会科学的应用研究，就是运用社会科学理论研究的成果，提出解决人类生活中的诸多实际问题的办法、措施、程序和方案。所谓理论研究和应用研究，不是麦秀两岐，而是山附于地的。贺虎先生主编的《普通话教程》就是一部理论与实践紧密结合、双向沟通的不乏新理论、新方法的语言学著作。

我们过去的社会科学研究似乎有一种“难言不屑”：高端学者唯恐涉及“应时”题目而被视为常鳞凡介，拘文牵俗，而社会生活中大量涌现并有待学者解答的问题则鲜无诠证，少与参决。结果，一则造成了各种应时课题研究力量匮乏，空谈玄虚，崇尚浮文；一则又使专家学者囿于书阁，难出及陈时务，甚有辞观之作。Theodore W.Hunt《文学概论》指出：“语言之为语言，是一种训练的学问；我们当作一种训练去理解它，研究它，它的目的是在养成一种语言的天性或能力。因而它的所有事是文字的审辨，文字的分析和解释。”贺虎先生是一位能主动承接时代和社会所提出的、体现社会科学水平的实践问题的学者，他敏锐地发现、概括和解决这些由实践提出的问题，他就是在为广大群众，尤其是青少年“养成一种语言的天性或能力”而努力提高科学素质，形成自己的科学体系。只有做好这些基础训练，才能“把它们的教育元素去隶属于和艺术、趣味及终极效果有关的元素，去隶属于想象、感情和美”。

贺虎先生长期从事高校《现代汉语》教学和国家普通话测试工作，具有丰富的语文实践经验，懂得广大群众的迫切需求，才能写出这样一部习与性成的可读性强的专著，相信会拥有众多读者并在语言习得中产生巨大推动力，在学术发展中有所作为。

胡安良

2012年7月于青海民族大学

前　　言

一

20世纪90年代末，我在青海高等师范专科学校中文系工作时，开始承担本系和部分系、部普通话训练课程的教学任务，教学之外还开展全校毕业生普通话测试工作。几年间使用了多种普通话教材，那些教材各有特点和长处，但不太适合青海高校学生的实际。于是，我就产生了编写一部“具有地方特色的”普通话教材的想法。

2002年，青海师专并入青海民族学院(今青海民族大学)，学习普通话课程的学生除了“地方性”特点外，又多了“民族性”特点。同年底，我参加了国家语委普通话培训测试中心举办的《普通话水平测试大纲》修订稿意见征求会议，与全国各省、区、直辖市的领导和老师们学习、交流，收获颇丰。同时坚定了编写教材的决心，计划用几个月的时间编写出一部适应青海省高校尤其是民族院校实际的“新”教材来。

2003年前半年，由于“非典”肆虐等原因，编写工作一直没有启动。后半年，在教学与科研工作之余，我一直进行着编写材料的搜集、整理工作。年底教材编写团队形成。

2004年6月中旬，在团队教师们的分工合作下，教材初稿编写完成。又经过我一个月的统稿修改，7月，教材由兰州大学出版社出版，名为《新编普通话训练与测试教程》。9月，该教材在当年新生中使用。

2005年《新编普通话训练与测试教程》获得青海民族学院教育教学成果一等奖。这算是对我们辛勤工作的一种肯定和鼓励。

教材经过三年的使用，获得了师生的好评。但我们却不满足，清醒地认识到教材还存在一些问题。那些年我院扩招，全国各地的学生纷纷进入，普通话教学又面临着新的问题：在强调“地方性”和“民族性”的同时，怎样解决非青海籍学生在普通话学习训练中的实际问题，满足他们提高普通话水平的需求，是我们不能回避的矛盾。

于是2007年1月，《普通话训练与测试教程》又诞生了。除了改正前一版的错漏之外，还进行了一些必要的增删，使之更切合我校各民族、各省区学生学习训练的实际情况。

从2007年1月到现在,四年又过去了。经过四年多的教学,我们不断总结经验教训,发现新问题,找寻新办法,探索的脚步一直没有停歇。

21世纪第二个十年开始了,我们跟上了时代发展的步伐。经过半年多的锤炼,《普通话训练与测试教程》顺利升级为《普通话教程》。

我们为本教材做了以下重要的工作:

1. 制作随书光盘,其中包括综合训练里有关练习的音频材料,以及测试用朗读作品的朗读示范,还包括本课程的课件,为学生自主学习、训练提供最大的便利。

2. 从2007版教材第二章里分出部分内容,与一些新编写内容合并构成第二章普通话语音概说,原第二章顺延成第三章。

3. 重写第八章命题说话内容,使之更加简明、实用,贴近测试实际。

4. 全面修订和整理词条。以普通话水平测试国家指导用书《普通话水平测试实施纲要》为蓝本,选取其中的《普通话水平测试用普通话词语表》、《普通话水平测试用必读轻声词语表》、《普通话水平测试用儿化词语表》等词表中的条目,同时按照音序排列了例字、例词以及练习中的词条,力求词条科学、合理、规范,经得起推敲。当然,为了便于举例和训练,保留了一部分表外词条。

5. 修改朗读作品提示内容,更好地为训练和测试服务。除了修改上一版存在的问题外,还结合学生在训练与测试中的实际情况,添加新的提示条目。

6. 更新不甚适合的训练内容,增加新的朗读训练篇目。这一工作在“作品朗读”一章里表现尤为突出,如:删汰综合训练里的“笑话朗读”,加大“古诗词朗读”和“现代诗歌朗读”的分量,新设“歌词朗读”训练,并且在随书光盘里提供这些歌曲,可以一边欣赏歌曲,一边朗读歌词,提高学习和训练兴趣。

7. 附录增加了《中华人民共和国通用语言文字法》和《普通话水平测试大纲》两项内容,方便学习参考。同时不再保留第二版附录里的“朗读作品中的外国人名或地名”、“普通话测试用话题思路启发”、“主要参考书目”等三部分内容。

8. 改正一些说法,使表述更加准确、明了或前后一致。

9. 删除小栏目和一些图表。

10. 改正错别字和错误的拼音。

其他小的变化就不列举了。总之,这一版教材在科学性、规范性、合理性和实用性等方面有我们的努力和追求,大家可以体会得到。

二

《普通话教程》的编写修订工作和以前一样,依然采取团队分工合作的形式,最后由主编修改统稿。有关问题在这里作以说明:

1. 修订时间：

始于2010年7月，迄于2011年1月，历时半年。借重印机会，2012年6月到7月主编又将书中的问题加以改正。

2. 编写人员：

贺虎、马雪艳、廖贞、张立（青海民族大学文学院现代汉语教研室教师）、马英、才仁卓玛（青海民族大学教务处、青海民族大学普通话测试站工作教师）。

3. 其他工作人员：

（1）作品朗读及练习录音：曲田（青海民族大学文学院2008级广播电视新闻学专业学生，青海民族大学广播电台前台长，青海民族大学广播电台播音指导）、赵楠（青海民族大学文学院2004级师范本科班学生、青海民族大学广播电台前台长，青海省邮政公司办公室秘书）

（2）词条修订及排序：夏毅（青海天和地矿印刷有限公司）

（3）课件制作：贺虎

三

最后，还要记住我的领导、同事、朋友和学生们：

感谢青海民族大学国家级专家胡安良先生为本书作序，提携后生。

感谢西宁市市长，原青海省教育厅厅长王予波，他在百忙中为本书题词，令人钦佩。

感谢著名书法家樊华先生欣然命笔，为本书题字，他爽快利落的大家风范令人景仰。

感谢青海民大各级领导，他们对普通话工作常抓不懈，经常过问普通话教学和测试工作，在许多方面给予大力了支持。

感谢文学院的几位领导，他们在精神和物质方面给以本教材以鼓励，奠定了教材成功修订的基础。

感谢我的同事们，正是他们多年来在普通话教学岗位上的信念与坚守，耕耘与浇灌，才使我校普通话推广工作扎扎实实，卓有成效。

感谢青海民族大学普通话水平测试站全体工作人员，他们为普通话测试工作兢兢业业、勤勤恳恳。

感谢我曾经带过的文学院2010级语言学及应用语言学硕士研究生们，特别是孙亚坤、叶蕾、贾欣宇、刘素芳、王瑛玲，虽然他们的劳动成果最终没有被采纳，但是付出了心血，就不应该忘记。

感谢我的学生曲田和赵楠，他们利用课余和工余为教材录音，一字一句都反复推敲，力求标准、完美。

还要感谢在我身后默默支持与付出的亲人们，侄儿夏毅为本教材筛选整理词条，并为之排序，像警惕的哨兵一样不放过任何可疑之处。

四

我们尽了最大的努力，但教材里的疏漏和谬误在所难免，恳请有关专家和广大师生不吝赐教，让我们不断提高，做得更好。我的联系方式：

电子信箱：hehu@sohu.com或hehu@2008.sina.com

贺 虎

2012年7月25日于兰州

凡　例

一、章节安排

本《普通话教程》设立9章42节，每章都有综合训练，另设附录17项内容。

第一章到第八章围绕普通话教学展开，章节设立本着循序渐进的原则，声、韵、调三章内的有关10节，安排了辨正练习，为学习训练提供便利。

第九章关于普通话水平测试也设立了综合练习，以帮助测试者了解普通话水平测试的内容，掌握测试方法及技巧。

二、词条编排

教材声、韵、调及音变四章中的例字、例词主要来自《普通话水平测试实施纲要》中的三个词表《普通话水平测试用普通话词语表》、《普通话水平测试用必读轻声词语表》、《普通话水平测试用儿化词语表》。

为了说明例字、例词的来源并使表述简单明了，使用了简称，如"表一"、"表二"、"表外"、"*"、"轻声词表"等。其具体指代为：

1. "表一"和"表二"：表明例字、例词源自于《普通话水平测试用普通话词语表》里的"表一"和"表二"。

该表参照的是国家语委现代汉语语料库和中国社会科学院语言研究所编辑的《现代汉语词典》(1996年7月修订第三版)，一共收录词语17055条，由"表一"(6595条，常用词语)和"表二"(10460条，次常用词语)两部分组成。表里的词条供普通话水平测试第一项(读单音节字词)和第二项(读多音节词语)测试使用。

2. "*"(星号)：表明例字或例词是《普通话水平测试用普通话词语表》"表一"中频率在4000以前的最常用词。

3. "表外"：表明例字或例词不是《普通话水平测试用普通话词语表》中收录的字或词。

4. "轻声词表"：表明例词源于《普通话水平测试用必读轻声词语表》。该表根据《普通话水平测试用普通话词语表》编制。

5. "儿化词表"：表明例词源于《普通话水平测试用儿化词语表》，收词545条，也供普通话水平测试第二项"读多音节词语"测试使用。

该表参照《普通话水平测试用普通话词语表》及《现代汉语词典》编制。收词

185条,供普通话水平测试第二项“读多音节词语”测试使用。

三、注音标调

教材在需要的地方加注了汉语拼音,遵循的是《汉语拼音正词法基本规则》(GB/T16159–1996)。

为了便于学习、训练,教材专门为普通话水平测试用朗读作品设计了“朗读提示”。其中需要说明问题如下:

(一)作品里出现的“//”(双斜线):出现在每篇作品400个音节后,一般朗读测试到此为止。

(二)朗读提示里出现的

1. “·”(间隔号):标明其后的音节一般轻读,间或重读。如:“容易”拼音写作“ rong·yi”。

2. 儿化音分两种情况,第一是作品书面上加“儿”,如:“小孩儿”;第二是作品书面上没有出现“儿”,但口语里一般读儿化的音节,如:“胡同”。针对这两种情况提示注音一律在基本形式后加r。如: 第一种情况的例子, 拼音写作“xiao hair”;第二种情况的例子,拼音写作“hutongr”。

3. 注音一般以《现代汉语词典》为参照,但若出现分歧,则以《异读词审音表》为准。

目　　录

第一章　普通话概说

第一节　普通话和汉语方言

一、普通话

1956年2月，国务院发布了《关于推广普通话的指示》，正式规定普通话是“以北京语音为标准音，以北方话为基础方言，以典范的现代白话文著作为语法规范”的现代汉民族共同语。

这个定义从语音、词汇和语法三个方面确立了普通话的标准。

第一，普通话以北京语音为标准音，指的是把北京话的语音系统作为普通话的语音标准，包括北京话的声母、韵母和声调以及它们之间的配合关系等。选取北京语音为普通话标准音是历史的必然；当然标准音中并不包括北京方言土语里的一些成分，所以不能简单地把普通话语音等同于北京语音。

第二，普通话以北方话为基础方言，这是对普通话词汇而言的。北方话在汉语中通行地区最广，使用人口最多。它以广大的北方话地区普遍通行的说法为基础，同时也吸收其他方言中的词语。当然普通话词汇也不包括北方话中的土语俚语，比北方话更纯净；同时又吸收了别的方言和外来语中富有生命力的词语，因而比北方话更丰富。

第三，普通话以典范的现代白话文著作为语法规范，这是对普通话语法标准的规定。它包括四层含义：“典范”就是排除不典范的现代白话文；“白话文”就是排除文言文；“现代白话文”就是排除五四以前的早期白话文；“著作”就是指普通话的书面形式，它以口语为基础，是经过加工、提炼的语言。

总之，从普通话的地位看普通话是以汉语文授课的各级各类学校的教学用语，是以汉语传送的各级广播电台、电视台和汉语电影、电视剧、话剧必须使用的规范用语，是我国党政机关、团体、企事业单位干部在工作中必须使用的公务用语,是不同方言区以及国内不同民族之间人们的交际用语。在国际上,普通话又是代表中华人民共和国的"中国话"。

二、汉语方言

方言是通行在某一地区的语言,它是民族共同语的地方变体。方言通行的地区称方言区。

汉语的书面语是一致的,方言的分歧表现在口语中。根据语音特点大略划分,汉语有七大方言:

1.北方方言

也称北方话、官话。分布在长江以北和西南各省区。从江苏省的南京到新疆维吾尔自治区的喀什,从云南省的昆明到黑龙江省的哈尔滨,中间相距几千公里,都属于北方方言区。北方方言以北京话为代表。使用人口约有7亿,占汉族总人数的70%以上。

它的内部包括八个次方言区:

(1)北京官话区　包括北京、承德和赤峰等地。

(2)东北官话区　包括黑龙江、吉林、辽宁等省和内蒙古自治区的乌兰浩特等地。

(3)冀鲁官话区　包括济南、沧州、献县、石家庄等地。

(4)胶辽官话区　包括青岛、烟台、大连等地。

(5)中原官话区　包括西安、运城、洛阳、郑州、南阳、信阳、曲阜、徐州、蚌埠等地。

(6)兰银官话区　包括兰州、武掖、酒泉、银川、乌鲁木齐等地。

(7)西南官话区　包括成都、重庆、武汉、昆明、贵阳、桂林等地。

(8)江淮官话区　包括淮阴、南京、合肥、安庆、黄冈、孝感等地。

2.吴方言

也称江南话或江浙话。分布在江苏省南部、上海市、浙江省、江西省的上饶、玉山、广丰及福建省西部、安徽省南部的部分地区。以上海话或苏州话为代表。使用人口有8000多万,占汉族总人数的8.4%。

3.湘方言

也称湖南话。分布在湖南省湘江、资江流域之间的地区。以长沙话为代表。使用人口约有5000万,占汉族总人数的5%。

4.赣方言

也称江西话。分布在江西省中部和北部及安徽省南部的潜山、怀宁、望江、宿松、太湖、岳西等地。以南昌话为代表。使用人口有2000多万,占汉族总人数的2.4%。

5.客家方言

也称客话。主要分布在江西省南部,广东省北部和东部,广西壮族自治区的陆川、博白、钦州及四川、湖南省的部分地方。以广东省的梅州话为代表。使用人口约有4000万,占汉族总人数的4%。

6.粤方言

也称广东话。分布在广东省、广西壮族自治区的东南部和香港、澳门。海外华人有许多是说粤语的,粤语以广州话为代表。使用人口约有5000万,占汉族总人数的5%。

7.闽方言

也称福佬话。分布在福建省和广东省的潮州、汕头、雷州半岛及海南省、台湾省的部分地区。以福州话、厦门话为代表。使用人口有4000多万,占汉族总人数的4.2%。

方言之间的差别主要是语音,词汇次之,语法差别很小。虽然现代汉语的各种方言相互间存在不少差异,但它们共用一套汉字符号系统,有着一批共同的词汇单位,又有大致统一的语法结构和整套关系密切对应的音系,所以汉语的这些方言仍然是从属于民族共同语的语言低级形式,是现代汉语的地方变体,并不是和普通话并列的独立语言。

第二节　推广和普及普通话

一、推广和普及普通话缘由

我国是一个幅员辽阔、人口众多的国家。由于历史和社会的原因,长期以来形成了严重的方言分歧,方言分歧引发的笑话甚至事故时有发生,给人们的工作、生活带来许多不便甚至损失。因此,推广和普及普通话是人们交往交流的需要。其次,随着社会的迅速发展,科学技术的突飞猛进,语言在当今社会中的地位和作用越来越重要。著名语言学家张志公教授很多年前就曾指出:“我们现在正面临着一个新的技术革命潮流的挑战。在许多新技术中带头的、关键的是信息技术,而最根本的信息载体是语言;语言不仅是人和人交际的工具,而且也将成为人和机器的交际工具。”这里,具有重要地位和作用的“信息载体”的语言,“人和机器交际”的语言,都显然不会是土语方言,而只能是汉民族共同语普通话。所以,推广和普及普通话又是科学技术发展的需要,是我国走向四个现代化所必须完成的社会历史任务。

具体地说,推广和普及普通话,有利于我国人民相互的交往联系,有利于民族团结、国家统一,有利于社会主义市场经济体制的形成和发展,有利于教育的普及和全民族文化素质的提高,有利于科技信息技术事业的发展,有利于我国同世界各国的友好交往。一句话,积极推广和普及普通话,有利于尽快使我国繁荣富强起来,早日进入世界强国之林。

二、推广普通话并不排斥方言和民族语言

推广普通话并不排斥方言和民族语言,更不是人为地禁用或消灭它们,而是要帮助人们掌握全国通用的语言,具备使用通用语言的能力,以便在需要时能说普通话,从而消除方言可能引起的隔阂。一个原来只会说方言的人掌握了普通话,就是提高了语言能力和个人素质,增强了交际手段。方言或民族语言不会因为推广普通话而消灭。普通话与方言和民族语言在我国会长期并存,以适应人们社会生活各个方面的交际需要。

第三节　学习普通话的方法

学习普通话,不能够盲目地练习,要掌握一些技巧,这样才会事半功倍。

一、发现普通话和自己家乡话的对应规律,加强记忆

各种方言和普通话的差异主要表现在语音上,词汇和语法方面的差异相对较小。语音的差异主要表现在:多数地区平翘舌及前后鼻音不分,n、l不辨,没有轻声或儿化,个别地方保留入声调,多数人的韵母圆唇度不够等。可以自己找出家乡话和普通话的对应规律,对难点多加练习和记忆,效果会更加明显。

二、常听多练,反复练习

1.听

语音学,从某种意义上讲就是口耳之学。听得多了,听得准了,自然也就容易说得对了。听,是人们认识声音的唯一渠道。人们常说"十聋九哑",其原因就在于此。一个人如果从小就丧失了听的能力,那就意味着他同时也失去了说话的可能。因为人学说话是从模仿开始的,如果没有了听力,也就没有了模仿的可能,所以说,听力是学好语言的重要前提和基础。好的听力,可以加快学习的速度,提高学习的效率,而多听,又是提高听辨能力的好办法。

可以多听广播电台、电视台标准普通话播音,多听多看普通话电影、电视剧,也可以拿自己的录音与正确的普通话对照着听,以培养良好的语感,增强说普通话的能力。如果再有普通话语音老师适时地给予正确的指点,那就更好了。

2.说

听力再好，不动口，也很难说好普通话。而日常交际，更需用嘴说出来。说好普通话应以字音准确为前提。首先要学好汉语拼音，打好基础，等字音比较标准了，可以有针对性地朗读绕口令之类，提高发音器官协调发音的能力，还可以多朗读诗歌，散文以培养良好的语感。

还可以找个普通话标准的同学，多和他用普通话交流。说错了也没关系，改正了就好。同时，在公共场合也要尽可能地开口说普通话。只有开口说了，才能不断消灭“口不从心”的现象，才能不断提高说普通话的质量。

另外，在练习中可能还会遇到一些问题，可以多向他人请教，也可以向字典、词典和教材学习。建议大家使用最新版的《新华字典》、《现代汉语词典》以及《现代汉语规范字字典》。

只要方法得当，勤加练习，就一定可以说一口流利标准的普通话。

概说综合训练

一、思考并回答下列问题

1.什么是普通话？为什么要推广和普及普通话？

2.推广和普及普通话是否就要消灭方言或民族语言？为什么？

3.普通话为什么以北京语音为标准音？

4.普通话为什么以北方话为基础方言？

5.普通话为什么以典范的现代白话文著作为语法规范？

6.有人说普通话就是“普普通通的话”，这种说法对吗？为什么？

7.有人说“普通话就等于北京话”，这种说法对吗？为什么？

8.每年的什么时间是“推广普通话宣传周”？

9.现代汉语共有几大方言区，它们各自以什么地方的话为代表？

10.你原籍的方言属于哪个大方言区，哪个方言片？

11.简述学习普通话的方法。

12.你的平日用语是什么，它给你的生活和学习带来了什么影响？

13.请对你自己的普通话水平做一评估，并讲讲以前你是如何学习和使用普通话的，今后有什么样的打算？

二、绕口令训练

华华去商店买画，买画的华华说不好普通话，售货员沙沙给华华拿来花，华华怪沙沙错拿花当画，沙沙说华华明明买花才拿花，华华说沙沙拿花当画不像话。沙沙指出华华把“画”说成“花”,把“画”说成“花”的华华决心今后说好普通话。

三、读故事,谈体会

误　会

一天深夜,某班战士们正在睡梦中。

突然,外面响起了急促的哨声。一战士飞身跃起,大喊:“起火了,起火了!”然后冲了出去。大家连忙起身穿衣,拿脸盆的拿脸盆,拎水桶的拎水桶,急急忙忙冲到屋外。“什么地方起火了?”“怎么看不见?”大家纷纷嚷着。火没看见,却见连长生气地盯着他们。

原来那个战士是四川人,他喊的是“集合了”,可大家听到的却是“起火了”。结果弄得一场误会,连紧急集合都给影响了……

第二章　普通话语音

第一节　语　音

语音是从人的嘴里发出的并具有一定意义的声音。

语音具有三种基本属性。

物理属性。语音同自然界其他声音一样，是物体振动而产生的，因此必然具有频率、振幅、强弱等，凡是声音都具备物理属性。

生理属性。语音是由人的发音器官发出来的声音，它涉及发音方法和发音部位的改变等。

社会属性。语音所具有的表意功能是一定社会赋予的，音义的结合是由社会成员约定俗成的，语音所表现出来的民族特征或地域特征无不跟一定的社会发生密切的联系。

这三种基本属性中，社会属性是语音的本质属性。

第二节　发音器官

语音是人的发音器官协调运动的产物。人的发音器官主要包括以下三大部分：呼吸器官、振动器官、共鸣器官。

一、呼吸器官

也叫动力器官，它包括肺和气管。发音时，由肺呼出气流，经过气管到达喉头，冲动了声带、喉头等发音体，才发出了声音。

二、振动器官

喉头和声带是发音的振动器官。声带是两片富有弹性的薄膜，位于喉头中间。两片声带中间的缝隙叫声门，声门可以闭合或者张开。从肺部呼出的气流经过关着的声门时，就会引起声带振动，发出声音。人们通过控制声带的松紧，可以产生高低不同的声音。

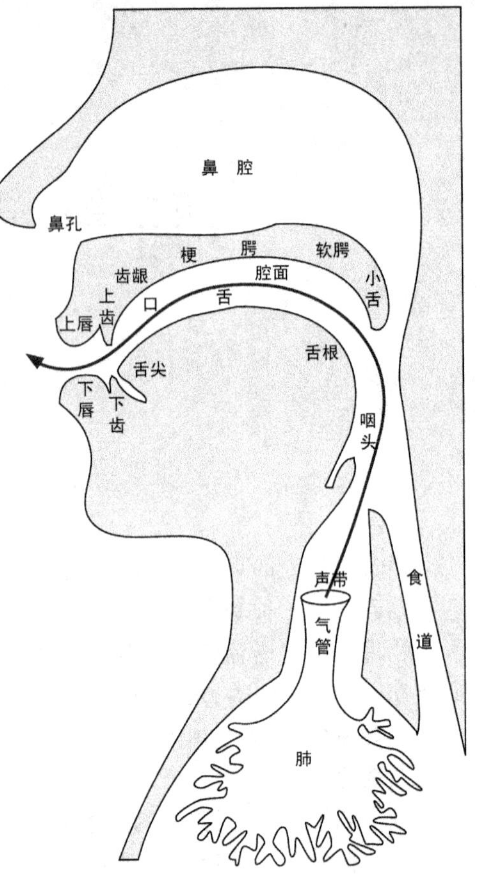

三、共鸣器官

口腔和鼻腔是发音器官的共鸣器。人能发出许多不同的声音，主要靠共鸣器的调节。鼻腔的形状虽然固定不变，但它与口腔之间有一道上下升降的活动门——软腭和小舌，软腭小舌的下垂和上升可以使人发出各种类型的鼻音和鼻化音，或不含鼻音的口音。口腔中的舌头和下颚通常称为积极的发音器官，因为它们的活动，人类的语音才变得千姿百态，丰富多彩。

在这些众多的发声器官中，有的发声器官是固定不变的，比如齿、齿龈、硬腭等。有的发声器官的形状、位置是可变的、能动的，比如唇、舌，连着小舌的软腭、声带等。这些能活动的发声器官在发声过程中最积极、最活跃，是发声中的主角，因此要对它们给予特别的关注。

第三节　元音和辅音

一、音节和音素

音节是在听觉上最容易分辨出来的，最自然的语音单位。比如："飘"和"皮袄"，汉语拼音的写法比较接近，但听觉上"飘"是一个音节，而"皮袄"是两个音节。一个汉字基本是一个音节。

音节不是最小的语音单位。对音节结构进行分析，就能得到最小的语音单位，那就是音素。普通话里的b、p、m、f是一个个音素，ɑ、o、e、i、u、ü也是一个个音素。而ɑi、pɑi、feng、chuɑng则是由两个、三个或四个音素构成的音节。

二、元音和辅音

音素可以分为两类:元音和辅音。发音时气流振动声带,在口腔或鼻腔中不受阻碍而形成的音叫元音;发音时气流在口腔或鼻腔受阻碍而形成的音叫辅音。

两者的主要区别是:

(1)发元音时声带振动;发辅音时声带有的振动,有的不振动。

比如,发元音a时,大家可以摸着脖子,体会一下有什么感觉。

发辅音,先体会一下不振动声带的,比如"歌",拼音写作ge,e是元音,声带振动;g是辅音,它几乎不出声,所以不振动声带。

再体会一下振动声带的,比如m,双唇紧闭,让气流从鼻子里出来发出声音,震动了声带。

(2)发元音时,气流通过口腔不受任何阻碍;发辅音时就要受到一定的阻碍。

比如a、o、e,这些音素发音时没有什么阻碍发音,只是口形有大小、圆展的区别,它们都是元音;但读辅音m时,双唇紧闭,气流无法从口腔里出来,必须绕到鼻腔里通过,这就形成了阻碍。

(3)元音声音响亮,可延长;辅音不太响亮,很少能延长。

比如a可以拉得很长,声音也响亮,只要你的气息充沛,一直可以发音;但辅音不同,比如b是完全不能延长的,声音也不响亮。

在汉语的音节里,我们使用的概念是声母、韵母、声调,这些都是中国传统音韵学里的名称。做声母的通常是辅音,而韵母主要是由元音充当的。

第四节　普通话语音系统

一、普通话声母

普通话声母共21个(不包括零声母)。

b	p	m	f
d	t	n	l
g	k	h	
j	q	x	
zh	ch	sh	r
z	c	s	

除此以外,还有一些没有声母的零声母音节,如:a、o、e、yi、wu、yü等。

二、普通话韵母

普通话韵母共39个。

(1)单韵母:a　o　e　i　u　ü　ê　-i(前)　-i(后)　er

(2)复韵母:ai　ei　ao　ou　ia　ie　ua　uo　üe　iao　iou　uai　uei

(3)鼻韵母:an　en　in　ian　uan　uen　üan　ün　ang　eng　iang　ing　uang　ueng　ong　iong

三、普通话声调

普通话声调共4个。

阴平,即第一声;阳平,即第二声;上声,即第三声;去声,即第四声。

语音综合训练

一、思考并回答下列问题

1.发音器官主要由哪些部分组成?

2.为什么说软腭和舌头是积极的发音器官?

3.普通话的声母共有多少个,具体是什么?

4.普通话的韵母共有多少个,具体是什么?

5.什么是音节和音素?

6.什么是元音和辅音?

7.元音和辅音的区别有哪些?

二、绕口令训练

学好声韵辨四声,阴阳上去要分明。部位方法须找准,开齐合撮数口形。双唇班报必百波,舌尖当地斗点丁;舌根高狗工耕故,舌面积结教坚精;翘舌主争真知照,平舌资则早在增。擦音发翻飞分复,送气查柴产彻称。合口乎午枯胡古,开口河坡歌安争;撮口虚学寻徐剧,齐齿衣优摇业英。前鼻恩因烟弯稳,后鼻昂迎中拥生。咬紧字头归字尾,不难达到纯和清。

第三章　普通话声母

第一节　发音部位及发音方法

声母是汉语音节中开头的辅音部分。普通话声母共有21个(包括零声母共22个),它们的发音部位和发音方法不尽相同。

一、发音部位

发音部位是指发辅音时,发声器官形成阻碍的那个部位。比如发b、p、m时,是上下唇之间形成阻碍,就称它们为双唇音或双唇阻。j、q、x是舌面与硬腭形成阻碍,就称之为舌面音或舌面阻。z、c、s是舌尖与上齿龈形成阻碍,就称之为舌尖前音或舌尖前阻。

根据发音部位的不同,21个声母(不包括零声母)大致可归纳为七类:

(1)双唇音,上唇与下唇中部形成阻碍,b、p、m;

(2)唇齿音,上齿与下唇内侧形成阻碍,f;

(3)舌尖前音,舌尖与上齿背形成阻碍,z、c、s;

(4)舌尖中音,舌尖与上齿龈形成阻碍,d、t、n、l;

(5)舌尖后音,舌尖与硬腭前端形成阻碍,zh、ch、sh、r;

(6)舌面音,舌面中前部与硬腭形成阻碍,j、q、x;

(7)舌根音,舌面后部与硬腭后部形成阻碍,g、k、h、ng。

z、c、s,d、t、n、l,zh、ch、sh、r三组音均为舌尖音,由于它们的发音部位,一组比一组靠后,所以分别被称为舌尖前音、舌尖中音、舌尖后音。

二、发音方法

发音方法是指发音时,形成阻碍和克服阻碍的方式以及气流的强弱、声带的颤动与否等情况。

根据声母形成阻碍和克服阻碍的方式,普通话声母可以分为塞音、擦音、塞擦音、鼻音、边音几类。

1.塞音

形成阻碍的部位完全闭合,气流积蓄在受阻部位,发音时,阻塞部位突然打开,气流冲破阻碍,造成爆发色彩的为塞音。普通话声母塞音有:b、p、d、t、g、k。

2.擦音

形成阻碍部位靠近,形成缝隙,气流从缝隙中挤出,造成摩擦声的为擦音。普通话声母擦音有:f、s、sh、r、x、h。

3.塞擦音

形成阻碍部位开始时完全闭合,当发音时,成阻部位立刻微微打开一条窄缝,让气流从窄缝中摩擦挤出,由于这中间有塞和擦的过程,故称之为塞擦音。普通话声母塞擦音有:z、c、zh、ch、j、q。

4.鼻音

形成阻碍部位完全闭合堵住气流,发音时,软腭下垂,鼻腔通路打开,让气流向上从鼻腔中通过,发出鼻音。普通话声母鼻音有:m、n。

5.边音

舌尖抬起和上齿龈接触形成阻碍,阻塞气流。发音时,气流沿舌的两边流出,同时舌自然落下造成边音。普通话声母边音只有1个:l。

根据除阻时,气流强弱的不同,普通话声母的发音又可分为送气音和不送气音两种。

1.送气音

发音时,呼出的气流较强的为送气音。普通话声母中送气音有:

p、t、k、q、ch、c。

2.不送气音

发音时,呼出的气流较弱的为不送气音。普通话声母中不送气音有:

b、d、g、j、zh、z。

根据声母发音时,声带颤动的情况又有清音与浊音之分。

1.清音

发音时,声带不颤动的为清音。

2.浊音

发音时,声带颤动的为浊音。

普通话声母中,只有m、n、l、r为浊音,其余的均为清音。

综合以上普通话声母七种发音部位和三种发音方法列表如下:

发音方法		塞音		塞擦音		擦音		鼻音	边音
		全阻		半阻				全阻	半阻
		清音					浊音		
发音部位		不送气	送气	不送气	送气				
双唇音	上唇和下唇	b	p					m	
唇齿音	下唇和上齿					f			
舌尖前音(平舌音)	舌尖和上齿背			z	c	s			
舌音中音(舌尖音)	舌尖和上齿龈	d	t					n	l
舌尖后音(翘舌音)	舌尖和硬腭前部			zh	ch	sh	r		
舌面前音(舌面音)	舌面前和硬腭前			j	q	x			
舌面后音(舌根音)	舌面后和软腭	g	k			h		ng	

三、发音过程

声母发音的全过程可以划分为成阻、持阻、除阻三个阶段。

1.成阻

形成阻碍。也就是成阻的两个部位先形成阻碍,为发音做好准备的阶段。例如b、p、m,在发音时,双唇先闭拢形成阻碍的过程。

2.持阻

成阻部位保持成阻状态,并蓄积一定的力量和阻力,同时让气息积聚在发音部位的后面,为发音做好最后的准备。

3.除阻

气流冲破阻碍,最后发出声音的过程。例如双唇音b、p、m,双唇中部打开,气流冲出,发出b、p、m的音。

第二节　b、p、m、f的发音及辨正

一、b、p、m、f的发音

声母b、p、m、f属于双唇音,它们的发音部位相同,但是发音方法略有不同。

b　双唇不送气清塞音

上下唇自然闭拢,嘴角不要用力,力量只集中在双唇的中部,且双唇不要向内裹。发音时,双唇中部迅速而有力地突然打开,气流冲破阻碍发出双唇不送气音b。

例字:

八 白 班 帮 包 杯 本 比 边 表 别 兵 波 补(表一)

例词:

爸爸 颁布 宝贝 辨别 标本 病变 不必 不便(表一)

p 双唇送气清塞音

上下唇自然闭拢,嘴角不要用力,力量集中在双唇的中间部分,双唇不要向内裹。发音时,双唇中部迅速而有力地突然打开并有一股明显的气流从唇的中部冲出,发出双唇送气音p。

例字:

爬 拍 盘 旁 泡 配 盆 碰 批 偏 飘 品 平 颇 铺(表一)

例词:

批判 批评 偏偏 乒乓球 婆婆(表一)

m 双唇鼻音

上下唇自然闭拢,不要向内裹唇,嘴角不要用力。发音时,声音和气息向上送入鼻腔,双唇打开,气流同时从鼻腔、口腔而出,声带颤动,发出带有鼻音色彩的双唇浊辅音m。

例字:

抹 买 满 忙 猫 没 门 猛 米 棉 苗 灭 民 名 摸 某 母(表一)

例词:

妈妈 买卖 盲目 眉毛 美妙 妹妹 弥漫 秘密 面貌 面目 命名 默默(表一)

f 唇齿清擦音

上齿抵在下唇内侧,而不要抵在下唇的唇面或唇的外侧,气息蓄积在成阻部位之后。发音时,唇齿间先打开一条缝隙,让气流从缝隙中摩擦通过,发出唇齿清擦音f。

例字:

发 翻 方 飞 分 风 佛 夫(表一)

例词:

反复 方法 仿佛 非法 丰富 夫妇(表一)

二、语音辨正

1. b—p的辨正(南方和西北部分地区学生学习训练的重点)

b是不送气音,p是送气音,送气与不送气是这两个声母的根本区别。但是有些方言区的人,常把不送气音发成送气音。例如他们把“拔草”说成“耙草”。所以必须区别送气与不送气才能发好b和p的音。

辨正练习

(1)单字对比练习

捌—趴　掰—拍　搬—攀　播—坡　包—抛　杯—胚　奔—喷　兵—乒

边—偏　标—飘　布—铺　棒—胖

(2)词语对比练习

掰开—拍开　鼻子—皮子　步子—铺子　不平—铺平　被服—佩服

包头—抛头　真棒—真胖　辫子—骗子　表白—漂白

(3)词语交叉练习

b—p

薄片　逼迫　布铺　背叛　奔跑　补票　编排　鞭炮　表盘　宾朋　不怕

p—b

跑遍　批驳　瀑布　陪伴　排版　疲惫　旁边　评比　拼搏　破败　漂泊

普遍

2.b、p、m、f和o与e的辨正

声母b、p、m、f只和韵母o相拼（“么”、“嚜”me除外），不能和韵母e相拼。东北人和西北人常把“o”错读成“e”。纠正的方法是：在读“播”(bo)、“坡”(po)、“摸”(mo)、“佛”(fo)时，要做一个圆唇动作，不能咧着嘴角读成be、pe、me、fe。

辨正练习

(1)单字练习

播　驳　簸　泼　婆　笸　破　摸　模　抹　末

(2)词语练习

播音　拨弄　波浪　玻璃　菠菜　批驳　勃勃　脖子　簸箕　搏斗　婆婆

笸箩　迫害　破浪　活泼　泼墨　魄力　破涕　模范　摩擦　磨损　蘑菇

魔鬼　抹杀　末日　没收　陌生　墨宝　摸索　抹黑　活佛　佛手　佛祖

第三节　d、t、n、l的发音及辨正

一、d、t、n、l的发音

d、t、n、l均为舌尖中音，但发音方法略有不同。

d　舌尖中不送气清塞音

嘴微张，舌尖抵在上齿龈处。持阻时，将气息蓄积在舌与硬腭之间。除阻时，舌尖用力从上齿龈处弹开，发出不送气清塞音d。

例字：

搭 呆 担 当 刀 得 灯 低 点 调 爹 丁 丢 东 都 毒

端 堆 吨 多(表一)

例词：

达到 打倒 大胆 大地 大豆 大队 大多 带动 单调 单独 当代

当地 导弹 到达 到底 道德 得到 等待 等到 敌对 地带 地点

弟弟 电灯 电动 奠定 调动 顶点 顶端 懂得 断定 对待(表一)

t 舌尖中送气清塞音

嘴微张，舌尖抵在上齿龈处。持阻时，气息蓄积在舌与硬腭之间。除阻时，舌尖用力从上齿龈处弹开，有一股较为明显的气流随之而出，发出送气清塞音t。

例字：

他 台 谈 汤 套 特 疼 提 天 挑 贴 听 通 偷 图 团

推 托(表一)

例词：

抬头 太太 探讨 淘汰 疼痛 天体 偷偷 团体(表一)

n 舌尖中鼻音

嘴微张，舌尖抬起贴在上齿龈处。除阻时，舌尖从上齿龈处弹开，声带颤动，气流和声音随着舌的动作向上从鼻腔而出，发出鼻音n。

例字：

拿 乃 男 囊 脑 内 嫩 能 泥 年 娘 鸟 捏 您 宁 牛

农 怒 女 暖(表一)

例词：

奶奶 男女(表一)

奶牛 恼怒 能耐 泥泞 袅袅(表二)

l 舌尖中边音

嘴微张，舌尖抬起抵在上齿龈中部。除阻时，舌尖从上向前下方落下，声带颤动，气息和声音从舌的两边通过，发出边音l。

例字：

拉 来 蓝 老 乐 累 冷 离 俩 连 量 料 列 林 灵 刘

龙 楼 路 铝 卵 略 轮 罗(表一)

例词：

来临 劳力 理论 力量 历来 利率 联络 流露 伦理 轮流(表一)

二、语音辨正

1.n—l的辨正(南方和北方部分学生学习训练的重点)

有些方言区n、l不分，尤其是南方方言区最为明显，北方方言区的某些地方也有n、l不分的情况。例如：他们常把“男人”说成“蓝人”，把“女人”说成“吕人”，把“您”说成“林”等。

n和l的主要差别在于：n是鼻音，l是边音，发音方法有所不同。n是舌尖贴在上齿龈处，接触面比l略大，声带颤动，声音从鼻腔通过，发出的是鼻音。而l是舌尖抬起，抵在上齿龈中部，接触面比n小且位置比n稍后。发音时，舌尖有一个从上往下落的过程，气息从舌的两侧通过，声带颤动，发出的是边音。

学习训练时，可以参考附录三《部分声母代表字类推表》。

辨正练习

(1)单字对比练习

拿—拉　挪—箩　捏—咧　虐—略　泥—梨　奴—卢　女—吕　耐—赖
馁—儡　挠—劳　妞—溜　难—兰　年—连　暖—卵　您—林　娘—粮
能—棱　宁—零　农—龙　鸟—了

(2)词语对比练习

拿开—拉开　难挡—拦挡　逆境—离境　囊肿—狼种　恼怒—老路
内部—肋部　念旧—恋旧　浓浓—隆隆　牛年—流连　年年—连连
袅袅—了了　女郎—吕郎　暖房—卵房　蹑手—猎手　农工—龙宫
怒放—录放　鸟雀—了却

(3)词语练习

零零落落　伶伶俐俐　二〇〇〇年　二〇〇六年　木牛流马　凉牛奶
羚羊　醉刘伶

(4)短句练习

天天难念天天念，年年难练年年练
金利来蓝领带，银利来绿领带

(5)诗歌练习

一年一年复一年，根盘结错锁疏烟。不知天意留何用？虎爪龙鳞老更坚。

（清·郑燮《题墨松图》）

2.d—t的辨正（南方和西北部分地区学生学习训练的重点）

d与t的根本区别在于d是不送气音，t是送气音。一些方言区的人往往对此感到困难。例如他们往往把“对了”说成“退了 ”，把不送气音发成了送气音。

辨正练习

(1)单字对比练习

搭—他　多—拖　爹—贴　低—梯　肚—兔　呆—胎　兑—退　刀—涛
吊—跳　逗—透　单—摊　吨—吞　当—汤　钉—厅　东—通

(2)词语对比练习

大步—踏步　怠慢—太慢　单独—贪图　稻子—套子　低处—剔除
颠覆—天赋　刁夫—挑夫　跌进—贴近　小丁—小厅　东风—通风
兜走—偷走　读书—图书　对话—蜕化

第四节　g、k、h的发音及辨正

一、g、k、h的发音

g、k、h是舌根音，位置比较靠后，因此容易产生喉音过重和声音不够明亮的缺陷。为了使声音清晰悦耳，根据宽音窄发、窄音宽发、前音后发、后音前发的基本原则，舌根音g、k、h的发音位置应当向前移，移至舌面后部为宜，即比j、q、x稍后的位置上，而不能真的在舌根位置上。

g　舌面后不送气清塞音

嘴微张，舌面后部隆起抵在硬腭的后部，形成阻碍。除阻时，舌面后部用力弹开，发出不送气清塞音g。

例字：

该　干　刚　高　歌　给　根　更　工　沟　古　挂　怪　关　光　归　滚　国(表一)

例词：

改革　感官　哥哥　公公　公共　巩固　骨干　骨骼　灌溉　广告　规格(表一)

k　舌面后送气清塞音

嘴微张，舌面后部抬起抵在硬腭后部形成阻碍。除阻时，舌面后部用力弹开，有一股较强气流随之冲破阻碍，发出送气清塞音k。

例字：

卡　开　看　抗　考　科　肯　空　口　哭　跨　块　宽　矿　阔(表一)

例词：

开垦　开口　开阔　可靠　刻苦　宽阔(表一)

h　舌面后清擦音

嘴微张，舌面后部隆起与硬腭后部靠近形成缝隙。除阻时，舌基本不动，气流从缝隙间摩擦通过，发出清擦音h。

例字：

哈　海　含　行　号　喝　黑　很　横　红　后　乎　花　怀　环　黄

灰　混　活(表一)

例词：

航海　合乎　后悔　呼喊　呼唤　化合　缓和　黄昏　辉煌　绘画　混合(表一)

二、语音辨正

f—h的辨正(南方学生学习训练的重点)

有些方言区的人常把元音u前面的舌根音h发成唇齿音f，造成f、h不分。例如一位领导在视察工作时说："我们一定要倾听群众的夫(呼)声。"就属于f、h不分。其原因是发h时，位置过于偏前，口腔开度小，造成上齿与下唇相接触，发出近似于f的音。因此发h时，舌面后部一定要抬起与硬腭后部相靠近。

学习训练时，可以参考附录三《部分声母代表字类推表》。

辨正练习

1.单字对比练习

哈—发　呼—夫　黑—非　吼—否　酣—翻　痕—焚　夯—方　横—逢

2.词语对比练习

开花—开发　工会—公费　荒地—方地　湖水—浮水　黑夜—扉页

吼声—缶声　酣然—翻然　狠毒—粉毒　大亨—大风　华丽—乏力

欢腾—翻腾　皇帝—房地　活力—佛力　互利—富丽　婚前—分钱

3.词语练习

江河湖海　呼和浩特　鲜花开放　护理头发

4.短句练习

开发区开会　腐化犯法行为　发挥复合肥效用　恢复合法的席位

画家黄宾虹飞赴洪湖环湖画荷花

5.绕口令练习

红凤凰，黄凤凰，粉红凤凰花凤凰。

惠发花房贩花卉，红花，红花，粉红花，还有护花花药复合花肥。

第五节　j、q、x 的发音及辨正

一、j、q、x 的发音

j、q、x为舌面音。发音时，舌面也就是舌的中间偏前位置，要抬高隆起与上腭接触。但是有些人，比如有些女孩子为了追求声音的妩媚，发音总爱偏前，明显地表现在j、q、x上，结果出来的声音嗲声嗲气，娇滴滴的。还有些方言区把j、q、x发成近似z、c、s的音，我们称这样的音为“尖音”。例如“机器”说成zēicèi，“喜剧”说成sěizuì。因此在发j、q、x时，舌面一定要抬起与硬腭相接触。

j 舌面前不送气清塞擦音

嘴微张，舌尖抵在下齿背后，舌面前部挺起与硬腭前部接触形成阻碍。除阻时，舌面向下闪出一条窄缝，气流从窄缝中摩擦通过，发出不送气清塞擦音j。

例字：

机 加 尖 江 交 皆 斤 京 九 居 卷 决 军(表一)

例词：

积极 基建 基金 即将 急剧 济济 季节 寂静 加紧 加剧 家具
嫁接 坚决 艰巨 见解 间接 渐渐 将近 将军 讲究 奖金 交际
焦急 阶级 接近 结晶 结局 姐姐 解决 借鉴 紧急 进军 京剧
经济 境界 究竟 酒精 救济 舅舅 咀嚼 拒绝 聚集 军舰(表一)

q 舌面前送气清塞擦音

嘴微张，舌尖抵在下齿背后，舌面前部挺起与硬腭前部接触，形成阻碍。除阻时，舌面弹开一条窄缝，有一股较强气流从窄缝中摩擦通过，发出送气清塞擦音q。

例字：

七 千 枪 敲 切 亲 青 穷 秋 区 权 缺 群(表一)

例词：

前期 悄悄 侵权 亲戚 亲切 氢气 情趣 请求 全球 确切(表一)

x 舌面前清擦音

嘴微张，舌尖抵在下齿背后，舌面前部挺起与硬腭前部接近形成一条缝隙。发音时，气流从缝隙中摩擦通过，发出舌面清擦音x。

例字：

西 下 先 乡 小 些 心 星 胸 修 须 选 学 寻(表一)

例词：

习性 细小 细心 下旬 鲜血 显现 现象 现行 乡下 相信 详细
想象 消息 小心 小型 小学 谢谢 心血 新鲜 新兴 新型 信息
信心 星系 星星 行星 形象 休息 学习 学校(表一)

二、语音辨正

1. j、q、x—z、c、s的辨正(南方学生和有“尖音”问题的学生学习训练的重点)

在我国南方一些地区的方言中，j、q、x，z、c、s，zh、ch、sh三组声母多是混乱、颠倒的，这也正是他们学说普通话深感困难的地方。

j、q、x与z、c、s的根本区别在于它们的发音部位不同。z、c、s是舌尖前音，是舌尖与上齿龈形成阻碍，而j、q、x的发音部位要比z、c、s靠后为舌面音，是舌面前部与硬腭前部形成阻碍。切不可把“积极”说成zēizéi，“简捷”说成ziǎnzié，也不要把“自己”说成jìjǐ。

在发j、q、x时，不要让舌尖抬起，而是要把舌面抬起，否则便会出现“尖音”。另外，在发j、q、x时，舌尖应抵在下齿背后，而不要抵在上下齿之间。气流要从舌面与上腭之间擦过，而不应从上下齿之间擦过，否则便会出现过重的擦音。

另外，需要特别记住的是，j、q、x只和齐齿呼、撮口呼韵母相拼，而z、c、s只和开口呼、合口呼韵母相拼。也就是说，如果韵母是开口呼或合口呼的，声母绝不会是j、q、x；如果韵母是齐齿呼或撮口呼的，声母绝不会是z、c、s或zh、ch、sh，这样可以避免声母的混淆。

辨正练习

(1)单字对比练习

机—资　举—祖　叫—造　旧—奏　钱—残　劝—窜　勤—岑　群—存

枪—仓　晴—层　凶—松　香—桑　宣—酸　小—扫　西—丝　心—森

(2)词语对比练习

及格—资格　基本—资本　紧么—怎么　捡钱—攒钱　洗脚—洗澡

鉴定—暂定　焦土—糟土　角度—早渡　校对—造对　僵化—脏话

举国—祖国　计划—字画　局长—族长　京白—增白

棋会—词汇　墙下—藏下　枪库—仓库　气候—伺候　启处—此处

细席—四十　洗脚—死角　小雪—扫雪　细胞—四包　先天—三天

香叶—桑叶　西夏—私下

(3)短句练习

学校休息　休息期间　即将举行　继续前进　新近解决　循序渐进

进了企业就像进了自己家

(4)诗歌练习

剑外忽传收蓟北，初闻涕泪满衣裳。却看妻子愁何在，漫卷诗书喜欲狂。

白日放歌须纵酒，青春作伴好还乡。即从巴峡穿巫峡，便下襄阳向洛阳。

(唐·杜甫《闻官军收河南河北》)

青山在，绿水在，冤家不在。风常来，雨常来，情书不来。

灾不害，病不害，相思常害。春去愁不去，花开闷未开。

(明·小令)

轻轻的我走了，正如我轻轻的来，我轻轻的招手，作别西天的云彩。

……

悄悄的我走了，正如我悄悄的来，我挥一挥衣袖，不带走一片云彩。

（徐志摩《再别康桥》）

2. j、q、x—zh、ch、sh的辨正（南方学生学习训练的重点）

j、q、x与zh、ch、sh所以会发生混淆，是因为有些方言区，例如一些南方地区的人不会发翘舌音造成的，他们常把翘舌音发成了舌面音。例如把“知道”(zhīdao)说成了“基道”(jīdao)，“池子”(chízi)说成了“旗子”(qízi)，“少数”(shǎoshù)说成了“小序”(xiǎoxù)。

zh、ch、sh是舌尖后音。发音时，舌尖一定要平着翘起来，也就是要抬起来，而不是舌尖向后卷起来，卷起来发音会有大舌头的感觉，并且要与硬腭前端接触形成阻碍。而发j、q、x时，是舌面前部挺起与硬腭前部接触，舌尖应抵在下齿背后不动。

辨正练习

(1)单字对比练习

佳—扎　姐—者　居—朱　举—煮　交—招　叫—照

求—绸　牵—搀　全—船　劝—串　秦—陈　群—纯

向—上　想—赏　星—生　性—胜　心—深　席—时

(2)词语对比练习

捐款—专款　忌妒—制度　几条—纸条　不急—不直　橘子—竹子

巨幅—祝福　揪到—周到　压价—压榨　精明—争鸣　白漆—白痴

区道—初到　悄然—超然　齐到—迟到　桥头—潮头　开全—开船

牵好—搀好　求劳—酬劳　掐花—插花　稀饭—师范　大喜—大使

预习—玉石　大夏—大厦　细席—事实　星火—生火　相面—上面

腐朽—俯首　新近—深圳　腥气—生气　七犯—吃饭　席间—时间

向来—上来

第六节　zh、ch、sh、r的发音及辨正

一、zh、ch、sh、r的发音

zh、ch、sh、r是舌尖后音。发音时，舌尖翘起与硬腭前端形成阻碍，所以称之为翘舌音。但是有些方言区平翘舌不分。例如把“小站”说成“小赞”，把“村寨”说成“村在”，把“知道”说成“资道”，因此要特别注意zh、ch、sh与z、c、s的发音区别。

zh　舌尖后不送气清塞擦音

嘴微张，舌尖抬起抵住硬腭前端。发音时舌尖微微弹开一条小缝，让气流从缝隙中摩擦通过，发出不送气清塞擦音zh。

例字：

炸　摘　战　张　找　者　针　争　之　中　州　株　抓　专　装　追　准　捉(表一)

例词：

战争　珍珠　真正　政治　症状　直至　植株　制止　种植　周转　主张　住宅　注重　专政　专制　装置　追逐　着重(表一)

ch　舌尖后送气清塞擦音

嘴微张，舌尖抬起抵住硬腭前端。除阻时，舌尖与硬腭之间弹开一条窄缝，同时有一股较强的气流从中擦过，发出送气清塞擦音ch。

例字：

茶　拆　产　长　超　车　陈　成　吃　冲　抽　出　穿　床　吹　春(表一)

例词：

长城　长处　超出　成虫　出产(表一)

sh　舌尖后清擦音

嘴微张，舌尖抬起与硬腭前端形成一条狭窄的缝隙。发音时，气流从缝隙中摩擦通过，发出清擦音sh。

例字：

沙　晒　山　伤　烧　舌　谁　伸　升　师　收　书　率　双　水　顺　说(表一)

例词：

山水　闪烁　上山　上升　上市　上述　稍稍　少数　设施　伸手　神圣　实施　事实　逝世　收拾　手势　手术　受伤　叔叔　舒适　水手　税收　顺手(表一)

r　舌尖后浊擦音

嘴微张，舌尖抬起并略卷与硬腭前端接近，形成一条缝隙。发音时，声带颤动，气流从缝隙中摩擦通过，发出浊擦音r。

例字：

然　让　绕　热　人　仍　日　溶　肉　如　软　若(表一)

例词：

仍然　柔软(表一)

冉冉　容忍　柔弱　软弱(表二)

二、语音辨正

zh、ch、sh与j、q、x的辨正见前一节，而zh、ch、sh与z、c、s的辨正将在下一节中涉及。

1.r—i的辨正（东北地区学生学习训练的重点）

我国东北和南方的一些方言区，r与i不分。例如：一些东北人把“人民”（rénmín）说成“银民”（yínmín）。

为什么辅音声母r和元音韵母i会发生混淆呢?原因还在舌位上。r是翘舌音，但是有些方言区没有翘舌音，舌尖不会翘起来，而是把舌尖抵在了下齿背后，因此就发出了近似元音i的音。

辨正练习

(1)单字对比练习

日—意　惹—野　饶—摇　柔—油　然—严　仁—寅　嚷—央　冗—勇

(2)词语对比练习

日历—毅力　热乎—业户　饶恕—摇树　揉好—油好　点燃—碘盐

红瓤—弘扬　冗长—蛹长　白人—白银

2.r—l的辨正(南方地区学生学习训练的重点)

在南方一些地区，r和l有时也会混淆，区分不清。南方同学需要注意练习区别。

辨正练习

(1)单字对比练习

热—乐　扰—老　柔—楼　燃—蓝　让—浪　仍—棱　容—龙　如—卢

若—落　软—卵　闰—论

(2)词语对比练习

热土—乐土　热合—乐和　饶命—老命　饶头—老头　挠动—劳动

日常—立场　肉店—漏电　如花—芦花　乳汁—卤汁

第七节　z、c、s的发音及辨正

一、z、c、s的发音

z、c、s是舌尖前音，它较之舌尖中音d、t、n、l和舌尖后音zh、ch、sh、r的发音位置更低一些，更靠前一些。由于发音时不像zh、ch、sh那样舌尖要向上翘起，所以被称之为平舌音。

发z、c、s时，可以有两种方法：一种是将舌尖抵在上齿背后及齿龈前处形成阻碍；一种是将舌尖前端抵在下齿背后，其稍后部位隆起与上齿龈部前接触形成阻碍。后一种方法较之前一种方法更容易做一些，也更容易发准一些，因此本节以讲解后一种方法为主。

z 舌尖前不送气清塞擦音

嘴微张，舌尖前端抵在下齿背后，其稍后部位隆起与上齿龈前接触形成阻碍。发音时，舌尖与上齿龈前端闪开一条窄缝，让气流从中摩擦通过，发出不送气清塞擦音z。

例字：

杂 再 咱 脏 早 则 贼 怎 增 子 总 走 足 钻 嘴 尊 左(表一)

例词：

自在 祖宗(表一)

再造 在座 啧啧 自尊 粽子(表二)

c 舌尖前送气清塞擦音

嘴微张，舌尖前端抵在下齿背后，其稍后部位隆起与上齿龈前接触形成阻碍。发音时，舌尖与上齿龈前端之间闪开一条窄缝，有一股较强气流从中摩擦通过，发出送气清塞擦音c。

例字：

擦 才 参 仓 草 侧 层 词 从 凑 粗 窜 催 村 错(表一)

例词：

层次 从此 粗糙 摧残(表一)

猜测 残存 仓促 苍翠 草丛 催促 璀璨(表二)

s 舌尖前清擦音

嘴微张，舌尖前端抵在下齿背后，其稍后部位隆起与上齿龈前端接近形成缝隙。发音时，气流从缝隙中摩擦通过，发出清擦音s。

例字：

洒 赛 三 扫 色 僧 丝 松 苏 酸 虽 孙 所(表一)

例词：

思索 诉讼(表一)

色素 四散 松散 搜索 琐碎(表二)

二、语音辨正

z、c、s—zh、ch、sh的辨正(南方和东北、西北、西南等地学生学习训练重点)

不管是南方还是北方，都有些方言区平翘舌音不分。例如把“炸”说成“杂”，把“寨”说成“在”。在电视中，偶尔也会出现“本栏目是由××集团站住(赞助)播出的"这样平翘舌音不分的读音错误。

z、c、s与zh、ch、sh的根本差别在于前一组是平舌音而后一组是翘舌音。在发z、c、s时，舌尖要抵在下齿背后，发zh、ch、sh时，舌尖一定要翘起与硬腭前端接触。学习训练时，可以参考附录三《部分声母代表字类推表》。

辨正练习

(1)单字对比练习

z—zh

杂—闸　昨—浊　则—折　租—朱　灾—斋　最—坠　遭—昭　走—肘

簪—毡　怎—枕　尊—谆　脏—章　增—筝　宗—忠

c—ch

擦—插　搓—戳　策—彻　词—驰　匆—冲　才—柴　醋—处　催—吹

操—抄　凑—臭　参—搀　篡—串　岑—陈　村—春　仓—猖　蹭—秤

从—虫

s—sh

私—诗　洒—傻　色—社　苏—疏　鳃—筛　岁—税　扫—少　搜—收

叁—潸　酸—拴　森—深　桑—伤　僧—生　缩—说　损—吮

(2)词语对比练习

z—zh

杂草—炸炒　综合—中和　昨夜—浊液　则已—折椅　最好—坠好

早到—找到　小邹—小周　阻力—主力　栽花—摘花　资源—支援

租子—珠子　赞助—站住　赠品—正品　钻营—专营

c—ch

擦手—插手　粗口—出口　推辞—推迟　三层—山城　惨淡—产蛋

藏处—长处　残虫—蝉虫　凑钱—臭钱　粗布—初步　村庄—春装

从来—重来　侧身—撤身　木材—木柴　小草—小炒　鱼刺—鱼翅

曾经—成精　祠堂—池塘　乱草—乱吵

s—sh

穿梭—传说　桑树—商数　三角—山脚　私人—诗人　僧人—生人

肃立—树立　塞子—筛子　搜集—收集

(3)词语练习

中组部　摄氏10度　三十三度　众所周知　造成早熟

(4)短句练习

出租车司机师傅　广西壮族自治区　随着岁月匆匆流逝

总之，种子总是种子，它能长成苍松翠柏，茁壮成长，耸峙山巅；也许会生出小草，自生自灭，不为人知。

(5)绕口令练习

四是四，十是十，十四是十四，四十是四十。

长虫围着砖堆转，转完了砖堆钻砖堆。

三山撑四水，四水绕三山，三山四水春常在，四水三山四时春。

第八节　零声母的发音

除了21个辅音声母之外，普通话还有一些不以辅音开头，而以元音开头的音节。这种没有辅音开头的音节，称为零声母音节。例如：

爱(ài)　安(ān)　澳(ào)　欧(ōu)　恩(ēn)　言(yán)

衣(yī)　弯(wān)　屋(wū)　雨(yǔ)　原(yuán)　月(yuè)

普通话零声母分为开口呼、齐齿呼、合口呼、撮口呼零声母为四类。有关“四呼”知识，请参见第四章第一节内容。

一、开口呼零声母

开口呼零声母是以a、o、e、ê开头的音节。

例字：

阿　爱　安　凹　欧　额　恩　儿(表一)

例词：

皑皑　暗暗　昂昂　傲岸　偶尔　恩爱(表外)

二、齐齿呼零声母

齐齿呼零声母音节是以i开头的音节。

例字：

压　言　要　业　乙　因　应　用　由(表一)

例词：

谣言　医药　引用　营养　应用　游泳　友谊(表外)

三、合口呼零声母

合口呼零声母音节是以u开头的音节。

例字：

挖　外　完　网　位　问　我　无(表一)

例词：

万物　威望　温文　文武　无望　无畏(表外)

四、撮口呼零声母

撮口呼零声母音节是以ü开头的音节。

例字：

与　远　约　云(表一)

例词：

寓于　预约　元月　越远　云云　运用(表外)

有的方言把普通话的一些零声母读成有声母的音节，如西北方言区就有以下情况：

1.在普通话“零声母”前加辅音ng,例如西安话里的“恶”、“安”、“恩”、“爱”等；

2.在普通话“零声母”前加辅音n,例如西宁话里的“欧”、“爱”、“安”、“鹅”等；

3.在普通话“零声母”前加半元音v,例如兰州话里的“我”、“文”、“五”、“翁”等。

要想发准零声母,首先要把普通话中相应的零声母音节记熟,然后去掉方言音节前面的n或ng就行了。要克服零声母加半元音v的情况,只要在发音时注意将双唇拢圆,不要让上齿接触下唇就行了。

声母综合训练

一、声母知识思考练习

(一)根据下列描写写出普通话有关声母

1.双唇、不送气、清、塞音(　　　)

2.舌尖前、不送气、清、塞擦音(　　　)

3.舌尖中、送气、清、塞音(　　　)

4.舌尖中、浊、边音(　　　)

5.舌尖后、送气、清、塞擦音(　　　)

6.舌面前、不送气、清、塞擦音(　　　)

7.舌根、不送气、清、塞音(　　　)

8.舌尖后、浊、擦音(　　　)

(二)说出下列几组声母发音的主要区别

h—f　z—zh　ch—z　b—p　sh—r　g—k　j—z　d—r

(三)找出下列各组声母中发音部位与其他三者不同的那个

1. d　m　l　n　　　　2. j　f　x　q

3. z　r　s　c　　　　4. b　m　f　p

(四)找出下列各组声母中发音方法与其他三者不同的那个

1. h　f　l　x　　　　2. p　t　k　g

3. zh　z　sh　j　　　　4. b　d　m　g

(五)听音辨音,然后记下声母

老(　)　恼(　)　梨(　)　泥(　)　宁(　)　铃(　)　闹(　)　涝(　)
回(　)　肥(　)　昏(　)　分(　)　符(　)　胡(　)　番(　)　欢(　)
资(　)　知(　)　租(　)　诸(　)　周(　)　邹(　)　斋(　)　灾(　)
策(　)　彻(　)　瓷(　)　迟(　)　出(　)　粗(　)　柴(　)　才(　)
思(　)　诗(　)　色(　)　社(　)　筛(　)　腮(　)　睡(　)　岁(　)
操(　)　环(　)　助(　)　呼(　)　穿(　)　抓(　)　发(　)　丑(　)
鸟(　)　飞(　)　水(　)　连(　)　双(　)　钻(　)　励(　)　采(　)
送(　)　略(　)　腐(　)　沙(　)　房(　)　料(　)　畅(　)　农(　)

(六)声母注音练习

1.注出下列各字的声母

旧(　)　护(　)　花(　)　防(　)　黑(　)　副(　)　发(　)　黄(　)
鲁(　)　懦(　)　棱(　)　内(　)　努(　)　落(　)　能(　)　泪(　)
增(　)　走(　)　自(　)　庄(　)　争(　)　肘(　)　制(　)　脏(　)
词(　)　拆(　)　蚕(　)　秤(　)　持(　)　猜(　)　缠(　)　蹭(　)
苏(　)　拴(　)　丧(　)　傻(　)　舒(　)　酸(　)　上(　)　洒(　)

2.注出下文中的舌尖前声母字和舌尖后声母字

常常有朋友带着歉意向我表示“我能向你说得实在太少了”以及诸如此类的话。

其实,我非常想让他们知道,有的时候,任何话语,哪怕是最优美、最感人的话语,也可能会成为一种惊扰。

为此,我更愿意人们能用温暖的、亲切的握手来表达他们最真挚的同情或问候。

3.注出下文中的边音、鼻音声母字(n、l)

随着两种新型本特利车的推出,不但劳斯莱斯的生产将达到每年六千辆,相当于原产量的三倍,而且克鲁工厂的员工人数也将增加一倍。当然,这一切的必要条件是:宝马公司把劳斯莱斯弄到手。

4.注出下文中的h、f声母字

回忆是对现实的反动。我们回忆的东西,往往是我们现实中所缺乏或正在失去的。回忆能弥补我们现实生活中的种种缺憾,求得短暂的心理平衡。

5.注出下文中加点字的声母

(1)将近傍晚,船已驶入了台州海面,天色却奇怪地变成了铅灰色,海水也变成了可怕的墨蓝色。春季的海上气候变化如此之快,令我吃惊。只见天水之间一片苍茫,发着悚人的声响;海浪也开始肆虐了,一改刚才的温顺恬静,咆哮着冲撞着船体,船剧烈地颠簸着,我紧紧握着舵位旁的防浪杆。

……

我不禁万分自惭。这是怎样的一种信念,我对这些征服者肃然起敬,心中顿时涌起一股莫名的意志,恐惧已被这股意志驱得无影无踪。

(2)我非常喜欢波浪线这个名字,真的。仿佛真的有水似的,一漾一漾,就把行行灵动的文字呈到了你的面前。你仿佛坐到了船上,用眼睛作橹,用思维把舵,一场美妙的水上旅行,就此开始。

似乎不仅仅是一种特别的重视与区别。而是心的起伏,心的抚摸,心的律动。所以读到别人画波浪线的句子时,常常涌动着一种无言的默契和一种美好的吻合。

奇怪的是,我自己却从来不画波浪线——也许是因为水是流动的,不敢相信自己会有那么执著的钟情吧。是不是一种劣性呢?

6.下面这首诗歌包含了普通话的21个声母,请准确地注出它们

春日每起早,采桑惊啼鸟。风过扑鼻香,花开落,知多少。

二、声母读音训练

(一)同声词语训练

b

把柄　百般　摆布　斑白　斑斑　版本　半边　帮办　包办　包庇　褒贬
报表　卑鄙　北边　背包　奔波　本部　碧波　臂膀　弊病　遍布　辩驳
标榜　标兵　表白　冰雹　步兵(表二)

p

琵琶　匹配　偏旁　偏僻　偏颇　品评　评判(表二)

m

麻木　埋没　卖命　满面　满目　谩骂　茂密　冒昧　没命　眉目　美满
美貌　门面　蒙昧　梦寐　迷茫　迷蒙　密码　苗木　描摹　渺茫　泯灭
名目　明媚　命脉　牧民(表二)

f

发放　发疯　繁复　犯法　防范　非凡　分发　芬芳　纷繁　纷飞　奋发
风帆　蜂房　佛法　复发(表二)

d

打点　打动　打赌　大抵　大殿　大度　带电　担当　导电　得当　抵达

抵挡　地道　地段　颠倒　点滴　电镀　调度　掉队　定点　定都　丢掉
动荡　抖动　毒打　独到　独断　对答　对等
(表二)

t

坍塌　贪图　滩涂　谈天　谈吐　弹跳　探听　探头　滔滔　逃脱　梯田
体态　体贴　剃头　天堂　挑剔　调停　铁蹄　厅堂　听筒　头疼　头痛
图腾　吞吐　脱胎(表二)

n

奶牛　恼怒　能耐　泥泞　袅袅(表二)

l

拉力　拉拢　来历　劳累　牢笼　老练　姥姥　勒令　冷落　立论　利落
连累　嘹亮　料理　邻里　林立　淋漓　琳琅　伶俐　玲珑　凌乱　零乱
领略　浏览　留恋　流浪　流利　流量　流落　琉璃　笼络　陆路　绿林
论理　罗列　裸露(表二)

g

改观　坩埚　感光　杠杆　高贵　更改　公告　公关　公馆　攻关　沟谷
姑姑　古怪　故宫　故国　雇工　挂钩　拐棍　观光　光顾　桂冠　国歌
过关(表二)

k

坎坷　慷慨　苛刻　可口　空旷　困苦(表二)

h

憨厚　含糊　含混　行会　豪华　好汉　合伙　和缓　红火　花卉　欢呼
皇后　黄花　惶惑　恍惚　谎话　挥霍　回合　回话　回环　悔恨　毁坏
汇合　会合　会话　昏黄　浑厚　火海　火红　火候　火花　火化　祸害
(表二)

j

机井　机警　肌腱　积聚　激进　急救　急遽　集结　集聚　几经　计价
计较　寄居　夹击　佳节　家教　家境　家眷　嘉奖　假借　肩胛　间距
监禁　检举　简洁　简介　建交　健将　渐进　将就　讲解　降价　交加
交接　交界　焦距　矫健　皎洁　脚尖　接济　接见　节俭　洁净　结集
捷径　解救　近郊　晋级　禁忌　经久　荆棘　精简　警戒　警觉　竞技
炯炯　纠集　酒家　就近　拘谨　聚积　绝迹　绝技　绝境　倔强　军机
(表二)

q

漆器　齐全　祈求　乞求　气球　崎岖　恰巧　欠缺　强求　窃取　轻骑

轻巧　躯壳　全权(表二)

x

唏嘘　嬉戏　喜讯　戏谑　狭小　遐想　下行　先行　纤细　闲暇　小雪　肖像　心弦　心胸　心虚　心绪　欣喜　新星　新秀　新学　兴修　行销　行凶　雄心　雄性　休想　修行　虚线　虚心　宣泄　喧嚣　雪线　血腥　血型(表二)

zh

辗转　长者　招致　折中　褶皱　珍重　真知　真挚　斟酌　诊治　争执　征兆　整治　正直　正中　郑重　支柱　执照　执政　执著　纸张　指摘　指针　中止　中转　忠贞　终止　肿胀　周折　主旨　助长　住址　驻扎　著者　专职　专注　专著　转战　转折　转轴　庄重　壮志　茁壮　卓著(表二)

ch

查处　拆除　潺潺　蟾蜍　铲除　超产　超常　惩处　驰骋　赤诚　充斥　抽查　抽搐　踌躇　惆怅　出差　出厂　出场　初春　除尘　橱窗　穿插　传承　戳穿(表二)

sh

杀伤　霎时　膳食　伤势　赏识　上身　上书　烧伤　舍身　射手　摄食　身世　绅士　深山　审慎　审视　生疏　声势　省事　尸首　失神　失声　失实　失守　施舍　时尚　时事　时势　实事　实数　史诗　史实　史书　世事　适时　首饰　书生　熟睡　述说　水势　顺势　瞬时　硕士(表二)

r

冉冉　容忍　柔弱　软弱(表二)

z

再造　在座　啧啧　自尊　粽子(表二)

c

猜测　残存　仓促　苍翠　草丛　催促　璀璨(表二)

s

色素　四散　松散　搜索　琐碎(表二)

(二)零声母词语训练

1.开口呼

爱国　爱情　爱人　安排　安全　安慰　按照　案件　偶然　儿童　儿子　而且　耳朵(表一)

2.齐齿呼

压力　压迫　延长　严格　严肃　严重　言语　岩石　沿海　研究　研制

颜色 眼光 眼睛 眼泪 眼前 演出 演员 演奏 阳光 氧化 氧气
样子 要求 药物 要素 爷爷 也许 业务 叶子 夜里 夜晚 液体
一般 一边 一带 一旦 一定 一律 一切 一直 衣服 医生 医学
医院 依据 依靠 依赖 依然 仪器 仪式 移动 遗传 已经 以便
以后 以及 以来 以前 以外 以往 以为 以下 以至 义务 艺术
议会 议论 异常 抑制 意见 意识 意思 意外 意味 意义 意志
因此 因而 因素 因为 音乐 银行 引导 引进 引起 印象 应当
应该 英雄 婴儿 营养 影响 影子 应用 拥有 永远 勇敢 优点
优良 优美 优势 优秀 尤其 由于 友谊 有关 有机 有力 有趣
有时 有限 有效 右手 幼虫(表一)

3.合口呼

外部 外国 外界 外面 完成 完全 完善 完整 晚上 往往 忘记
危害 危机 危险 威胁 微微 微笑 为止 违反 围绕 维持 维护
伟大 尾巴 委员 卫生 卫星 为了 未来 位置 温度 温暖 文化
文件 文明 文献 文学 文艺 文章 文字 稳定 问题 我们 污染
屋子 无法 无论 无数 无限 无疑 武器 武装 舞蹈 舞台 物价
物理 物体 物质 物资(表一)

4.撮口呼

于是 愉快 予以 宇宙 语法 语言 语音 玉米 预报 预备 预测
预防 元素 原来 原理 原料 原始 原因 原则 原子 缘故 院子
愿望 愿意 约束 月份 月亮 月球 乐曲 阅读 允许 运动 运输
运行 运用(表一)

三、声母正音训练

(一)分清z、c、s与zh、ch、sh的训练

1.平翘连用训练

zh—z

宅子 寨子 帐子 沼泽 振作 镇子 正宗 正在 职责 侄子 指责
制造 质子 制作 中子 种子 种族 珠子 竹子 主宰 主子 铸造
柱子 爪子 装载 庄子 锥子 追踪 准则 桌子(表一、二)

z—zh

杂质 杂志 栽植 栽种 载重 在职 赞助 增长 增值 增殖 滋长
资助 自治 自制 自重 自主 自转 自传 宗旨 总之 遵照 尊重
奏章 阻止 组织 组装 诅咒 罪证 最终 罪状 作战 作者 做主
坐镇(表一、二)

ch—c

差错　成才　成材　尺寸　唱词　筹措　储藏　储存　揣测　穿刺　船舱
纯粹(表一、二)

c—ch

财产　菜场　操场　操持　草场　磁场　促成　存储(表一、二)

sh—s

上司　上诉　哨所　深思　申诉　深邃　伸缩　神色　神速　生死　绳索
失散　时速　石笋　世俗　收缩　疏散　疏松　输送(表一、二)

s—sh

撒手　赛事　散射　散失　丧事　丧失　扫射　扫视　厮杀　私事　私塾
死伤　死神　死守　四时　松手　松鼠　宿舍　诉说　算术　虽说　随身
随时　岁数　损伤　损失　唆使　琐事　琐碎(表一、二)

2.平翘单独训练

zh

展开　掌握　招呼　哲学　针对　争议　支持　中间　周围　逐步　专门
装置　追求　准确　着重(表一)

z

暂时　早晨　责任　怎样　增强　资格　综合　走向　足够　最初　遵守
昨天(表一)

ch

差别　产品　长期　超过　彻底　沉默　成本　持续　充分　抽象　出发
传递　创立　垂直　春天(表一)

c

才能　参加　操作　测量　层次　词汇　从而　促进　存在　措施(表一)

sh

沙漠　山区　商店　少数　设备　身份　生存　失败　收入　树立　率领
双方　水分　顺利　说话(表一)

s

丧失　色彩　森林　思考　素质　随时　损害　所有(表一)

3.平翘对比训练

z—zh

杂—闸　则—哲　租—朱　灾—摘　造—照　赞—战　怎—枕　增—争

c—ch

擦—插　测—撤　粗—出　催—吹　操—抄　猜—拆　惨—产　层—成
藏—长　村—春　匆—冲

s—sh

洒—傻　苏—书　色—舍　赛—晒　扫—少　搜—收　三—山　森—身
嗓—赏　僧—生

zh—z

征兵—增兵　竹子—卒子　砖动—钻洞　摘花—栽花　志愿—自愿
终止—宗旨　仿照—仿造

ch—c

鱼翅—鱼刺　插手—擦手　一成——层　最初—最粗　乱吵—乱草
重来—从来

sh—s

梳子—苏子　睡时—碎石　事实—四十　树立—肃立　近视—近似
申述—申诉

z—zh

阻力—主力　暂时—战时　栽桃—摘桃　自序—秩序　造就—照旧
杂技—札记　增订—征订

c—ch

粗布—初步　推辞—推迟　木材—木柴　擦手—插手　新村—新春
八层—八成

s—sh

私人—诗人　肃立—树立　搜集—收集　三角—山脚　桑叶—商业

(二)分清n和l的训练

1.鼻边音声母训练

n

那里　奶奶　南北　脑袋　内部　能量　你们　年轻　牛顿　农村　奴隶
女性

l

来源　浪费　劳动　类型　理论　连接　良好　了解　临床　灵活　流通
垄断　路线　履行　论文　落实

n—l

哪里　那里　耐力　脑力　内力　内陆　内乱　嫩绿　能力　能量　尼龙
逆流　年龄　年轮　农历　浓烈　奴隶　努力　女郎　暖流

l—n

来年　烂泥　老年　冷凝　冷暖　历年　利尿　连年

2.鼻边音声母对比训练

拿　砬　耐—赖　南—兰　囊—郎　脑—老　内—类　能—棱　你—里

年—连　娘—良　鸟—了　聂—列　您—林　宁—零　牛—刘　农—龙
怒—路　女—吕　暖—卵　诺—落
无奈—无赖　蓝天—南天　恼怒—老路　门内—门类　泥巴—篱笆
年节—廉洁　新娘—心凉　鸟雀—了却　水牛—水流　浓重—隆重
女伴—旅伴　允诺—陨落

四、绕口令训练

(一)b、p、m、d、t、g、k

1.八百标兵奔北坡,炮兵并排北边跑,炮兵怕把标兵碰,标兵怕碰炮兵炮。(b、p)

2.白石塔,白石搭,白石搭白塔,白塔白石搭,搭好白石塔,白塔白又大。(b、d、t)

3.大猫毛短,小猫毛长。大猫毛比小猫毛短,小猫毛比大猫毛长。(m)

4.调到敌岛打特盗,特盗太刁投短刀,挡推顶打短刀掉,踏盗得刀盗打倒。(d、t)

5.大兔子,大肚子,大肚子的大兔子,要咬大兔子的大肚子。(d、t)

6.哥挎瓜筐过宽沟,赶快过沟看怪狗。光看怪狗瓜筐扣,瓜滚筐空哥怪狗。(g、k)

(二)j、q、x

1.京剧叫京剧,警句叫警句,京剧不能叫警句,警句不能叫京剧。(j)

2.七加一,七减一,加完减完等于几。七加一,七减一,加完减完还是七。(j、q)

3.稀奇稀奇真稀奇,麻雀踩死老母鸡,蚂蚁身长三尺六,八十岁的老头躺在摇篮里。(j、q、x)

4.洁洁和清清,门前数星星,一二三四五……数也数不清。急得洁洁和清清,跺脚埋怨小星星,不该胡乱眨眼睛。(j、q、x)

(三)zh、ch、sh、r、z、c、s

1.史老师讲时事,常学时事长知识。时事学习看报纸,报纸登的是时事,常看报纸要多思,心里装着天下事。(zh、ch、sh)

2.软弱柔软,软柔弱,柔弱软柔,弱软柔。(r)

3.老舅进城看老六,老六高兴买油又买肉。油揉肉,肉揉油,揉油的肉,滑嫩又爽口。老舅吃一口,老六吃一口。上顿吃油揉肉,下顿吃肉揉油。连吃三天油揉肉,俩人都说没吃够。(r)

4.四十四个字和词,组成一首子词丝的绕口令。桃子李子梨子栗子橘子柿子槟子榛子,栽满院子村子和寨子。刀子斧子锯子凿子锤子刨子尺子,做出桌子椅子箱子和柜子。名词动词数词量词代词副词助词连词,造成语词诗词和唱词。蚕丝生丝熟丝缫丝染丝晒丝纺丝织丝,自制粗丝细丝人造丝。(z、c、s)

(四)j、q、x—zh、ch、sh,j、q、x—z、c、s

1.鸡道、鸭道,不知道,七道、八道,不迟到。细席、粗席,四时席,舌面、平翘分仔细。金心不及真心,秋千不能抽签,新鲜才入深山。(j、q、x—zh、ch、sh)

2.司机买雌鸡,仔细看雌鸡,四只小雌鸡,叽叽好欢喜,司机笑嘻嘻。

(j、q、x—z、c、s)

(五)z、c、s—zh、ch、sh

1.早招租,晚招租,总找周邹郑曾朱。(z—zh)

2.这是蚕,那是蝉。蚕常在叶里藏,蝉常在树里唱。(c—ch)

3.山前有三十三棵死涩柿子树,山后有四十四只石狮子。山前的三十三棵死涩柿子树,涩死了山后的四十四只石狮子。山后的四十四只石狮子,咬死了山前的三十三棵死涩柿子树,死涩柿子树从此不结死涩大柿子。(s—sh)

4.刚往窗上糊字纸,你就隔着窗户撕字纸。一次撕下横字纸,一次撕下竖字纸。横竖两次撕下四十四张湿字纸。是字纸你就撕字纸,不是字纸你就不要胡乱撕一地纸。(z—zh、s—sh)

5.操场前面有三十三棵桑树,操场后面有四十四棵枣树。张三把三十三棵桑树认作是四十四棵枣树,赵四把四十四棵枣树认作是三十三棵桑树。

(z—zh、c—ch、s—sh)

(六)n—l

1.吕良气吕娘,吕娘怨李良。李良气吕良,吕良怨李良。李良怨吕娘,吕娘气吕良。(n—l)

2.老龙恼怒闹老农,老农恼怒闹老龙,农怒龙恼农更怒,龙恼农怒龙怕农。

(n—l)

3.大娘家里上大梁,梁大大娘扛不动。大郎帮助大娘扛大梁,大娘不要大郎扛大梁,大郎还要帮大娘扛大梁。大郎大娘扛大梁,大娘家里上了大梁。(n—l)

4.龙年农民去卖梨,半路碰上下大雨。摔了个跟斗砸烂了梨,弄得满脸都是泥。脸上的泥是黄泥,地上的梨是黄梨。洗掉泥,卖掉梨,回家过龙年,全家欢迎你。(n—l)

5.莲漏难留恋,南楼辇路凉,年年来念汝,两泪落牛郎。(n—l)

6.老刘和老牛南宁南岭农场去拉粮,老刘拉了六千六百六十六斤六两六的粮,老牛也拉了六千六百六十六斤六两六的粮,两人拉了两个六千六百六十六

斤六两六的粮。(n—l)

7.一连连长姓年,人称年连长,二连连长姓连,人称连连长。连连长比年连长年轻,年轻的连连长,年年比年连长年轻;年连长比连连长年长,年长的年连长,年年比连连长年长。连连长连连做连长,连续做了六年的二连连长,连连长可谓年年做二连连长,二连的人却不说连连长是个老连长。年连长年年当连长,当了十六年的一连连长,年连长年年当一连连长,一连的人都说年连长是个老连长。(n—l)

(七)h—f

1.荷花开花花粉红,粉红荷花花会风,风中蝴蝶翻飞舞,舞中蝴蝶附花红。(h—f)

2.我们要学理化,他们要学理发,理化、理发要分清,学会理化却不会理发,学会理发也不懂理化。(h—f)

3.老队长召开生产会,号召全队来积肥。要想粮成山,必先肥成堆。小飞挑来村南那堆粪,小会挑来村北那堆灰。村北那堆灰要掺上村南那堆粪,村南那堆粪要掺上村北那堆灰。小飞和小会,谁也不怕累,先把灰混粪,再把粪混灰,混成灰粪肥。(h—f)

4.前村后刘沟有个傅虎虎,后村前刘沟有个胡福福,中伏给生产队种萝卜。傅虎虎会种白萝卜不会种红萝卜,胡福福会种红萝卜不会种白萝卜。傅虎虎帮胡福福种白萝卜,胡福福帮傅虎虎种红萝卜。(h—f)

(八)零声母

1.山前有个严圆眼,山后有个严眼圆,二人山前山后来比眼,不知严圆眼比严眼圆的眼圆,还是严眼圆比严圆眼的眼圆。

2.威威、伟伟和卫卫,拿着水杯去接水。威威让伟伟,伟伟让卫卫。让来让去谁接水,卫卫、伟伟和威威,一二三,排好队,一个一个来接水。

五、名言警句训练

1.假如春天没有花,人生没有爱,那还成什么世界?〔中国〕郭沫若

2.爱常常比恨更为强有力得多。〔中国〕王朝闻

3.爱的法则,即是牺牲的法则。〔中国〕李大钊

4.别为了单纯的爱而把人生的一切都忘却了。〔中国〕鲁迅

5.爱使光明更加光明,光明使爱成为更深更强的爱。〔中国〕王蒙

6.耐心、韧性、谅解、宽容、包涵,都是爱的代名词。〔中国〕三毛

7.爱分三种:美丽的爱,奉献的爱,活泼的爱。〔俄〕阿·托尔斯泰

8.爱就是无限的宽容,些许之事亦能带来喜悦,爱就是无意识的善意,自我

彻底的忘却。〔法国〕萨尔丹

9.爱是一个让人变新和成长的过程。〔德国〕弗洛姆

10.爱能使世界转动。〔英国〕狄更斯

11.爱是真正促使人复苏的动力。〔德国〕歌德

12.爱绝对不是感情上的消遣,而是一种精神上的鼓励。〔美国〕杰弗逊

第四章　普通话韵母

第一节　韵母的分类

韵母是一个音节声母后面的部分,它主要由元音构成,也有一部分是元音加辅音构成。韵母是汉语音节中最重要也是绝不可缺少的组成部分。普通话中的韵母共有39个,有两种分类方法:一种是按韵母内部的结构特点分类,一种是按韵母开头元音的发音唇形分类。

1.按韵母内部的结构特点,可以分为三类

(1)单韵母:由一个元音构成的韵母,共10个。

ɑ、o、e、i、u、ü、ê、er、-i(前)、-i(后)

(2)复韵母:由两个或三个元音构成的韵母,共13个。还可以根据主要元音的位置分为:

①前响复韵母:ɑi、ei、ɑo、ou

②后响复韵母:iɑ、ie、uɑ、uo、üe

③中响复韵母:iɑo、iou、uɑi、uei

(3)鼻音尾韵母:由一个或两个元音与鼻辅音n或ng组合而成的韵母,共16个。还可以分为:

①前鼻音尾韵母:ɑn、en、iɑn、in、uɑn、uen、ün、üɑn

②后鼻音尾韵母:ɑng、eng、ing、ong、iɑng、iong、uɑng、ueng

2.按韵母开头元音的发音唇形分类,可分为四类

即开口呼、齐齿呼、合口呼、撮口呼。传统语音学把这四类称为“四呼”,汉语拼音方案中的韵母表,就是按照“四呼”排列的。

“四呼”的基本定义及具体归类:

(1)开口呼:没有韵头,韵腹又不是i、u、ü的或不以i、u、ü开头的韵母,共16个。

ɑ、o、e、ê、-i(前)、-i(后)、er、ai、ei、ao、ou、an、en、ang、eng、ong

(2)齐齿呼:韵腹是i的或以i开头的韵母,共10个。

i、ia、ie、iao、iou、ian、in、ing、iang、iong

(3)合口呼:韵腹是u的或以u开头的韵母,共9个。

u、ua、uo、uai、uei、uan、uen、uang、ueng

(4)撮口呼:韵腹是ü的或以ü开头的韵母,共4个。

ü、üe、üan、ün

普通话韵母分类表

按口型分 / 按结构分	开口呼	齐齿呼	合口呼	撮口呼
单韵母	-i(前、后)	i	u	ü
	a	ia	ua	
	o		uo	
	e			
	ê	ie		üe
	er			
复韵母	ai		uai	
	ei		uei	
	ao	iao		
	ou	iou		
鼻韵母	an	ian	uan	üan
	en	in	uen	ün
	ang	iang	uang	
	eng	ing	ueng	
	ong	iong		

第二节　单韵母的发音及辨正

一、单韵母的发音条件

普通话中的单韵母共有10个,ɑ、o、e、i、u、ü、ê、-i(前)、-i(后)、er。它们的发音其实就是单元音的发音,主要取决于舌位及唇形两个条件。

舌位,是指舌头隆起的最高点,也就是形成元音最突出的舌的部位。确定舌位，一要看它的高低，二要看它的前后。舌位的高低分为高、半高、半低、低四等。舌位的前后分为前、央、后三种。6个主要元音舌位如下：

高：i、u、ü　　　　前：i、ü、ê
半高：o、e　　　　央：a
半低：ê　　　　　后：u、o、e
低：a

唇形，是指发音时双唇的形状，是圆还是不圆，以及口腔开度的大小。一般讲，舌位的高低与唇形的开合成反比。舌位越高，口腔的开度越小，舌位越低，口腔的开度越大。主要元音的唇形及口腔开度如下：

圆唇：o、u、ü　　　　闭：i、u、ü
不圆唇：i、a、e、ê　　半闭：o、e
半开：ê
开：a

主要元音舌位及唇形表

类别 / 舌位前后 / 唇形 / 舌位高低	舌尖元音		舌面元音				
	前	后	前		央	后	
	不圆		不圆	圆	不圆	不圆	圆
高（闭）			i	ü			u
半高（半闭）	-i（前）	-i（后）				e	o
中					er		
半低（半开）			ê				
低（开）					a		

二、单韵母的发音

a　央低不圆唇元音

嘴自然张开，舌自然放松在口腔的最低处。发音时，气流均匀地流出，声带颤动，发出不圆唇元音a。

例字：

阿　八　擦　插　搭　发　哈　卡　拉　马　拿　爬　洒　沙　他　挖　压　杂　扎（表一）

例词：

爸爸　大妈　发达　发芽　喇叭　妈妈　沙发　娃娃（表一）

o　后半高圆唇元音

上下唇自然拢圆后不动，舌向后缩，舌面后部与软腭相对应。发音时，气流均匀地通过，声带振动，发出圆唇元音o。

例字：

哦　波　佛　颇　摸(表一)

例词：

骆驼　默默　婆婆　脱落　捉摸(表一)

e　后半高不圆唇元音

口腔半开，嘴角略展。发音时，舌微微后缩，舌面后部稍隆起与软腭相对应，声带振动，发出不圆唇元音e。

例字：

额　侧　车　得　格　喝　科　乐　么　热　色　社　特　则　折(表一)

例词：

哥哥　合格　特色(表一)

ê　前半低不圆唇元音

口腔半开，舌尖贴在下齿背后，嘴角略展。发音时，舌面向前挺起与硬腭相对应，声带振动，发出不圆唇元音ê。

ê 也就是ie、üe中的e，它自己单独用的机会很少，单ê一般只作叹词用。

例字：

欸(表外)

例词：(参见复韵母ie和üe的词条)

i　前高不圆唇元音

嘴微张，唇向两侧展开呈扁平形，舌尖轻抵下齿背后。发音时，舌面前部挺起与硬腭前端形成较窄缝隙，气流从缝隙中通过，声带振动，发出不圆唇元音i。

例字：

比　低　机　离　米　泥　批　七　提　西　一(表一)

例词：

比例　笔记　低级　地理　弟弟　机体　积极　基地　激励　极力　集体
济济　记忆　技艺　力气　立即　立体　利息　利益　秘密　密集　脾气
奇迹　奇异　起义　气体　气息　提起　提议　体积　体力　体系　袭击
一齐　一起　一体　仪器　以及　意义(表一)

u　后高圆唇元音

双唇拢成小圆形，并向前微撮。发音时，舌略向后缩，舌面后部与软腭前部相对应，声带振动，气流均匀通过，发出圆唇元音u。

例字：

补　出　粗　都　夫　古　乎　哭　路　母　怒　铺　如　书　苏　图　屋　株　足(表一)

例词：

不服　不顾　不如　不足　部署　出路　出土　初步　毒素　读书　夫妇　服务　俘虏　幅度　辅助　父母　付出　鼓舞　朴素　叔叔　舒服　输出　输入　束缚　树木　数目　速度　突出　图书　无数　侮辱　诸如　逐步　嘱咐　祖父　祖母(表一)

ü　前高圆唇元音

双唇向前撮成小圆，舌尖抵在下齿背后。发音时，舌面前部挺起与硬腭前端形成缝隙，声带振动，气流均匀通过，发出圆唇元音ü。

例字：

居　铝　女　区　须　于(表一)

例词：

居于　女婿　区域　语句(表一)

-i(前)　前高不圆唇元音

嘴微张，展唇呈扁平形。舌尖贴在下齿背后，其后部挺起与上齿龈形成缝隙。发音时，声带振动，气流均匀通过。还有一法：发声母z、c、s时，口微张，声带颤动，就是舌尖前元音-i。这个韵母不能独立运用，它只出现在舌尖前声母z、c、s的后面。单练时可用声母z、c、s来带，把音拉长，取后半段即可。

例字：

词　丝　子(表一)

例词：

私自　自私(表二)

-i(后)　后高不圆唇元音

嘴微张，唇略展，舌尖抬起与硬腭前端形成缝隙，发音时，声带振动，气流从缝隙中通过。还有一法：发声母zh、ch、sh、r时，口微张，舌尖向硬腭翘起，声带发音，就是舌尖后元音-i。这个韵母不能独立运用，它只出现在舌尖后声母zh、ch、sh、r的后面。单练时可用声母zh、ch、sh来带，把音拉长，取后半段即可。

例字：

吃　日　失　之(表一)

例词：

实施　实质　事实　试制　逝世(表一)

er　央中不圆唇卷舌元音

嘴微张，舌前部抬起，舌尖向后略卷与硬腭形成缝隙。发音时，声带振动，发出卷舌元音er。

例字：

儿　而　耳　二(表一)

例词：

儿女　儿童　儿子　而后　而且　耳朵　饵料(表一)

三、语音辨正

1.o—e的辨正(西北地区学生学习训练的重点)

o与e的根本区别在于一个圆唇，一个不圆唇。有些方言区，如西北方言区(包括青海方言)，由于少了一个圆唇动作，总把“o”说成“e”。例如把“播音”(bōyīn)说成(bēyīn)，把“破坏”(pòhuài)说成(pèhuài)。

声母b、p、m、f只和韵母o相拼，不能和韵母e相拼(“么”、“嚜”me除外)，而韵母e除了不和声母b、p、m、f、j、q、x相拼外，和其他声母都能相拼。

辨正练习

bo　波长　波动　波浪　玻璃　剥夺　剥削　播种　脖子　博士　搏斗　薄弱(表一)

po　婆婆　迫害　迫切　迫使　破产　破坏　破裂(表一)

mo　摸索　模范　模仿　模糊　模拟　模式　模型　摩擦　末期　没落　没收　陌生　默默(表一)

fo　佛(表一)典　佛法　佛经　佛寺　佛像　佛学(表二)

2.i—ü的辨正(南方部分地区学生学习训练的重点)

i和ü舌位相同，都是前高元音，只是唇形不同。i为不圆唇元音，而ü为圆唇元音。有的人发ü时嘴懒或不习惯做圆唇动作，往往把ü发成了i，造成语音错误。纠正的方法是发韵母ü时，一定要有一个撮唇动作。

辨正练习

(1)单字对比练习

你—女　梨—驴　积—居　棋—渠　习—徐　依—迂

(2)词语练习

i—ü

比喻　急剧　纪律　继续　例句　利率　骑驴　崎岖　其余　器具　提取　体育　喜剧　戏曲　戏剧　细雨　依据　移居　疑虑　义举

ü—i

拘泥　举例　聚集　具体　距离　履历　曲艺　躯体　娶妻　嘘唏　虚席　淤泥　渔利　雨衣　雨季　预计

(3)词语对比练习

比喻—比翼	伴侣—办理	布局—不急	大鱼—大姨	德育—得意
防御—防疫	分区—分期	居住—基柱	聚会—忌讳	拒绝—季节
连续—联系	旅程—里程	名誉—名义	区分—七分	荣誉—容易
书局—书籍	适于—事宜	思虑—私利	许是—喜事	犹豫—游艺
有趣—有气	渔船—遗传	渔民—移民	预见—意见	豫剧—艺妓

第三节　复韵母及其发音特点

一、复韵母及其分类

复韵母也叫复合韵母，是由两个或两个以上元音复合而成的韵母。

复韵母的发音不像单韵母那样始终不变，而是有个变动过程。它有两个特点：第一，从一个元音逐渐滑动到另一个元音，舌位、唇形都会发生变化；第二，一个复韵母中只有一个发音响亮的主要元音(即韵腹)，其他都是次要元音，发音轻短模糊。根据主要元音所在的位置，复韵母可以分为三类：

(1)前响复韵母：ai、ei、ao、ou；

(2)后响复韵母：ia、ie、ua、uo、üe；

(3)中响复韵母：iao、iou、uai、uei。

二、复韵母的发音特点

复韵母与单韵母的发音有明显的不同：

(1)发单韵母时，唇形、舌位以及口腔的形状基本固定不变，声音的响点也基本稳定在一个位置上。而发复韵母时，唇形、舌位以及口腔的形状都要从第一个元音向第二个元音或者再向第三个元音的位置移动变化，声音的响点也随之移动变化。例如前响复韵母ai，唇形、舌位要从a快速向i的位置滑动。中响复韵母uei，唇形、舌位要从u向e再向i的位置滑动，声音的响点也随之变化。

(2)单韵母由于唇形、舌位不动，所以发出的声音是单一纯正的音色。而复韵母，由于唇形、舌位在不断地变化，所以发出的声音是一个以韵腹为主的动态的复合音色。

复韵母元音之间，不是声母韵母之间的拼合关系，也不是简单的两个或三个元音相加的关系，而是一个移动的过程，它包含这其间完整的过渡音，是一个特殊的滑动的复合音。同时，由于元音之间的相互影响，每个元音也已不再是原来意义上的单元音了。例如ai、an、ao中的a就已不再是原来单元音时的a了，它的发音位置在三个复韵母中变得一个比一个靠后。

第四节 前、后响复韵母的发音及辨正

一、前响复韵母的发音

前响复韵母有4个,第一个元音比第二个元音清晰响亮。发音时,前重后轻,前长后短,前紧后松。

ai

口腔自然张开，舌尖抵在下齿背后，舌面由前a的低位向前i的高位移动隆起,双唇由开变半关,发出前响复合音ai。

例字:

爱 白 才 差 呆 该 还 开 来 买 奶 拍 赛 晒 台 外 再 摘(表一)

例词:

海带 海外 开采 买卖 奶奶 太太 外来 外在(表一)

ei

双唇微展，舌尖抵在下齿背后，舌面由前央e的低位向接近i的高位移动隆起,口腔开度变小,发出前响复合音ei。

例字:

杯 得 飞 给 黑 累 没 内 配 谁 微 贼(表一)

例词:

妹妹 微微 违背(表一)

ao

嘴自然张开,舌头后缩,舌面后部由后低a向后高o的方向抬起,双唇由开形拢成圆形,发出前响复合音ao。

例字:

凹 包 草 超 刀 高 好 考 老 猫 脑 跑 绕 扫 烧 套 要 遭 找(表一)

例词:

报道 报告 高潮 号召 逃跑 照耀(表一)

ou

双唇拢成圆形,舌头后缩,舌面后部由o位向后高u的方向抬起,双唇收拢,由大圆变成小圆,发出前响复合音ou。ou韵的o比单元音o韵舌位高得多,也稍偏央。

例字:

抽　凑　斗　否　沟　后　口　楼　某　欧　剖　肉　收　艘　偷　由　州　走(表一)

例词：

口头　偷偷(表一)

二、后响复韵母的发音

后响复韵母有5个，第二个元音比第一个元音清晰响亮。发音时，前轻后重，前短后长。

ia

嘴微张，略展唇，舌位由i向a移动，即舌面前部先隆起在i的位置上，然后向央低a的方向滑动落下，口腔开度由窄变宽，发出后响复合音ia。

例字：

加　俩　卡　下　压(表一)

例词：

家家　加价　加压　假牙　架下　恰恰　压价(表外)

ie

嘴微张，唇略展，舌尖抵在下齿背后，舌面前部先隆起在i的位置上，然后向ê的半低位落下，它的落程比ia小。口腔开度由窄变宽，发出后响复合音ie。

例字：

别　爹　皆　列　灭　捏　切　贴　些　也(表一)

例词：

姐姐　爷爷(表一)

ua

双唇撮圆，舌头向后微缩，舌面后部先隆起在后高u的位置上，然后向央低a的方向落下，双唇张开，口腔开度变大发出后响复合音ua。

例字：

挂　花　跨　刷　挖　抓(表一)

例词：

娃娃(表一)

uo

双唇拢成圆形，舌头向后微缩，舌面后部先微隆在后高u的位置上，然后向后低o的位置落下，双唇扩开，唇形由小圆变成大圆，发出后响复合音uo。

例字：

错　多　国　活　阔　罗　若　说　所　托　我　捉　左(表一)

例词：

骆驼　脱落(表一)

üe

撮双唇,舌尖轻抵在下齿背后,舌面前部先隆起在前高元音ü的位置上,然后向前半低元音ê的方向落下,双唇随之打开,发出后响复合音üe。

例字:

决　略　缺　学　约(表一)　虐(表二)

例词:

决绝　雀跃　约略　学业　雪夜　血液(表外)

三、语音辨正

1. ai—ei的辨正(北方部分地区学生训练的重点)

西北方言区等地ai—ei不分。如把"白天"(báitiān)说成(béitiān),把"给了"(gěile)说成"改了"(gǎile)等。

ai与ei的差别有两点:一是ai的开口度比ei的开口度大。二是ai的舌位动程比ei的舌位动程略长。

辨正练习

(1)单字对比练习

掰—背　拜—贝　改—给　咳—嘿　莱—雷　赖—累　埋—眉　买—美

卖—昧　乃—馁　耐—内　拍—胚　排—陪　派—配　寨—这

(2)词语对比练习

安排—安培　百步—北部　拜师—背诗　稗子—被子　不买—不美

分派—分配　改错—给错　改了—给了　来电—雷电　买的—美的

埋头—眉头　卖力—魅力　麦子—妹子　奈何—内河　排场—赔偿

派送—配送　债权—这拳

2.ua—uo的辨正(北方部分地区学生学习训练的重点)

有些方言区,如山西一些人把"过上幸福生活"说成"挂上幸福生活","你说"说成"你刷"。

ua与uo的明显差别在开口度上。ua的开口度大,uo的开口度小。

辨正练习

(1)单字对比练习

瓜—郭　寡—果　挂—过　花—豁　华—活　化—获　跨—阔　刷—说

蛙—窝　瓦—我　袜—卧　抓—桌

(2)词语对比练习

过着—挂着　果断—寡断　果仁—寡人　过谦—挂牵　过失—挂失

豁开—花开　活动—滑动　活力—华丽　活人—华人　货郎—画廊

进货—进化　快说—快刷　我上—瓦上　斜卧—鞋袜　捉住—抓住

3.ie—üe的辨正(南方部分地区学生学习训练的重点)

ie和üe的明显差别在于üe有一个撮唇动作,而ie没有。有的人发音时就是由于少了一个撮唇动作,常把üe发成了ie,造成语音错误。有些地方(如云南、福建等省部分地区)没有ü音,应特别注意。

辨正练习

(1)单字对比练习

洁—倔　列—略　孽—虐　切—缺　茄—瘸　怯—确　歇—靴　鞋—穴

写—雪　屑—谑　咽—越　掖—约

(2)词语对比练习

大雪—大写　撅着—接着　绝境—洁净　决裂—节烈　觉着—截着

掠视—烈士　每月—每夜　瘸子—茄子　确实—切实　靴子—楔子

学会—协会　学业—鞋业　雪景—写景　约好—也好　月色—夜色

4.o—uo的辨正(有此问题的学生学习训练的重点)

o和uo的发音很接近,所以很容易被混淆,尤其是在拼写中往往被错写。例如"菠萝"(bōluó)常被错误地拼写成(bóló),"活泼"(huópō)被错误地拼写成(hópō)。

在汉语声韵配合上,韵母o只和声母b、p、m、f相拼,不能和其他声母相拼。而韵母uo却恰恰不能和声母b、p、m、f相拼。

在发音上,uo的唇形和舌位要有一个从u向o过渡的动作,口腔开度由小变大,发出的是复合音。而o的唇形、舌位及口腔开度要始终保持不变。而且o的口腔共鸣腔要比uo略大些。需要特别记住:声母若是b、p、m、f韵母肯定是o;声母若不是b、p、m、f,韵母肯定是uo。

辨正练习

(1)单字练习

o　波　薄　佛　摸　模　膜　摩　磨　抹　末　没　莫　墨　坡　颇
　　迫　破(表一)

uo　多　夺　郭　锅　国　果　裹　过　活　火　或　货　获　阔　罗
　　络　落　若　弱　说　托　拖　脱　我　卧　捉　桌　左　作　坐
　　座　做(表一)

(2)词语练习

剥夺　剥落　菠萝　薄弱　戳破　活佛　活泼　萝卜　落魄　落墨　摸索

摩托　末座　没落　莫若　婆娑　笸箩　破获　破落　说破　唾沫　琢磨

(3)词语对比练习

周到—捉到　豆子—垛子　楼上—箩上　走路—左路　搜身—缩身

第五节　中响复韵母的发音及辨正

中响复韵母共有4个：iao、iou、uai、uei。它们由三个元音复合而成，是头、腹、尾俱全的韵母。它们在发音过程中，舌位呈折线形，即舌位先由高向低移动，再由低向高移动。

一、中响复韵母的发音

中响复韵母发音时，中间的元音最长最响，两头的元音较轻而弱，口腔有从小到大再到小的显著变化。

iao

嘴微张，唇略展，舌位由前高元音i向后低元音a的方向落下，接着再向后高元音o的方向抬起。唇形同时有一个由展到开再到合的过程，最后圆唇合到o形上，发出中响复合音iao。

例字：

表　调　交　料　苗　鸟　敲　挑　小　要(表一)

例词：

悄悄　巧妙(表一)

iou

嘴微张，唇略展，舌位由前高元音i处，向后半高元音o方向移动，紧接着再向后高元音u方向抬起。唇形由展变圆，最后成撮状，发出中响复合音iou 。

例字：

丢　九　刘　牛　秋　修　由(表一)

例词：

舅舅　求救(表一)

uai

双唇撮住，舌位由后高元音u向前低元音a方向移动，接着再向前高元音i方向抬起。双唇打开，最后再变成展形，发出中响复合音uai。

例字：

怪　怀　块　率　外(表一)

例词：

乖乖　怀揣　外踝　外快(表外)

uei

双唇撮住，舌位由后高元音u开始，向前低元音ê方向移动，接着迅速抬起到前高元音i处。唇形同时由撮状变成展形，发出中响复合音uei。

例字：

吹 催 堆 归 灰 亏 水 虽 推 微 追 嘴(表一)

例词：

摧毁 回归 微微(表一)

二、语音辨正

1.iao—iou的辨正(西北部分地区学生学习训练的重点)

在西北方言区，某些地方的人iao、iou不分。如把“要求”(yāoqiú)说成“优求”(yōuqiú)，把“收效”(shōuxiào)说成“收袖”(shōuxiù)。

iao与iou的主要差别在韵腹上。iao的开口度比iou的开口度略大，也就是发iao时，舌头和唇形的动作比iou要大些。

辨正练习

(1)单字对比练习

雕—丢 焦—揪 聊—刘 妙—谬 鸟—纽 敲—秋 笑—秀 晓—朽
腰—悠 肴—尤 杳—友 药—诱

(2)词语对比练习

不小—不朽 出窑—出游 交出—揪出 角楼—酒楼 教友—旧友
料理—六里 求教—求救 瞧见—求见 生效—生锈 铁桥—铁球
消息—休息 销路—修路 效力—秀丽 摇动—游动 谣言—油盐
咬人—有人 药片—诱骗 药酒—悠久 耀眼—右眼 要来—又来

2.uai—uei的辨正(北方部分地区学生学习训练的重点)

有些方言区，如西北或内蒙古某些地区的人，把“外快”(wàikuài)说成“胃溃”(wèikuì)。uai与uei的主要差别也在韵腹上。发音时，uai的开口度及舌位动程应比uei大一些。

辨正练习

(1)单字对比练习

揣—吹 乖—规 怪—桂 槐—回 坏—惠 筷—愧 甩—水 帅—税
歪—威 外—喂 拽—坠

(2)词语对比练习

残块—惭愧 乖巧—归侨 拐子—鬼子 怪人—贵人 怀来—回来
甩开—水开 甩手—水手 歪斜—威胁 外来—未来 外国—魏国
外道—味道 外星—卫星 拽落—坠落

第六节　鼻音尾韵母的发音及辨正

鼻音尾韵母是由1个或2个元音再加上一个鼻辅音韵尾构成的复韵母。

发音时，发音器官由元音的发音状态向鼻音的发音状态运动，鼻音成分逐渐增加，最后归到鼻音上。发音时，注意两点：第一，由元音过渡到鼻辅音是逐渐滑动的，鼻音色彩逐渐增加；第二，鼻辅音韵母阻塞部位要落实，发音完毕才能解除阻碍。

鼻音尾韵母共16个。分前鼻尾韵母和后鼻尾韵母，即带舌尖鼻音和带舌根鼻音两类，每类8个。

一、前鼻尾韵母的发音

发音时，先发元音，然后舌尖向上齿龈移动，并抵住它，软腭随之下降，鼻音色彩逐渐增加。舌尖抵住上齿龈后，即刻停声，不要拖音。有韵头的鼻韵母，韵头发音要轻短。前鼻尾韵母有：an、ian、uan、üan、en、uen、in、ün。

an

舌尖抵在下齿背后，嘴张开，舌位从央低a位抬起，最后舌面前部与硬腭前部接触阻塞气流，使声音和气息从鼻腔通过，发出前鼻尾复合音an。

例字：

安　班　参　产　担　翻　干　含　看　蓝　满　男　盘　然　三　山　谈　完　言　咱　占(表一)

例词：

扮演　灿烂　干旱　感染　勘探　谈判　晚饭　严寒　眼看　赞叹　展览(表一)

ian

舌尖抵在下齿背后，舌位由前高元音i处向半低元音a处落下，紧接着舌尖或舌面前部抬起与齿龈接触，阻塞气流，使声音和气息从鼻腔通过，发出前鼻尾复合音ian。

例字：

边　点　尖　连　棉　年　偏　千　天　先　烟(表一)

例词：

变迁　见面　渐渐　面前　年间　前边　前面　前线　先前　先天　显现　眼前　演变(表一)

uan

双唇先撮圆，舌头后缩，舌位由后高元音u向前低元音a方向落下，接着舌尖再向前上方抬起，贴近上齿龈，使声音归至前鼻音n处。双唇同时有一个从合变开再变略展的动作，发出前鼻尾复合音uan。

例字：

穿　窜　端　关　还　宽　卵　暖　圈　软　酸　团　弯　专　钻(表一)

例词：

贯穿(表一)

üan

先撮双唇，舌尖抵在下齿背后，舌面前部挺起在ü处，接着向前半低元音a位落下，再迅速抬起与上齿龈接触，阻塞气流使之从鼻腔通过。双唇由撮状放开呈略展形，发出前鼻尾复合音üan。

例字：

卷　权　选　元(表一)

例词：

源泉(表一)

en

口微张，舌尖抵在下齿背后，舌位由央e开始，发音时，舌面前部抬起与硬腭前端贴住，阻塞气流使之从鼻腔通过，发出前鼻尾复合音en。

例字：

本　称　恩　分　根　很　肯　门　嫩　盆　人　伸　怎　针(表一)

例词：

本人　本身　根本　深沉　文人　振奋(表一)

uen

双唇撮起，舌位由后高元音u开始，向前方央e方向移动，舌面前部迅速抬起与上齿龈接触，阻塞气流，使之从鼻腔通过，双唇由圆变为略展，发出前鼻尾复合音uen。

例字：

春　村　吨　滚　混　困　轮　顺　孙　温　准　尊(表一)

例词：

混沌　温顺(表二)

in

嘴微张，双唇略展，舌尖抵在下齿背后，舌面前部从前高元音i处，略抬起贴在硬腭前端，阻塞气流使之从鼻腔通过，发出前鼻尾复合音in。

例字：

宾　斤　林　民　您　品　亲　心　因(表一)

例词：

邻近　辛勤　信心　引进(表一)

ün

先撮双唇，舌尖抵在下齿背后，发音从前高元音ü开始，舌面前部略抬起贴在硬腭前端，堵住气流使其从鼻腔流出，双唇略开，发出前鼻尾韵母ün。

例字：

军　群　寻　云(表一)

例词：

均匀(表一)

二、后鼻音尾韵母的发音

发音时，先发元音，接着舌根向软腭移动，最后抵住软腭，发舌根音"ng"。鼻音不要拖音，有韵头的鼻尾韵，韵头发音要轻短。后鼻音尾韵母有：ang、iang、uang、eng、ueng、ing、ong、iong。

ang

嘴自然张开，舌位先处于低元音a位，发音时，舌根向后上方抬起与软腭接触，阻塞气流使之从鼻腔通过，发出后鼻尾复合音ang。

例字：

帮　藏　场　当　方　刚　行　抗　狼　忙　囊　旁　让　伤　汤　脏　张(表一)

例词：

帮忙　厂房　当场　上涨(表一)

iang

嘴微张，唇略展。舌尖抵在下齿背后，舌面前部挺起在前高元音i处。发音时，舌向后移动，经过后低元音a位，最后舌根与软腭接触，阻塞气流使之从鼻腔通过，发出后鼻尾复合音iang。

例字：

江　量　娘　枪　乡　羊(表一)

例词：

想象(表一)

uang

双唇撮住，舌位从后高元音u向低元音a方向落下，紧接着舌根抬起与软腭接触，阻塞气流使之从鼻腔通过。双唇同时张开，发出后鼻尾复合音uang。

例字：

床　光　黄　矿　双　王　装(表一)

例词：

往往 状况(表一)

eng

口自然张开，发音时，舌面自然放在央元音e位，然后舌根抬起，向后运动与软腭接触，阻塞气流使之从鼻腔通过，发出后鼻尾复合音eng。

例字：

蹦 层 称 灯 风 更 横 坑 冷 猛 能 碰 僧 升 疼 曾 争(表一)

例词：

生成(表一)

ueng

双唇撮住，舌位由后高元音u向央元音e方向落下，紧接着舌根抬起与软腭接触，使声音归至ng处。双唇由撮状自然放开，发出后鼻尾复合音ueng。

例字：

翁 瓮(表二)

例词：

老翁 嗡嗡 蓊郁 瓮城 瓮声 瓮中 蕹菜 渔翁(表外)

ing

双唇微展，舌尖先抵在下齿背后，舌面前部挺起在前高元音i处。发音时，舌头后缩，舌根向后高方向抬起与软腭接触，使声音归至ng处，发出后鼻尾复合音ing。

例字：

冰 丁 京 灵 名 宁 平 青 听 星 英(表一)

例词：

病情 经营 惊醒 命令 命名 宁静 平静 平行 倾听 清醒 情景 情境 情形 星星 行星 性情 姓名(表一)

ong

圆唇，舌头后缩，舌位比后半高元音o略高，近于u。发音时，舌根再向后抬起与软腭接触，使声音归于ng处，发出后鼻尾复合音ong。

例字：

冲 从 东 工 红 空 龙 农 溶 松 通 中 总(表一)

例词：

冲动 从中 公公 公共 共同 空中 通红 通用 总统(表一)

iong

此韵母的韵头虽是展唇元音i，但是由于它受韵腹圆唇元音o的影响，展唇幅度不大，甚至就是ü，动作较小。舌尖抵在下齿背后，舌面前部挺起在前高元音i处。发音时，舌头后缩，舌面后部抬高，紧接着舌根继续抬起与软腭接触，使声音归到ng处，发出后鼻尾复合音iong。

例字：

窘（表二）穷 胸 用（表一）

例词：

炯炯 汹涌（表二）

三、语音辨正

前后鼻音韵母是我们的学习重点，当然，没有前鼻音或后鼻音的方言区的人，更应该将这个问题当成学习普通话语音的重中之重，要勤思考，巧模仿，多训练，逐步解决前后鼻音不分的问题。

主要有以下7组对应的前后鼻韵母容易出现混淆：

in—ing、an—ang、ian—iang、uan—uang、en—eng、uen—ueng（ong）、ün—iong。

在这些组鼻韵母中，最容易出现的发音错误是前、后鼻音不分。有的方言区没有前鼻音，把前鼻音一律发成后鼻音，例如把“新闻”（xīnwén）说成“腥瓮”（xīngwèng）。而有的方言区则没有后鼻音，一律把后鼻音发成前鼻音，例如把“英雄”（yīngxióng）说成“因循”（yīnxún）。当然也有一些人不会发前、后鼻音，一律发成不前不后的“中间音”。

解决前、后鼻混淆的问题，首先要弄清楚哪些字是前鼻音，哪些字是后鼻音，做到心中有数。其次要明白前、后鼻音发音的过程是元音到元音鼻化再到鼻辅音韵母，一定要完成这个过程，不能只停留在“元音鼻化”这个阶段就停止下来。

前、后鼻音的差别在于发前鼻音韵母时，舌头要向前推动，舌面前部或舌尖与硬腭前端或上齿龈接触。发后鼻音韵母时，舌头要向后运动，舌根抬起与软腭相接触。夸张一点，前鼻音n是舌尖中鼻音，舌尖往前往上顶，下巴不能往下拉；后鼻音ng是舌面后鼻音，舌面后部顶住软腭，下巴可以往下拉。

这里还有一种办法可以帮助我们练习前、后鼻音：

练习前鼻音时，如in，可在它的后面加上以d、t、n、l作声母的字，如“阴天”（yīntiān），发音时不要考虑in要发到什么地方，而要考虑t的发音，这样做有助于发好发完整in。再如“今年”（jīnnián），也可以用以上的办法发好发完整in。

练习后鼻音时，如ing，可在它的后面加上以g、k、h作声母的字，如“精干”（jīnggàn），发音时不要考虑ing要发到什么地方，而要考虑g的发音，这样做有助于发好发完整ing。再如“星空”（xīngkōng），也可以用以上的办法发好发完整ing。

学习训练时,可以参考附录四《部分韵母偏旁类推字表》。

辨正练习

1.单字对比练习

in—ing

宾—兵　金—精　琳—零　民—明　您—宁　贫—萍　亲—清　新—星
阴—英　引—颖

an—ang

安—肮　班—帮　参—仓　搀—昌　丹—当　翻—芳　甘—钢　寒—吭
刊—康　懒—朗　蛮—忙　潘—乓　燃—瓤　叁—桑　珊—商　滩—汤
展—掌

ian—iang

坚—姜　莲—粮　黏—娘　牵—腔　鲜—香　烟—央

uan—uang

穿—窗　观—光　欢—荒　拴—双　弯—汪　砖—装

en—eng

奔—崩　岑—层　陈—程　分—风　根—庚　痕—横　闷—蒙　喷—烹
人—仍　森—僧　深—生　针—争

uen—ueng、ong

村—葱　春—充　敦—冬　滚—巩　昏—烘　坤—空　轮—聋　孙—松
吞—通　温—翁　谆—中　尊—宗

ün—iong

群—穷　熏—凶　寻—雄　晕—拥　云—颙　运—用

2.词语对比练习

ing—in

不幸—不信　精致—金质　经营—金银　静止—禁止　绫子—林子
平凡—频繁　轻生—亲身　清静—亲近　谈情—弹琴　兴建—新建
幸福—信服　英雄—因循

in—ing

风紧—风景　今天—惊天　尽头—镜头　进攻—静功　禁止—静止
来宾—来兵　临时—零时　民心—明星　您好—拧好　琴艺—情义
人民—人名　因为—应为　引子—影子　印象—映像

an—ang

板子—膀子　半夏—棒下　包涵—包航　出产—出厂　担心—当心
翻番—芳芳　反复—仿佛　反问—访问　泛滥—放浪　寒天—航天
竿子—缸子　花篮—花廊　鸡蛋—激荡　开饭—开放　烂漫—浪漫

平凡—平房　破烂—破浪　山城—商城　山口—伤口　施展—师长
三竖—桑树　散失—丧失　弹词—搪瓷　心烦—心房　一般——帮
一半——磅　渔杆—鱼缸　赞颂—葬送　粘贴—张贴　战俘—丈夫
ian—iang
大连—大梁　发言—发扬　监护—江沪　坚硬—僵硬　监理—江里
兼职—僵直　简化—讲话　简历—奖励　简章—奖章　老年—老娘
连好—良好　廉价—粮价　莲菜—凉菜　念成—酿成　牵手—枪手
钱币—墙壁　钳制—强制　浅显—抢险　试验—式样　鲜花—香花
纤细—乡戏　仙姑—香菇　小县—小巷　显现—想象　眼光—仰光
燕子—样子
uan—uang
不欢—不慌　船上—床上　车船—车床　穿上—窗上　奉还—凤凰
管饭—广泛　关节—光洁　缓解—黄姐　还上—皇上　机关—激光
金环—金黄　宽窄—筐窄　手腕—守望　栓剂—双季　碗里—网里
晚年—往年　万年—忘年　一万——望　心欢—心慌　专车—装车
en—eng
抻开—撑开　沉积—乘机　陈旧—成就　晨风—成风　长针—长征
分田—丰田　粉刺—讽刺　瓜分—刮风　门上—蒙上　门牙—萌芽
木盆—木棚　清真—清蒸　人身—人生　深思—生丝　伸展—生长
申明—声明　审视—省市　同门—同盟　真理—争理　诊治—整治
真挚—争执　枕木—整木　镇守—正手
uen—ueng、ong
存钱—从前　春天—冲天　纯净—崇敬　炖肉—冻肉　滚开—拱开
浑水—洪水　鲲鹏—空棚　轮子—笼子　树墩—数冬　孙子—松子
吞并—通病　吞了—通了　乡村—香葱　依存—依从　余温—渔翁
准了—肿了
ün—iong
群像—穷相　人群—人穷　寻衅—雄性　薰鸡—胸肌　勋章—胸章
晕倒—拥倒　运费—用费　运力—用力　韵脚—用脚　因循—英雄

3.绕口令练习

天上有银星，星旁有阴云，阴云要遮银星，银星躲过阴云，不让阴云遮银星。

真冷，真冷，真正冷，人人都说冷，猛地一阵冷风更冷。

长江上有船，船上有床，床上有床单，床单上躺着枪炮班长，枪炮班长躺在床单上，床单在床上，床在船上，船在长江上。

4.诗歌练习

清明时节雨纷纷,路上行人欲断魂。借问酒家何处有?牧童遥指杏花村。

(唐·杜牧《清明》)

韵母综合训练

一、韵母知识思考练习

(一)根据描写写出下列韵母

舌面、前、半低、不圆唇元音(　　　)

舌面、后、半高、圆唇元音(　　　)

舌尖、后、高、不圆唇元音(　　　)

舌面、前、高、圆唇元音(　　　)

卷舌、央、中、不圆唇元音(　　　)

(二)说出下列几组韵母发音的主要区别

u—ü　e—o　ie—üe　an—ang

(三)分析下列音节中的韵头、韵腹、韵尾

i　ou　ian　üe　ing　uei　er　ao

(四)下面这首诗,包括了普通话的所有韵母,请朗读并写出每个字的韵母

捕鱼歌

人远江空夜,浪划一舟轻。网照波心月,竿穿水面云。

儿咏诶唷调,橹和嗳啊声。鱼虾留瓮内,快活四时春。

(五)按要求对下列诗句中的音节进行归类,符合要求的画上圈

是前鼻韵的:江南可采莲,莲叶何田田。

是后鼻韵的:一道残阳铺水中,半江瑟瑟半江红。

是复韵母的:问君能有几多愁,恰似一江春水向东流。

是单韵母的:好雨知时节,当春乃发生。

(六)朗读短文并写出带点字的韵母

山溪——它的纯净(　　)并不代表它没有(　　)枯枝败叶、泥沙烂石,而(　　)在于它的隽永(　　)、无私和宽容(　　)。没有缺点(　　)的东西是不存在(　　)的,就看你如何(　　)去认识它。

气球(　　)——看起来神气十(　　)足,飘飘欲(　　)仙,谁(　　)知它竟受(　　)了一肚子气。光(　　)注重事物的外表,能(　　)发掘(　　)它的内涵(　　)吗?

书籍——有人将(　　)它读破(　　),再用心(　　)灵给它装(　　)潢;而有的人将它捧回家(　　)里,仅仅为珍(　　)藏而珍藏(　　)。

春雨——敲(　　)在雨伞上是一支动听的歌,落(　　)在池塘里是一帧(　　)美丽的画儿,融入幽深的心(　　)灵便化作了空灵的诗句。

昙花——美就美在它(　　)绽放的一瞬(　　)间。虽然生命极其短暂,但在这短暂的生命中,它已经(　　)努力去实现了自(　　)己的价(　　)值。与活(　　)在世上对社会毫(　　)无贡献的人相比,昙花确(　　)实令人钦佩。

(七)读一读,找一找,记住一些常用的代表字

1.找出下列音节中韵母是in的字。

平　民　兵　令　丁　名　晶　定　林　另　星　宾

2.下列音节中不是en韵的字有哪些?

冷　根　申　成　争　刃　肯　贞　深　分　生　正

3.下面有四个字的韵母不是ong,请找出来。

东　通　蒙　虫　弄　朋　种　空　风　共　送　奉

4.下列音节中有没有齐齿呼韵母的字?如有,请找出来。

哥　包　关　黄　月　军　亨　化　文　久　方　更

二、韵母读音训练

(一)单韵母词语训练

1.单韵母分项训练

ɑ

刹那　耷拉　打岔　大发　大法　大麻　蛤蟆　喇嘛　马达　压榨　哑巴　亚麻　眨巴(表二)

o

错过　堕落　国货　过错　过火　摩托　破获　陀螺　着落　坐落(表二)

e

苛刻　客车　色泽　特赦　啧啧　折合(表二)

i

鼻涕　比拟　笔记　鄙夷　敌意　底细　地基　地力　地皮　地衣　击毙　机理　机密　肌体　吉利　极地　离奇　离异　礼仪　立意　利弊　痢疾　密闭　霹雳　栖息　凄厉　漆器　歧义　启迪　起立　绮丽　气息　气力　汽笛　契机　西医　希冀　稀奇　犀利　蜥蜴　嬉戏　习气　习题　洗礼　细腻　一气　依稀　遗迹　遗弃　遗体　义气　议题　屹立　异己　异体　异议　毅力　熠熠(表二)

u

补助　补足　哺乳　不符　部属　出入　出租　粗布　粗俗　督促　毒物
独舞　读数　读物　扶助　附录　附属　复古　复述　复苏　富庶　富足
姑姑　辜负　古朴　古书　谷物　故土　雇主　户主　哭诉　酷暑　卤素
陆路　路途　露骨　露珠　目睹　目录　奴仆　匍匐　瀑布　入股　入伍
书目　疏忽　诉苦　肃穆　徒步　土著　吐露　污辱　无辜　无误　五谷
武术　舞步　主顾　瞩目　住处　住户　住宿　注目　祝福　著述(表二)

ü

聚居　须臾　序曲　寓于(表二)

ê

欸

-i(前)

私自　自私(表二)
此次　次子　刺字　赐死　四次　自此　字词　恣肆(表外)

-i(后)

失实　失职　时事　时势　实事　食指　史诗　史实　世事　试纸　适时
支持　知识　直至　只是　指示　制止　致使　指使　日食(表二)

er

儿科　儿孙　儿戏　而今　尔后　耳光　耳环　耳机　耳鸣　耳目　耳语
二胡(表二)

2.单韵母综合训练

阿谀　巴黎　拔河　薄利　薄荷　布帛　辞职　彻底　储蓄　除夕　赤字
大意　得意　耳目　发育　法则　抚摩　富裕　歌剧　谷雨　河马　合法
合股　合计　拘束　局促　客气　摸底　摩擦　蘑菇　默许　末日　爬坡
婆姨　欺诈　气魄　曲折　取乐　刹车　沙漠　涉及　抒发　师资　丝织
特殊　舞曲　舞女　许可　预测　支持　致使　诸葛　主意

(二)复韵母词语训练

1.复韵母分项训练

ai

皑皑　爱戴　白菜　采摘　拍卖　外海　外债　灾害　择菜(表二)

ei

卑微　非得　美味　配备(表二)
北美　蓓蕾　霏霏　肥美　黑煤(表外)

ao

报导　报到　报考　暴躁　操劳　草帽　草药　吵闹　祷告　稻草　高傲

高超 高考 高烧 膏药 嚎啕 牢骚 老少 姥姥 茅草 跑道 绕道
稍稍 骚扰 滔滔 讨好 要到 要好 照耀 糟糕 早稻 造谣 招考
(表二)

ou

丑陋 抖擞 后头 叩头 漏斗 守候(表二)

ia

加价 加压 恰恰 压价 下家 下辖(表外)

ie

结业 姐姐 趔趄 贴切 铁屑 歇业 谢谢 爷爷(表外)

ua

挂花 花袜 画画 耍滑 娃娃(表外)

uo

错过 堕落 国货 过错 过火 懦弱 陀螺 着落 坐落(表二)

üe

决绝 绝学 雀跃 雪月 约略(表外)

iao

教条 疗效 苗条 渺小 袅袅 逍遥 萧条 小调 小巧(表二)

iou

久留 舅舅 牛油 求救 绣球 优秀 悠久(表外)

uai

踹坏 乖乖 摔坏 外踝 外快(表外)

uei

归队 追回 追随(表二)

摧毁 垂危 翠微 回归 悔罪 汇兑 魁伟 水位 推诿 尾随(表外)

2.复韵母综合训练

暧昧 白费 百草 败北 败类 悲哀 北斗 堡垒 表率 采煤 翠鸟
垂柳 代培 掉队 逗号 肥皂 稿酬 购买 鬼怪 海内 华夏 化学
黑白 活跃 毁坏 娇羞 交流 佳话 家伙 枷锁 接洽 快慰 料酒
茅台 埋头 描绘 脑袋 内胎 排雷 排列 佩带 胚胎 确凿 扫描
衰退 摔跤 唾液 外汇 瓦解 歪斜 削弱 雪花 雪茄 校友 鞋袜
野鸭 雅座 幼苗 邮票 诱拐 遭受 周报

(三)鼻韵母词语训练

1.前鼻音韵母分项训练

an

暗淡 黯然 斑斓 办案 参看 参展 参战 惨案 潺潺 单干 淡然

翻案　繁衍　反感　反叛　泛滥　饭碗　感叹　橄榄　寒颤　汗衫　旱烟
悍然　栏杆　懒汉　懒散　蛮干　蔓延　难产　难堪　难看　攀谈　散漫
善战　贪婪　摊贩　坦然　完满　言谈　俨然　厌烦　沾染　战犯(表二)
ian
边沿　惦念　艰险　减免　简便　简练　渐变　连绵　连年　脸面　绵延
年限　牵连　前年　前天　前沿　浅显　天边　天线　显眼　沿线　盐田
颜面　眼睑　眼见　眼帘(表二)
uan
宦官　换算　婉转　专断　专款(表二)
传唤　贯穿　软缎(表外)
üan
全权　泉源　渊源　圆圈(表二)
涓涓　轩辕　源泉(表外)
en
本分　粉尘　愤恨　门诊　人参　人文　妊娠　审慎　审问　文本(表二)
uen
春笋　昆仑　困顿　论文　温存　温润　谆谆(表外)
in
濒临　尽心　近邻　近亲　临近　民心　拼音　贫民　亲近　亲临　亲信
新近　薪金　殷勤(表二)
ün
军训　逡巡　循循　芸芸(表外)
2.前鼻音韵母综合训练
安全　版本　边缘　变幻　辩论　残忍　沉稳　村镇　传闻　丹心　典范
锻炼　反问　范文　分担　甘甜　根源　观点　冠军　缓慢　坚韧　简单
谨慎　困难　怜悯　轮船　联欢　民间　面粉　频繁　判断　全面　谦逊
前进　人民　森林　三千　田园　完满　温泉　问讯　文件　稳健　选民
鲜嫩　新闻　询问　循环　训练　辛酸　元旦　圆润　云南　匀称　云鬓
专员　专门　诊断　阵线
3.后鼻音韵母分项训练
ang
沧桑　苍茫　厂商　党章　行当　盲肠　商场　上场　上当　螳螂　烫伤
账房(表二)
iang
亮相　踉跄　响亮　像样(表二)

uang

狂妄　矿床　装潢(表二)

窗框　双簧　网状　往往　状况(表外)

eng

成风　丰盛　风声　风筝　更正　吭声　冷风　萌生　升腾　声称　省城

增生　蒸腾　整风(表二)

ueng

老翁　嗡嗡　蓊郁　瓮城　瓮声　瓮中　蕹菜　渔翁(表外)

ing

冰晶　兵营　并行　叮咛　定名　定性　晶莹　精灵　精明　精英　灵性

聆听　菱形　零星　另行　明净　明镜　明星　平定　评定　轻盈　清净

清静　清明　蜻蜓　庆幸　猩猩　行径　性命　英明　荧屏　硬性(表二)

ong

从容　从众　动工　工种　公众　共通　轰动　空洞　孔洞　恐龙　隆冬

笼统　浓重　溶洞　松动　通融　童工　瞳孔　总共　纵容(表二)

iong

炯炯　汹涌(表二)

窘迫　困窘　穷凶　熊熊(表外)

4.后鼻音韵母综合训练

帮凶　猖狂　曾经　聪明　东方　方向　锋芒　刚劲　光荣　洪亮　航空

横行　景况　敬仰　矿藏　铿锵　空旷　良种　凉爽　朗诵　灵通　梦境

明朗　彷徨　蓬松　平等　强硬　声望　同盟　旺盛　香肠　象征　胸膛

雄壮　熊掌　勇猛　用功　英雄　掌声　忠勇　征用　正常　装订

5.前、后鼻音韵母综合训练

傍晚　蚕桑　春光　弹坑　淡忘　端正　繁忙　反映　耕耘　惯性　航天

慌乱　黄昏　幻想　昏庸　紧张　精神　肯定　缆绳　浪漫　领巾　盼望

品尝　品评　前锋　倾盆　请帖　仁政　仍然　伞兵　僧人　嗓音　丧命

身旁　身影　伸张　慎重　挺身　闲逛　陷阱　新兴　勇敢　原谅

三、韵母正音训练

(一)分清前后鼻音韵母

1.in—ing

(1)词语训练

濒临　冰凌　禀性　定型　仅仅　精明　精英　临近　林阴　聆听　零星

领情　民心　命名　拼音　评定　平静　亲近　倾听　清醒　轻盈　辛勤

薪金 信心 行星 姓名 性情 殷勤 音信 影评

(2)词语组合训练

把柄 病因 定亲 尽情 禁令 精心 灵敏 民警 民兵 拼命 聘请
平民 凭信 清新 听信 挺进 心灵 心情 新型 新颖 行进 阴影
银屏 银杏 引擎 影印

(3)对比辨音训练

宾—兵 金—京 紧—井 林—零 民—明 您—宁 贫—平 亲—清
新—兴 信—姓 因—英

不信—不幸 很亲—很轻 很近—很静 金银—经营 金质—精致
金鱼—鲸鱼 今昔—惊悉 尽头—镜头 禁止—静止 林子—绫子
林立—凌厉 频繁—平凡 亲生—轻生 亲信—轻信 亲近—清静
寝室—请示 清贫—清平 人民—人名 水滨—水兵 弹琴—谈情
心境—行径 信服—幸福 阴文—英文 引资—影子

(4)绕口令训练

①春风送暖化冰层,黄河上游漂冰凌。水中冰凌碰冰凌,集成水坝出险情。人民空军为人民,飞来银鹰炸冰凌。银鹰轰鸣黄河唱,爱民歌声震长空。(in—ing)

②生身亲母亲,谨请您就寝。请您心宁静,身心很要紧。新星伴月明,银光澄清清。尽是清静境,警铃不要惊。您醒我进来,进来敬母亲。(in—ing)

③河里漂着一块冰,冰上插着一根钉。钉钉冰,冰冻钉。水流冰冻钉也动,水停冰静钉也停。钉钉住了冰,冰冻住了钉。(ing)

④天上七颗星,树上七只鹰,梁上七根钉,台上七盏灯,地下七块冰。拿扇熄了灯,用力拔了钉,举枪打了鹰, 乌云盖了星。(ing)

2.en—eng

(1)词语训练

乘胜 登程 分身 粉尘 愤恨 风声 风筝 丰盛 根本 更生 更正
闷人 门诊 嫩根 鹏程 人参 认真 身份 深沉 审慎 声称 生疼
省城 增生 真人 振奋 征程 整风

(2)词语组合训练

本能 奔腾 成本 承认 成分 诚恳 城镇 登门 纷争 风尘 缝纫
门缝 能人 人称 人生 深层 深坑 神圣 生根 胜任 文风 真诚
真正 证人

(3)对比辨音训练

奔—崩 岑—层 陈—程 分—风 跟—耕 痕—横 肯—坑 门—盟
嫩—能 盆—棚 人—仍 深—生 森—僧 怎—增 真—争 枕—整
陈旧—成就 分数—枫树 功臣—工程 瓜分—刮风 木盆—木棚

气氛—气疯　清真—清蒸　人参—人生　身世—声势　时针—时政
市镇—市政　深思—生丝　申明—声明　绅士—生事　审视—省市
三根—三更　真挚—争执　真诚—征程　珍视—正是　诊治—整治

(4)绕口令训练

①老彭捧着一个盆,路过老陈干活的棚。老彭的盆碰了老陈的棚,老陈的棚碰了老彭的盆,棚倒盆碎棚砸盆。老彭要赔老陈的棚,老陈要赔老彭的盆,老陈陪着老彭去买盆,老彭帮助老陈来修棚。(en—eng)

②真冷,真冷,真正冷,猛地一阵风更冷。人人都说冷,说冷也不冷,人能战胜风,更能战胜冷。(en—eng)

③一条裤子七道缝,横缝上边有竖缝;缝了横缝缝竖缝,缝了竖缝缝横缝。(en—eng)

④姓陈不能说成姓程,姓程也不能说成姓陈。禾木边是程,耳东边是陈。如果陈程不分,就会认错人。(en—eng)

(5)短文朗读训练

邓三婶

邓(dèng)三婶(shěn)半夜三更(gēng)提着马灯(dēng),踏着田埂(gěng),上了马路,进城(chéng)去找兽医程(chéng)申(shēn)生(shēng)。为抢救村里牲(shēng)口,她不怕天黑路远,风(fēng)狂雨猛(měng),也不怕腰酸腿疼(téng),只管迈开大步,走了一程(chéng)又一程(chéng)。她刚登(dēng)上了小山峰(fēng),迎面扑来了一阵(zhèn)冷(lěng)风(fēng),吹灭了马灯(dēng),刮跑了塑料斗篷(péng),邓(dèng)三婶(shěn)与黑暗和寒冷(lěng)作顽强的斗争(zhēng)。当太阳升(shēng)起的时候,邓(dèng)三婶(shěn)已经进了县城(chéng),找到了兽医程(chéng)申(shēn)生(shēng),让他来村里治好了牲(shēng)口,胜(shèng)利地完成(chéng)了任(rèn)务。

3.an—ang

(1)词语训练

暗淡　肮脏　厂房　长廊　沧桑　苍茫　胆寒　当场　党纲　反感　犯案
奖赏　浪荡　蛮干　满眼　难看　难堪　散漫　善战　商行　商场　赏光
上涨　贪婪　完满　沾染　展览　蟑螂　张榜　张扬

(2)词语组合训练(an—ang)

安康　班长　半晌　伴唱　傍晚　畅谈　担当　当然　反抗　返航　方案
繁忙　肝脏　钢板　宽敞　南方　擅长　商贩　上班　上山　贪赃　唐山
赞赏　战场　站岗　账单　藏蓝

(3)对比辨音训练

安—昂　搬　帮　参—仓　产—厂　单—当　反—访　甘—刚　含—杭

看—抗　兰—狼　瞒—忙　男—囊　盘—旁　染—嚷　三—桑　山—商
谈—堂　毯—躺　簪—脏　站—账
安然—昂然　产房—厂房　大碗—大网　担心—当心　翻案—方案
泛滥—放浪　反问—访问　竿子—缸子　机关—激光　开饭—开放
烂漫—浪漫　木船—木床　怕官—怕光　施展—师长　弹词—搪瓷
心烦—心房　一般—一帮　赞颂—葬送　专车—装车　专家—庄稼

(4)绕口令训练

①出了营门向南看，南山修座发电站。全团都在把活儿干，你也不能站着看。你是帮助一营修发电站，还是帮助二营、三营刨土埋电线杆，帮助架电线。(an)

②从前有个张家湾，村前有座高山；从前有个李家湾，村后有片河滩。从张家湾到李家湾，要攀高高低低的山，要绕弯弯曲曲的滩。打通山，填平滩，张家湾，李家湾，不爬山，不过滩，一条大路平坦坦，来来往往不困难。(an)

③扁担长，板凳宽，扁担没有板凳宽，板凳没有扁担长。扁担绑在板凳上，板凳不让扁担绑在板凳上，扁担偏要绑在板凳上。(an—ang)

(5)短文朗读训练

“糖”字怎么写?

有个小学生写作业时，不会写“糖”字，就去问他的姐姐。

“姐姐，牛奶糖的‘糖’字怎么写？”

姐姐答道：“就是水果糖的‘糖’字嘛。”

弟弟：“那么，水果糖的‘糖’怎么写？”

姐姐：“就是泡泡糖的‘糖’嘛。”

弟弟：“泡泡糖的‘糖’又怎么写？”

姐姐：“就是芝麻糖的‘糖’呀！”

弟弟：“芝麻糖的‘糖’怎么写？”

姐姐：“就是红糖、白糖的‘糖’字。”

弟弟：“红糖、白糖的‘糖’又怎样写呢？”

姐姐：“不就跟牛奶糖的‘糖’字一样吗？”

弟弟：“我问了半天，问的就是牛奶糖的‘糖’呀！”

姐姐：“那——你说怎么写？”

4.uan—uang

(1)词语训练

端庄　短装　光环　关窗　观光　观望　管状　灌装　换装　慌乱　宽广
狂欢　乱闯　软床　双关　网管　晚霜　万状　万望　装船　装完　撞断
壮观

(2)词语组合训练

悲壮　创伤　海关　混乱　开创　开端　蛮荒　门窗　煤矿　木船　枪栓
软缎　撒谎　山峦　伪装　哮喘　星光　摇晃　转弯

(3)对比辨音训练

川—窗　关—光　欢—荒　款—况　栓—双　万—忘　专—装
官宦—光环　缓慢—荒蛮　机关—激光　木船—木床　手腕—守望
惋惜—往昔　一万—一望　专车—装车

(4)绕口令训练

①你说船比床长，他说床比船长，我说船不比床长，床也不比船长，船床一样长。(uan—uang)

②看帆船，船舱放着帆布床，船舱上有黄船帆。(uan—uang)

5.ian—iang

(1)词语训练

边疆　变相　点将　坚强　健将　江边　联想　两眼　粮店　量变　棉粮
绵羊　勉强　面酱　偏向　牵强　强辩　抢险　抢眼　天象　现将　现象
限量　显扬　相见　向前　香甜　相片　想念　香烟　演讲　炎凉　艳阳
样片　扬言

(2)对比辨音训练

尖—江　连—梁　年—娘　前—强　先—相　烟—央
大连—大梁　繁衍—放眼　简历—奖励　坚硬—僵硬　老年—老娘
浅显—抢险　实验—式样　鲜花—香花　险象—想象

6.uen—ueng(ong)

(1)词语训练

春种　重孙　冬春　冬笋　公文　共存　滚动　滚筒　红润　混同　昆虫
轮空　农村　顺从　通婚　通顺　蚊虫　稳重　尊重　尊崇　中文　仲春

(2)对比辨音训练

村—葱　春—充　吨—东　滚—巩　魂—红　昆—空　仑—龙　润—容
孙—松　吞—通　温—翁　准—肿　尊—宗
存钱—从前　春风—冲锋　唇膏—崇高　村头—葱头　炖肉—冻肉
劳顿—劳动　轮子—笼子　吞并—通病　余温—渔翁

(3)绕口令训练

①初春时节访新村，喜看新村处处春。村前整地做秧床，村后耕田除草壮。出村来了耕山队，林木茂盛果实壮。农业政策威力大，建设新村处处春。(uen)

②会炖我的炖冻豆腐，来炖我的炖冻豆腐；不会炖我的炖冻豆腐，就别胡炖乱炖炖坏了我的炖冻豆腐。要是混充会炖我的炖冻豆腐，弄坏了我的炖冻豆腐，那就吃不成我的炖冻豆腐。(uen—ong)

7.ün—iong

(1)词语训练

军用　群雄　凶运　拥军　运用　云涌

(2)对比辨音训练

军—炯　群—穷　勋—凶　晕—拥

人群—人穷　因循—英雄　运费—用费　晕车—用车

(二)分清e—o—uo

1.词语训练

割舍　隔阂　隔热　各色　合格　合辙　褐色　赫赫　可歌　客车　社科　色泽　特色

饽饽　伯伯　薄膜　广播　活泼　默默　磨破　婆婆　泼墨　轻抹　石磨　撕破　神佛　唾沫　外婆　着魔

蹉跎　错落　堕落　躲过　抚摸　过错　火锅　啰嗦　懦弱　说妥　硕果　脱落　陀螺　做活

2.词语组合训练(e、o、uo)

剥夺　波折　薄弱　菠萝　薄荷　厕所　车祸　戳破　撮合　挫折　恶果　佛陀　国策　过河　隔膜　合伙　活泼　或者　货色　刻薄　课桌　勒索　萝卜　摸索　墨盒　摩托　没落　破格　破获　作者　琢磨

3.对比辨音训练

脖子—格子　不摸—不喝　大伯—大河　高坡—高歌　胳膊—折磨

黄果—黄河　经过—惊愕　快活—快乐　刻薄—隔膜　墨盒—波折

内膜—内阁　破格—薄荷　拖车—客车　驼色—特色　下坡—下车

油墨—游客　做错—作恶

4.绕口令训练

①张伯伯,李伯伯,饽饽铺里买饽饽。张伯伯买了个饽饽大,李伯伯买了个大饽饽。拿到家里给婆婆,婆婆又去比饽饽。也不知是张伯伯买的饽饽大,还是李伯伯买了个大饽饽。(o)

②宽宽一条河,河上一群鹅,牧鹅一少年,口中唱山歌。(e)

③河边住着老伯,船上住着老何。老伯上船找老何,老何上岸找老伯。老伯爱唱歌,荒腔走板也乐和。老何不爱唱歌,看着老伯乐和也乐和。(o—e)

④大哥有大锅,二哥有二锅,大哥要换二哥的二锅,二哥不换大哥的大锅。(e—uo)

⑤一个弱娃娃,捉了三个大花活河蛤蟆;三个火娃娃,捉了一个小花活河蛤蟆。捉一个小花活河蛤蟆的三个火娃娃,不如捉三个大花活河蛤蟆的一个弱娃娃。(e—uo)

⑥颗颗豆子进石磨，磨成豆腐送哥哥，哥哥说我生产小，我说小小生产贡献多。(e—o—uo)

5.短文朗读训练

太阳国

从前，有兄弟两个(gè)，各(gè)自过(guò)活(huó)。哥哥(gēge)很阔(kuò)，但很吝啬(sè)，弟弟只有破(pò)屋一座(zuò)，天天在山上耕作(zuò)。一天，他口渴(kě)了，到河(hé)边去找水喝(hē)。回来一看，田里的禾(hé)苗一棵(kē)也没有了，他就大哭起来。忽然飞来了一只天鹅(é)，说(shuō)："小伙(huǒ)子，不要哭，我带你到太阳国(guó)去摘金果(guǒ)。"于是，他就坐(zuò)在天鹅(é)的背上，飞过(guò)小河(hé)，翻过(guò)山坡(pō)，到了太阳国(guó)。他看见一棵(kē)金光闪烁(shuò)的金果(guǒ)树，他摸摸(mōmo)金色(sè)的果(guǒ)子，只摘了(le)一个(gè)。回去后，整理了田舍(shè)，又盖了(le)新房一所(suǒ)。哥哥(gēge)知道后，前来道贺(hè)，回去也模(mó)仿做(zuò)。天鹅(é)也把他带到太阳国(guó)。他毫不客(kè)气地抓住那棵(kē)金果(guǒ)树，摘了一个(gè)又一个(gè)。天鹅(é)说(shuō)："可(kě)以啦，不然就会有祸(huò)。"他还舍(shě)不得(dé)，认为良机不可(kě)错(cuò)过(guò)。结果(guǒ)，太阳出来了，光芒四射(shè)，把这(zhè)个(gè)贪婪的恶(è)人，晒死在太阳国(guó)。

(三)分清i—ü

1.词语训练

笔记　地理　机器　积极　集体　记忆　聚居　旅居　女婿　霹雳　棋迷
歧义　区域　曲剧　提议　西医　戏迷　习题　洗涤　细腻　絮语　徐徐
袭击　稀奇　序曲　仪器　迂曲　语句　雨具　玉律　玉宇

2.词语组合训练

比喻　必须　地域　积聚　汲取　继续　纪律　拘泥　距离　具体　履历
谜语　奇遇　器具　崎岖　其余　取缔　曲艺　提取　体育　戏剧　蓄意
抑郁　淤泥　雨衣　预习　玉米　预计

3.对比辨音训练

办理—伴侣　白银—白云　比翼—比喻　不急—布局　大姨—大鱼
得意—德育　大写—大雪　分期—分区　防疫—防御　季节—拒绝
金属—军属　里程—旅程　联系—连续　名义—名誉　茄子—瘸子
潜力—权利　容易—荣誉　适宜—适于　书籍—书局　实际—实据
通信—通讯　戏曲—序曲　协会—学会　臆测—预测　遗传—渔船
意见—遇见　有气—有趣　夜色—月色　颜料—原料　盐分—缘分

4.绕口令训练

①吕菊的女婿旅居旅顺，旅居旅顺的女婿，忘记带雨具。忘记带雨具的女婿去邮局，去邮局的须臾，淋了一身雨。(ü)

②春雨密密，田野迷迷，山上飞下一条渠，渠中条条金鲤鱼。雨密密，跳进渠，惊动鱼。雨戏渠，鱼戏渠，雨渠鱼，渠鱼雨，鱼雨渠，合唱一支“闹春曲”！(i—ü)

③清早起来雨兮兮，王七上街去买席，骑着毛驴跑得急，捎带卖蛋又贩梨。一跑跑到小桥西，毛驴一下失了蹄，打了蛋，撒了梨，跑了驴，急得王七眼泪滴，又哭鸡蛋又骂驴。(i—ü)

(四)分清ei—uei和en—uen

1.词语训练

杯内　蓓蕾　尘埃　春困　对称　肥美　焚烧　分量　滚滚　滚轮　回归
荟萃　汇兑　馄饨　困顿　连亘　论文　首肯　退位　温润　温顺　尾随
斟酌　枕芯　追悔　追随　醉鬼　罪魁

2.词语组合训练

卑微　催肥　崔嵬　垂危　对垒　翡翠　归类　贵妃　鬼魅　挥泪　汇费
傀儡　魁伟　累赘　泪水　类推　玫瑰　煤堆　煤灰　配对　配备　水雷
水位　违背　委培　罪魁

3.词语组合训练

春分　蠢笨　纯真　存根　沉沦　分寸　分文　浑身　人伦　损人　文本

4.绕口令训练

①文春住在孙家村，孙纯住在昆仑屯。文春进县城卖春笋，孙纯进县城卖馄饨。文春闻到孙纯的馄饨香醇醇，孙纯看到文春的春笋肉墩墩。文春买了孙纯香醇醇的馄饨，孙纯买了文春肉墩墩的春笋。(uen)

②北风吹，雪花飞，雪花飞来是宝贝，去给麦子盖上被，明年麦子多几倍。(ei)

③山前有个崔腿粗，山后有个雷粗腿。两人山前来比腿，不知是崔腿粗比雷粗腿的腿粗，还是雷粗腿比崔腿粗的腿粗？(uei)

四、对话训练

(一)

老师：小林，有什么事吗？

学生：我头疼得厉害，我想请个假，行吗？

老师：当然行，需要一个同学陪你吗？

学生：不，我自己还能行，不麻烦同学了。

老师：你走吧。

学生：谢谢老师！

（二）

老师：李贞，刚才我没有弄清是非就批评你了，实在对不起。请你原谅！

学生：陈老师，没关系，有你这句话就行了。

老师：我非常高兴能得到你的谅解。

（三）

甲：中文系的新同学刘明是住在这间寝室吗？

乙：是的，我就是。你贵姓？

甲：我是生物系2009级的曾琴，是甘肃兰州人。听说你也是兰州的，咱们可是地道的老乡啊！

乙：我初来乍到，还请老乡多多关照！

甲：有什么事需要我帮忙的，请告诉我，我一定尽力而为。

乙：谢谢！有事我一定找你。

（四）

甲：我的笔没墨水了，你可以给我点墨水吗？

乙：当然行，不过，我用的是碳素墨水。

甲：哦，我用的是蓝黑墨水。

乙：我也有蓝黑墨水，请用吧。

甲：多谢！

（五）

甲：你甭走了，留在这儿吃晚饭吧！

乙：不，我回家吃，家里现成的。

甲：家常便饭，不要客气！

乙：那好，恭敬不如从命。

甲：吃吧，这是辣子鸡，这是鱼香肉丝……没什么菜。

甲：吃好了吗？

乙：吃好了，天不早了，我就告辞了。

甲：再坐会儿吧！

乙：不，我得走了，谢谢你的招待，再见。

（六）

甲：同志，有《红楼梦》卖吗？

乙：有，你要精装的还是平装的？

甲：精装的，多少钱？

乙：一百三十四元。

甲：平装的呢？

乙：八十五元。

甲：我还是要精装的吧，给你钱。

乙：你这是一百五十元，找你十六元，对吗？

甲：没错。

乙：欢迎下次再来，再见。

甲：再见！

（七）

甲：昨天的足球比赛你看了吗？

乙：看了。

甲：你觉得中国队踢得如何？

乙：我认为是中国队有史以来踢得最糟的一场比赛，你看呢？

甲：我也有同感。看来中国队要取得小组出线权也很困难。

乙：明天中国队还有最后一场比赛。

甲：是跟哪个队交锋？

乙：韩国队。

甲：看来又是必死无疑。

（八）

甲：到大三了，课程一定很重吧。

乙：就是有点儿重，一周二十三学时，平均每天约五学时。

甲：学习怎么样？

乙：很紧张，感到有压力。

甲：有压力也好，再加把劲儿。

乙：行！

（九）

甲：今天下午你去参加中文系粉笔字大赛吗？

乙：去！

甲：这次规定以哪几种字体参赛？

乙：楷书和行书。

甲：嗬，这都是你的强项，祝你成功！

乙：谢谢！

（十）

甲：今晚你有时间吗？

乙：什么事儿？

甲：我们一起去看场电影，怎么样？

乙：行啊！什么片子？

甲：美国故事片《音乐之声》。

乙:什么时间?

甲:晚上八点。

乙:在什么地方?

甲:人民电影院。

乙:行,我到时候一定来!

五、名言警句训练

1.每一个人要有做一代豪杰的雄心壮志!应当做个开创一代的人。〔中国〕周恩来

2.立大志,求大智,做大事。〔中国〕陶行知

3.白首壮志驯大海,青春浩气走千山。〔中国〕林伯渠

4.没有雄心壮志的人,他们生活缺乏伟大的动力,自然不能盼望他们会有杰出的成就。〔中国〕华罗庚

5.志向和热爱是伟大行为的双翼。〔德国〕歌德

6.朝着一定目标走去是“志”,一鼓作气中途绝不停止是“气”,两者合起来是“志气”,一切事业的成败都取决于此。〔美国〕卡耐基

7.雄心壮志并不是好高骛远、急躁速成,它和空想不同之处在于:有周密的计划——踏踏实实地安排好实现计划的具体步骤,使我们通过努力,能一步步地接近目标。〔中国〕华罗庚

第五章　普通话声调

第一节　声调及其特征

音节中固有的能区别意义的声音的高低升降与曲直就叫做声调。由于一个汉字就是一个音节,所以也可以称之为字调。因为声调可以区别意义,同时还有区别词性以及产生韵律美等多方面的作用,所以,对汉语来说,声调是十分重要的,是不可缺少的。它有如下特征:

(1)声调主要取决于音高,声调的音高是相对的。一般说来,女人和儿童的音高要比男人、老人高一些。就是同一个人,由于情绪和身体状况的变化,音高也会发生相应的变化。比如高兴时、身体健壮时,就会比悲伤时、身体虚弱时的音高要高一些。

(2)声调的高低、升降变化是逐渐滑动的,而不是跳跃式的,因此它的过渡音是完全的。

(3)声调一个最突出的特点,是它有区别意义的作用。例如:买(mǎi)与卖(mài)、夫(fū)与妇(fù)、理解(lǐjiě)与历届(lìjiè)、繁星(fánxīng)与反省(fǎnxǐng)等词义都是依据声调来加以区别的。

(4)声调的平仄抑扬使汉语言富于音乐性和节奏感。

第二节　调值、调类、调型、调号

调值就是声调实际的高低升降变化,也就是声调的实际读法。

调值一般采用五度标记法来给予较为准确、细致的描绘。最低是1度,最高是5度。普通话中的高平调读值为55,中升调读值为35,曲折调读值为214,全降调读值为51。

竖线四格五点表示五度音高,横线、斜线、曲线分别表示4个声调的音高变化。

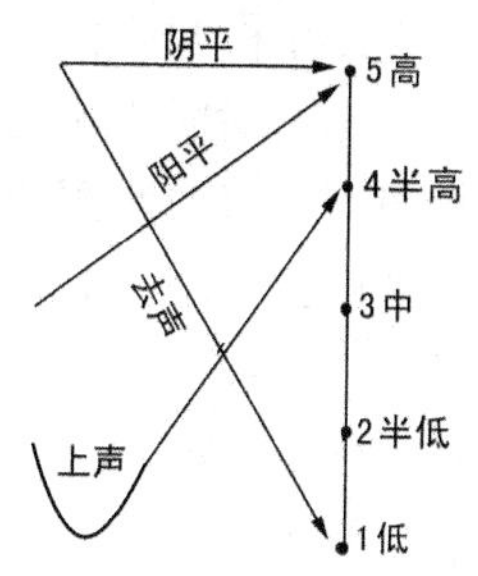

普通话声调调值图

用五度标记法只是为了便于说明声调的高低升降、曲直变化。声调的五度音高1、2、3、4、5并不等于音阶上的do、re、mi、fa、so。声调符号也不过是声调形式的标志，而不是绝对音高的确切描写，每一个度数到底应该有多大，要因人而异、因情况而定。

调类就是声调的类别，它是按声调的实际读法归纳出来的。把调值相同的归在一起，便为一个调类。普通话有4种基本调值，因此也就归纳出4个调类，用传统的名称来称呼这4个调类就是：阴平、阳平、上声、去声；用现代汉语教学的说法也可以叫做：一声、二声、三声、四声。

调型就是声调的类型，指声调高低、升降的变化模式。55为高平调型；35为中升调型；214为曲折调型；51为全降调型。

调号就是调类的标记符号。《汉语拼音方案》所规定的调号是ˉ、ˊ、ˇ、ˋ四个。

声调属于整个音节，声调的高低变化主要集中体现在韵腹即主要元音上。所以调号一般也就都标在主要元音上。例如：

白菜(báicài)　历届(lìjiè)　朋友(péngyǒu)　威吓(wēihè)

举几个例字来看看它们的调值、调类、调型、调号：

例字	调值	调类	调型	调号
巴山玻非中军	55	阴平	高平	ˉ
时陈龙洪节河	35	阳平	中升	ˊ
好手古海犬美	214	上声	曲折	ˇ
事共胖却院近	51	去声	全降	ˋ

四声的读法可以归纳成一首口诀：

阴平起音高平莫低昂，气势平均不紧张。

阳平从中起音向上扬，用气弱起逐渐强。

上声先降转上挑，降时气稳扬时强。

去声高起直送向下降，强起到弱要通畅。

第三节　声调的发声

声调体现在语音具体的音高上，声调的音高是相对的，不是绝对的。在实际发音过程中，声调不管是上升还是下降都应该是滑动变化的，是从一个音高向另一个音高滑动的过程。在发阳平、上声的时候尤其要注意不能跳跃进行。

1.阴平

普通话阴平调值最高，为55，属高平调型，因此要读得高而平，要在相对高的音调上，均匀地、平直地进行。在生活语言中，要根据自己的自然声区来定自己的阴平调，不要太高，也不要太低。太高，声带吃力；太低，上声和去声就再低不下去了，要以自己感觉舒服、自然为准。若双音节均为阴平字并且为中重格式的，一般调值要读成44、55。

例字：

八 差 单 非 该 黑 夹 科 拉 捏 欧 偏 亲 扔 诗 天
温 西 烟 憎(表一)

例词(阴阴)：

安心 搬家 参观 担心 发出 高低 呼吸 几乎 开发 批发 青春
山区 天空 危机 西方 一般 增多(表一)

2.阳平

阳平调值是35，是中升调型。发音时，声音从不高不低的中声区起音，逐渐升高至阴平处止。发此声调时，不要拐弯或甩出一个小尾巴来。另外，过渡音要完整，切不可从3跳跃至5。

例字：

白 层 达 额 凡 格 含 及 蓝 毛 男 盘 其 人 实 田
玩 形 牙 足(表一)

例词(阳阳)：

别人 才能 敌人 儿童 繁荣 国王 合成 急忙 临时 民族 年龄
平常 其余 如同 实行 团结 完全 协调 延长(表一)

3.上声

上声调值是214，为曲折调型。发此声调时，要先降后升，且降短，升长，切不可降长升短。上声在语流中会发生变调现象，但在词尾、句尾或单念时应把它念完整。

另外，在读上声字时也容易在尾音处顿一下或拐一个弯儿，这是不对的。

例字：

百 尺 岛 耳 法 改 海 几 可 礼 马 乃 匹 起 软 史
体 晚 洗 也 只(表一)

例词：

(阴上)

标准 参考 东北 发表 根本 结果 开口 缺点 商品 天体 污染
西北 拥有 资本(表一)

(阳上)

财产 得以 而且 防止 即使 良好 描写 男女 培养 情景 人口 调整 完整 行使 言语 足以(表一)

(去上)

办法 翅膀 大胆 分子 个体 汉语 记者 看法 色彩 探讨 物理 下午 夜晚 占领(表一)

4.去声

普通话去声字比较多,去声调值是51,为全降调型。发此声调时,从上至下要一气贯通,直线行走,不要拐弯。

例字:

按 必 次 动 恶 发 盖 汉 计 克 力 冒 闹 铺 气 任 胜 替 万 细 页 志(表一)

例词(去去):

案件 报告 测定 大会 犯罪 概念 画面 计算 扩大 浪费 面貌 内在 判断 气象 热量 世界 特色 忘记 效应 应用 秩序(表一)

5.方言与普通话调值比较

在学习普通话声调时,可将自己方言中的声调与普通话中的声调进行详细的对照,从而发现其中的差别,以便学习、纠正。现将一些主要方言点与普通话同调类的调值进行比较,列表如下:

调类/例字/方言点	阴平	阳平	上声	去声	入声
	诗天	龙时	女口	共试	德白
北　京	55	35	214	51	
天　津	11	45	24	43	
沈　阳	33	35	213	41	
济　南	213	42	55	31(21)	
郑　州	13	42	54	31	
太　原	11	11	53	45	2,54
呼和浩特	213	31	53	55	
西　安	31	24	42	55	
兰　州	53	31	42	24(44)	
西　宁	44	24	53	213	
银　川	44	44	53	24	
成　都	44	31	53	13	
昆　明	33	31	53	13	
贵　阳	55	31	42	13	
长　沙	33	13	41	55(21)	24
桂　林	44	21	54	213	

续表

调类 / 例字 / 方言点	阴平	阳平	上声	去声	入声
	诗天	龙时	女口	共试	德白
武　汉	55	313	42	35	
合　肥	21	55	34	53	
南　京	32(31)	14	22	44	5
广　州	55(53)	21(11)	35(13)	33(22)	5,2,33,22
上　海	53			34,13	5,2
苏　州	44	13	52	412,31	5,2
南　昌	42	24	213	35,11	5
福　州	55	53	31	213,353	13,55
厦　门	55	35	53	21,22	11,55
梅　州	44	11	21	52	22,55

声调综合训练

一、声调知识思考练习

1.什么是调值？什么是调类？普通话的调值与调类的情况是怎样的？

2.把下面一段话的声调用符号表示出来，并按普通话的调值、调类进行归类。

语言是社会的产物，它随着社会的产生而产生，随着社会的发展而发展。世界各民族的语言，在它的历史发展过程中，时而分化，时而统一，方言就是在分化和统一的复杂历程中形成的。

3.读准下列音节，并注上汉字。

zhōng yán nì ěr　　shēn tǐ lì xíng
jí sī guǎng yì　　shēn qiáng tǐ zhuàng
chuàng zào shì jiè　　bǎi liàn chéng gāng
wàn mǎ bēn téng　　yǔ zhòng xīn cháng
xiōng yǒu chéng zhú　　rèn láo rèn yuàn
kāng zhuāng dà dào　　huáng liáng yī mèng

4.按普通话四声，给下列拼音注出汉字。

jiā(　　)　jiá(　　)　jiǎ(　　)　jià(　　)
chū(　　)　chú(　　)　chǔ(　　)　chù(　　)
qīng(　　)　qíng(　　)　qǐng(　　)　qìng(　　)

fēng(　　) féng(　　) fěng(　　) fèng(　　)

5.给下面带点的多音字标上声调。

请帖tie　跌倒dao　时间jian　发达fa　看书kan　放假jia　创造chuang

字帖tie　倒茶dao　间断jian　理发fa　看管kan　真假jia　创伤chuang

6.读下列的短话,注意念准每个字的声调。

(1)每一棵小草都是一种美的感召,都孕育着春天的希望。

(2)爱是人生辛劳的果实,慵懒的人终生难得品尝。

(3)应该清楚自己的特点,否则,拿着一手好牌也不会打赢。

(4)迪斯科为什么受到青年的喜爱?是不是它反映了今天青年的精神状态,表现了他们的健美、青春、奔放、韵律、活力、拼劲?

(5)面对责任的时候,敢于说"我",这正是今天需要的时代精神。

(6)练习了一个问题可能有几种答案的思维方式,我们便聪明了几倍。

(7)一个全身心干事业的人,往往活得不轻松,往往在无止境地发展事业的同时,永远对自己不满意,永远对现状不满意,想做的事永远超过能做的事。

(8)成功的保证,就是意志的坚定,对于要走的路要挣扎到最后一步。假如这是唯一的有希望的一条路,一定要迫使自己走下去。

(9)有时候,苦难是一种积蓄,一种不断给人的生命意志补充养分的积蓄。尊崇人类的苦难吧。

(10)人可以再生吗?可以。如果一个人按着社会的需要重新塑造了自己。那么,他便成了今天的主角,生活的主角。

二、双音节训练

(一)同调训练(选自表一)

1.阴平

(第一组)

剥削　参观　参加　车间　冲突　出生　初期　春天　担心　灯光　东方
东西　冬天　发出　发挥　发生　方针　分工　分开　分析　夫妻　高低
高温　更新　公开　公司　攻击　关心　光辉　呼吸　婚姻　几乎　机关
基金　基因　激发　加工　家乡　监督　交通　郊区　今天　开发　空间

(第二组)

空中　批发　期间　悄悄　清晰　区分　山区　身边　声音　收缩　双方
天空　通知　突出　推翻　危机　微微　西方　西欧　吸收　牺牲　乡村
相当　相关　消失　新鲜　新兴　星期　医生　应当　应该　增多　增加
蒸发　支出　中间　中心　中央　周期　专家

2.阳平

(第一组)
别人 才能 成人 成熟 成为 成员 垂直 从而 从来 从前 儿童
繁荣 繁殖 符合 国民 国王 国营 合成 和平 和谐 河流 怀疑
环节 回答 回来 回头 极其 极为 急忙 集团 结合 觉得 来源
连忙 联合 临床 临时 灵魂 灵活 流行 逻辑 民族 名词 模型
(第二组)
男人 能源 年龄 农民 平常 平衡 平时 平行 平原 其实 其余
前提 前途 情节 情形 人才 人格 人民 人群 人员 仍然 如何
如同 石油 实行 随时 题材 调节 同情 同时 同学 团结 完成
完全 维持 文明 文学 无疑 协调 行为 形成 学习 循环 延长
严格 岩石 遗传 银行 尤其 由于 原来 原则 哲学 执行 值得
职能
3.上声
(第一组)
本领 彼此 表演 采访 采取 产品 场所 处理 导体 导演 赶紧
感染 古老 给予 减少 尽管 可以 理解 理想 了解 领导 领土
(第二组)
蚂蚁 美好 哪里 品种 手指 所以 所有 土壤 往往 舞蹈 享有
想法 小姐 小组 选举 以往 引导 引起 影响 永远 勇敢 予以
语法 早已 整理 整体 只好 只有 指导 主导 主体 子女 总理
总体 总统
4.去声
(第一组)
按照 案件 办事 半径 报道 报告 暴露 爆炸 背后 必要 毕竟
毕业 变动 变化 辩证 布置 步骤 部队 部落 部位 测定 创立
创造 创作 促进 错误 大地 大队 大概 大会 大量 大气 大事
大致 代替 但是 到处 道路 地带 地貌 地面 地位 地下 地质
电荷 电话 电路 电视 调动 定律 定义 动物 动作 锻炼 对称
对待 对立 对象 对应 犯罪 放弃 奋斗 附近 概括 概念 干部
(第二组)
个性 各自 贡献 构造 固定 故意 顾客 贯彻 灌溉 过渡 过分
过去 害怕 号召 后面 画面 汇报 会议 绘画 混乱 货币 计划
计算 记录 记忆 技术 既是 继续 见面 建立 建设 建议 建筑
渐渐 鉴定 叫做 教会 教授 教训 教育 介绍 界限 尽量 进步
进去 进入 近代 境界 就是 就业 巨大 具备 看见 抗战 控制

快乐　扩大　浪费　类似　力量　立刻　利润　利益　利用　另外　陆地

(第三组)

路线　论述　落后　贸易　秘密　密度　密切　面貌　命令　命运　默默
目的　那样　内部　内在　判断　破坏　气候　气象　确定　确立　热带
热量　热烈　任务　任意　日益　上帝　上面　上去　上述　上下　设备
设计　设立　设置　社会　射线　甚至　渗透　胜利　世纪　世界　事故
事件　事物　事业　势力　试验　适当　适应　适用　释放　束缚　树立
树木　数据　数量　数目　数字　睡觉　顺利　顺序　饲料　素质　速度
塑料　塑造　态度　特定　特色　特性　外部　外界　外面　忘记　物价
物质　戏剧　下降　下列　下面　下去　夏季　现代　现象　现在　限度

(第四组)

限制　线段　陷入　向上　项目　效率　效益　效应　信号　兴趣　性质
叙述　血液　训练　迅速　药物　要素　业务　义务　艺术　议会　议论
抑制　意见　意外　意味　意义　意志　印象　应用　预报　预备　预测
愿望　愿意　月份　运动　运用　战斗　战略　战胜　战士　照片　这样
阵地　振动　正当　正确　正式　正在　政策　政治　症状　制订　制定
制度　制造　制作　质量　秩序　智慧　智力　重大　重力　重量　重视
重要　注意　著作　转动　转向　状况　状态　自动　最后　最近　作物
作业　作用　作战

(二)异调训练(选自表一)

1.阴阳

(第一组)

安排　安全　包含　包围　波长　差别　出来　穿着　聪明　单纯　单独
当年　当前　当然　当时　发达　发明　发行　发扬　方程　方言　飞行
非常　分别　分成　分离　风格　夫人　刚才　高级　高原　工程　工人

(第二组)

公民　公元　功能　关于　观察　光荣　规模　规则　忽然　欢迎　机能
积极　基层　加强　家庭　坚持　坚决　将来　交流　教学　阶级　今年
经常　经营　精神　居民　居然　军阀　军人　均匀　科学　科研　昆虫
批评　青年　区别　缺乏　森林　商人　生存　生活　生殖　诗人　收集

(第三组)

说明　私人　思维　虽然　他人　天然　通常　突然　推行　脱离　威胁
西南　纤维　鲜明　相同　消除　消极　心灵　心情　新闻　需求　宣传
要求　一时　一直　医学　依然　因而　英雄　婴儿　优良　约束　增强
真实　之前　支持　支援　终于　周围　专门　追求　资格　资源　综合

遵循

2.阴上

(第一组)

标准 参考 充满 出版 出口 东北 多少 发表 发展 方法 分解
分子 干扰 钢铁 歌曲 根本 工厂 公理 供给 观点 积累 基本
基础 加以 家长 艰苦 交往 结果 金属 经理 晶体 开口 开始

(第二组)

开展 批准 妻子 缺点 缺少 商品 身体 生产 生理 生长 说法
思考 思索 思想 缩小 天体 推广 危险 温暖 污染 西北 吸引
相等 相反 心里 心理 欣赏 修改 修养 一起 因此 拥有 优点
优美 增产 增长 真理 争取 资本 遵守

3.阴去

(第一组)

安慰 帮助 包括 悲剧 编制 标志 波动 参与 操作 差异 超过
吃饭 充分 抽象 出去 出现 初步 担任 单位 当代 当地 登记
冬季 都会 多数 发动 发射 发现 发育 翻译 方案 方便 方面
方式 方向 分布 分化 分类 分裂 分泌 分配 分散 丰富 封建
干净 干涉 干燥 高大 高度 高兴 根据 耕地 工具 工业 工艺

(第二组)

工作 公共 公路 公社 公式 供应 估计 孤立 关键 观测 观念
观众 光线 规定 规范 规划 规律 轨道 黑暗 忽视 恢复 机构
机会 机器 机械 机智 肌肉 基地 激动 激烈 加快 加热 加入
加速 尖锐 坚定 交换 交际 交易 阶段 接触 接近 接受 揭露
揭示 街道 今后 今日 经过 经济 经历 经验 精力 精确 纠正

(第三组)

究竟 居住 军队 军事 开放 开会 开辟 科技 空气 批判 签订
侵略 亲切 亲自 氢气 倾向 区域 曲线 趋势 沙漠 商店 商业
身份 深度 深刻 深入 生成 生动 生命 生气 生物 失败 失去
失望 收购 收入 书记 蔬菜 说话 天地 天气 天下 听见 通过
通讯 突破 推动 危害 微笑 温度 希望 先后 先进 相对 相互

(第四组)

相似 相信 相应 消费 消耗 消化 消灭 销售 心脏 兴奋 兄弟
需要 宣布 压力 压迫 一半 一带 一旦 一定 一律 一面 一切
一致 医院 依据 依靠 依赖 因素 因为 音乐 优势 优秀 遭受
针对 真正 争论 之后 支配 知道 专业 专政 装置 姿态 资料

宗教　尊重

4.阳阴

(第一组)

白天　曾经　长期　成功　承担　重新　传播　传说　读书　房间　房屋
服装　革新　国家　核心　恒星　红军　宏观　黄金　浑身　集中　节约
结婚　结晶　决心　离婚　离开　连接　流通　硫酸　棉花　民兵　民间

(第二组)

名称　明天　南方　年间　年轻　农村　旁边　皮肤　平均　其他　其中
全身　燃烧　人工　人家　人间　人生　如今　神经　时间　时期　实施
熟悉　提高　提供　条约　投资　文章　行星　学科　学说　研究　阳光
原因　直接　职工　昨天

5.阳上

(第一组)

财产　成本　成果　成长　传统　磁场　从此　得以　读者　夺取　而且
防止　合理　即使　集体　结果　离子　联想　良好　没有　门口　描写
民主　明显　模仿　男女　男子　南北　难以　培养　平等　情感

(第二组)

情景　全体　群体　人口　人体　溶解　如此　如果　食品　提起　调整
停止　头脑　团体　完整　为止　违反　无法　行使　旋转　学者　寻找
言语　沿海　营养　原理　原始　原子　足以

6.阳去

(第一组)

白色　博士　材料　财富　财政　层次　长度　沉淀　沉默　沉重　成分
成绩　成就　成立　呈现　承认　城市　程度　程序　持续　重复　崇拜
传递　词汇　从事　存在　达到　得到　的确　独立　独特　凡是　防治
佛教　服务　符号　辐射　革命　国际　含量　函数　行业　合适　合作

(第二组)

红色　环境　皇帝　黄色　回去　回忆　活动　活力　活跃　疾病　节目
节日　节奏　结构　结论　结束　局部　局面　决策　决定　决议　角色
觉悟　绝对　来信　连续　联系　流动　盲目　矛盾　描绘　描述　明确
模式　难道　能够　能力　能量　年代　年纪　牛顿　农业　浓度　奴隶

(第三组)

排斥　排列　膨胀　频率　平静　平面　评价　评论　其次　奇怪　前后
前进　前面　强大　强调　强度　强烈　情报　情况　情绪　权力　权利
全部　全面　群众　然后　燃料　人类　人力　人物　容易　溶液　如下

神话　神秘　时代　时刻　实际　实践　实物　实现　实验　实在　实质

(第四组)

食物　随便　随后　谈话　提倡　条件　条例　同样　同意　同志　投入
途径　完善　围绕　维护　文化　文件　文献　文艺　文字　无论　无数
无线　习惯　详细　学会　学术　学校　严肃　严重　研制　颜色　仪器
仪式　移动　于是　愉快　元素　原料　缘故　责任　直径　直线　职务
职业　植物　逐步　逐渐　着重　足够

7.上阴

(第一组)

北方　本身　补充　产生　打击　打开　法规　反之　广播　海军　火车
假说　减轻　简单　紧张　酒精　可惜　老师　两边　母亲　哪些

(第二组)

普通　启发　取消　始终　首都　首先　损失　体积　统一　武装　许多
眼光　演出　已经　有关　有机　语音　早期　展开　指标　指挥　主观
主张　转身　总之　组织　祖先

8.上阳

(第一组)

饱和　保持　保存　保留　本来　本人　比如　表达　表明　表情　草原
处于　储存　党员　等级　等于　典型　点头　法则　反而　仿佛　否则
改革　感觉　感情　果然　果实　海洋　假如　检查　简直　解决　紧急
警察　举行　考察　可怜　可能　老人　理由　履行

(第二组)

满足　每年　美学　美元　女儿　女人　偶然　企图　起来　起源　请求
取得　使得　属于　水平　死亡　委员　舞台　显得　显然　小时　小学
晓得　选择　眼前　演员　以及　以来　以前　以为　有时　语言　早晨
只得　主持　主人　主题　主席　转移　总结　组合　祖国　嘴唇

9.上去

(第一组)

把握　保护　保卫　保障　保证　本质　比较　比例　比赛　比重　表面
表示　表现　财用　产量　产物　产业　场面　尺度　此外　打破　导线
导致　等待　等到　底下　法律　法院　法制　反动　反对　反复　反抗
反射　反应

(第二组)

反映　反正　访问　否定　否认　改变　改进　改善　改造　赶快　感动
感受　岗位　巩固　古代　鼓励　广大　广泛　广告　广阔　海面　好处

好像 缓慢 火箭 假设 检验 讲话 角度 解放 解释 尽量 紧密
举办 考虑 考试 可爱 可见 可靠 可是 肯定 恐怕 口号 里面
(第三组)
理论 理性 脸色 领袖 领域 垄断 马路 马上 满意 美丽 美术
努力 女性 品质 普遍 企业 起义 少量 少数 审判 使用 手段
手术 属性 水分 水面 损害 所谓 所在 讨论 体会 体系 体现
体验 体育 体制 铁路 统计 统治 土地 伟大 稳定 武器 喜爱
(第四组)
显示 显著 享受 小麦 写作 眼泪 演奏 氧化 氧气 以便 以后
以外 以下 以至 以致 引进 友谊 有力 有利 有趣 有限 有效
宇宙 怎样 掌握 诊断 整顿 整个 只是 只要 指示 种类 主动
主任 主要 主义 转变 转动 转换 转向 准备 准确 仔细 走向
阻碍 左右
10.去阴
(第一组)
半天 报刊 爆发 必须 不安 不禁 创新 刺激 措施 大多 大家
大约 诞生 地方 地区 电压 动机 斗争 对方 放心 父亲 负担
更加 冠军 后期 互相 划分 画家 间接 健康 降低 教师 进攻
(第二组)
竞争 据说 客观 扩张 面积 目标 目光 那些 内心 气氛 气温
汽车 器官 认真 丧失 上升 设施 四周 似乎 特殊 特征 卫生
卫星 物资 细胞 细菌 夏天 线圈 象征 信息 信心 运输 战争
召开 这些 镇压 正当 至今 制约 众多 自身 最初 最终 作风
作家
11.去阳
(第一组)
爱国 爱情 报酬 必然 变革 便于 病人 不良 不然 不如 不行
不足 部门 测量 大门 大娘 大人 大型 大学 当年 当时 到达
道德 地球 地图 地形 电流 调查 定额 动员 对于 顿时 范畴
范围 负责 复杂 个别 个人 共同 构成 固然 贵族 过程 过来
(第二组)
后来 化学 混合 获得 记得 技能 季节 既然 继承 价格 价值
建国 健全 较为 教材 教学 进程 进来 进行 拒绝 距离 克服
客人 课程 课题 类型 立即 利于 例如 练习 论文 落实 面临
面前 命题 目前 内容 配合 譬如 去年 确实 热能 热情 认为

(第三组)

任何 善于 上级 上来 少年 涉及 氏族 事实 适合 适宜 数学
太阳 特别 透明 外国 未来 问题 下来 现实 幸福 性格 性能
异常 意识 幼虫 预防 月球 阅读 运行 在于 暂时 正常 证明
证实 政权 至于 治疗 种植 著名 自从 自觉 自然 自由 最为
作为

12.去上

(第一组)

办法 办理 报纸 背景 避免 并且 不管 不仅 不久 不可 不满
不想 不许 彻底 翅膀 促使 大胆 大脑 大小 代表 带领 贷款
到底 道理 地点 地理 地主 电影 电子 电阻 定理 动手 对比

(第二组)

分子 父母 妇女 富有 个体 购买 固体 后果 幻想 患者 或者
记载 记者 技巧 见解 进口 进展 禁止 具体 具有 剧本 看法
客体 历史 立场 立法 粒子 那里 气体 色彩 上午 设想 市场

(第三组)

试管 是否 率领 探索 探讨 特点 痛苦 物理 物体 戏曲 系统
下午 宪法 校长 效果 信仰 血管 夜里 夜晚 液体 右手 玉米
乐曲 占领 占有 战场 这里 正好 政党 政府 政委 至少 重点
自己 自我 作品 作者 做法

三、声调对比辨音训练

(第一组)

妈麻马骂 温文吻问 申神沈慎 渊源远愿 淹沿眼燕 先闲显线
机级几纪 香祥响向 消淆小笑 七齐起汽 疵瓷此次 书熟属树

(第二组)

爱怜—爱恋—哀怜—爱莲 暗号—安好—按好 拜托—摆脱 包围—保卫
包子—豹子—堡子 报复—包袱—抱负—暴富 比喻—碧玉—避雨
窗帘—闯练 春节—纯洁 打击—大计—大吉—大几
大小—大笑—打消—大校—打小 导演—导言 登记—等级—登基—登极
颠簸—点播—电波—点拨 发钱—罚钱 凤凰—蜂皇
服饰—富士—腐蚀—副食—复式—俯视 甘露—赶路 隔壁—戈壁—搁笔
共计—攻击—供给—功绩—公积 共识—公式—工时—公使—共事—供事
估计—古迹—古籍—顾及—顾忌 鼓励—孤立—故里
故事—股市—古诗—古时—古史 管家—官家—官价—惯家

管理—惯例—官吏—观礼　好汉—浩瀚　话费—化肥—花费—花肥
化石—花市—画室—滑石—画师　划分—花粉—画粉—化粪
回信—会心—灰心—回心　伙计—活鸡—火鸡—活计—祸及—货机
机制—机智—寄至—极致—几只　急剧—极具—几句—积聚—寄居
及时—即使—几十—纪事—技师　及早—急躁—祭灶　家乡—假象—假想
假如—加入　架次—家慈　嫁接—佳节—假借　建材—剪彩—剪裁
奖金—将近—江津　教养—骄阳—娇养—校样　警告—净高—敬告
看书—砍树　可是—科室—课时　客气—可气—可欺
累计—累积—雷击—累及　礼貌—狸猫　联系—练习—联席—怜惜
六书—柳树　毛巾—冒进—铆劲　毛衣—贸易　美化—没话—梅花
美丽—没理—魅力—没利　批发—疲乏—披发　皮肤—批复—匹夫—披拂
蹊跷—七巧—七窍—奇巧　上好—商号
胜利—生理—省里—省力—升力—生离　时间—实践—事件—世间
实事—时事—试试—事实—史实—实时—实施—失事—逝世
手机—收集—手迹—首季—首级　赎罪—恕罪　松树—松鼠—宋书
天才—甜菜—添彩—添菜　通知—同志—统制—统治　土地—徒弟
兔子—秃子—吐字　危机—危急—违纪
物理—无力—物力—武力—无理—屋里　吸收—洗手—惜售
小会—销毁—校徽　小于—小雨—笑语　信服—心服—心腹
熊掌—兄长—胸章　叙事—许是—虚实—墟市　研究—烟酒—厌旧
言语—严于—谚语—艳遇—腌鱼—烟雨　意识—仪式—议事—医师—遗失
英勇—应用　优等—油灯　照耀—招摇—找药　找事—肇事—招式—找食
珍惜—镇西—枕席　政治—整治—正直—争执　知道—直到—指导
支援—志愿—职员　致使—指示—之时—知识—指使　祝福—嘱咐—主辅
姿势—自恃—子时—自视

四、三音节训练

(第一组,表一)

111:氨基酸　收音机　拖拉机
112:多边形　金刚石　乒乓球
113:出发点
114:工商化　基督教　轻工业　微生物
121:工程师　科学家　中学生
124:积极性　开玩笑　科学院
131:思想家

132:三角形
134:标准化　方法论　公有制　生产力　私有制　天主教
141:发动机
142:当事人　机器人
143:消费品
144:根据地　工业化　机械化　加速度　生命力　中世纪
211:研究生
212:荧光屏
213:图书馆
214:维生素　游击队
222:联合国　葡萄糖
224:人民币　原材料　直辖市　殖民地
232:原子核
233:农产品
234:传染病
242:服务员　来不及
243:劳动者　责任感　啄木鸟
244:传教士　国务院　合作性　决定性　劳动力　劳动日　农作物
无线电
311:法西斯
314:锦标赛　手工业　水蒸气　显微镜　怎么样
321:老人家　小学生　主人公
323:老头子　小朋友
324:偶然性　手榴弹　委员会
334:老百姓　所有制
341:解放军
342:舍不得
343:了不起　染色体
344:老太太　想象力
412:寄生虫　四边形
413:派出所
414:办公室　大多数　重工业
421:大学生　电磁波　自行车
422:共和国　继承人　太阳能
423:半导体　共产党

424:必然性　蛋白质　化合物　认识论　太阳系　自然界
432:代理人
434:望远镜
441:差不多　计算机　世界观　艺术家　照相机　自治区
442:大自然　电视台　技术员　社会学　运动员
443:辩证法　地下水　对不起
444:奥运会　创造性　电视剧　放射性　进化论　现代化　自动化
(第二组,表二)
111:八仙桌　超声波　公积金
112:花岗岩　金丝猴
113:穿山甲　天花板
114:出生率　轻音乐
121:猫头鹰　三轮车
122:发言人　飞行员
123:蒸馏水
124:飞行器　青霉素　西红柿
131:基本功　三角洲
133:芭蕾舞　超导体　分水岭
134:安理会　班主任　交响乐
141:吃不消　高血压　哈密瓜
142:方向盘　公务员　经纪人
143:东道主　工艺品　交易所　金字塔
144:参议院　催化剂　东正教　工作日　规范化　禁不住
211:黄澄澄　集装箱　留声机　蒲公英
212:长方形　连衣裙　淋巴结
214:回归线　离心力　林阴道　神经病　神经质
221:霓虹灯
222:难为情　形容词
223:螺旋桨　葡萄酒
224:连环画　人行道
231:打火机　红领巾　龙卷风　蒙古包
232:鹅卵石　黄鼠狼
233:圆舞曲
234:博览会　长颈鹿　疗养院　流水线　牛仔裤　胰岛素
242:白话文　长臂猿　乘务员　防护林　南半球

243:博物馆　协奏曲
244:红外线　回忆录　爵士乐　食物链　糖尿病　同位素
312:老天爷
313:百分比　纺织品　统一体
314:打交道
321:北极星　里程碑　指南针　主人翁
322:水龙头　羽毛球
323:马铃薯　漂白粉
324:管弦乐
331:保险丝
334:脚手架
341:保证金
342:保证人　北半球　反义词　冷不防　了不得　写字台
343:比例尺　领事馆　体育场　体育馆　小夜曲
344:保护色　董事会　甲状腺　咏叹调　紫外线
411:教科书　录音机
412:细胞核
413:暴风雪　暴风雨　必需品　化妆品
414:变压器
421:避雷针　内燃机　判决书
422:不由得　肺结核　继承权　幼儿园
423:半成品　病原体　不得了　不得已　电磁场　负离子　混凝土
进行曲　自来水　奏鸣曲
424:地平线　肺活量　混合物
431:不敢当
432:大本营　大理石　视网膜
433:外祖母
434:电解质　电影院　外祖父　正比例
441:不锈钢　不在乎　录像机　志愿军
442:抱不平　辩护人　不见得　不至于　动物园　圣诞节　向日葵
蓄电池
443:不动产　看不起
444:不像话　大陆架　地下室　电气化　动画片　恶作剧　放大镜
放射线　副作用　记忆力　俱乐部　靠不住　亚热带　叶绿素
注射器

五、四音节训练

(一)同调

1.阴平

江山多娇　息息相关　息息相通　居安思危　卑躬屈膝

2.阳平

蓬蓬勃勃　梅兰竹菊　急于求成　名存实亡

3.上声

党委领导　远景美好　展览产品　请你指导　演讲草稿　处理稳妥
打井引水　保我领土

4.去声

变幻莫测　浴血奋战　背信弃义　意气用事

(二)异调

1.阴阳上去

风调雨顺　高朋满座　光明磊落　心直口快　心明眼亮　心怀叵测
千锤百炼　中流砥柱　身强体健　花红柳绿　花团锦簇　山明水秀
山河锦绣　妖魔鬼怪　兵强马壮　翻然悔悟　酸甜苦辣　三皇五帝
深谋远虑　因循守旧　诸如此类　鸡鸣犬吠　獐头鼠目　飞檐走壁
飞禽走兽　优柔寡断　思前想后　阴阳上去　高扬转降　英雄好汉
精神百倍　鸡鸣狗盗　争前恐后　阴谋诡计　山穷水尽　山盟海誓

2.去上阳阴

大好河山　聚少成多　逆水行舟　刻骨铭心　忘我无私　具体而微
热火朝天　袖手旁观　破釜沉舟　寿比南山　妙手回春　奋起直追
兔死狐悲　大小悬殊　笑里藏刀　字里行间　暮鼓晨钟　痛改前非
墨守成规　信以为真　救死扶伤　万古流芳　调虎离山　覆水难收
异口同声

(三)成语训练

(表一)

千方百计　新陈代谢　因地制宜　无可奈何　自力更生

(表二)

千钧一发　一帆风顺　冰天雪地　一丝不苟　安居乐业　标新立异
方兴未艾　根深蒂固　鞠躬尽瘁　司空见惯　天经地义　非同小可
诸如此类　川流不息　相得益彰　轻而易举　轻描淡写　一筹莫展
周而复始　包罗万象　出其不意　出人预料　风驰电掣　矫揉造作
胸有成竹　风起云涌　精益求精　心旷神怡　出类拔萃　一目了然

心不在焉　家喻户晓　别出心裁　别开生面　急中生智　得天独厚
独一无二　持之以恒　眉开眼笑　排忧解难　随心所欲　眉飞色舞
得心应手　琳琅满目　来龙去脉　淋漓尽致　潜移默化　毛骨悚然
别有用心　层出不穷　别具一格　啼笑皆非　名副其实　名列前茅
情不自禁　前赴后继　如释重负　百家争鸣　百花齐放　举足轻重
了如指掌　理直气壮　此起彼伏　岂有此理　语重心长　与日俱增
海市蜃楼　屡见不鲜　有的放矢　大公无私　不约而同　大惊小怪
兴高采烈　错综复杂　大相径庭　弄虚作假　忘恩负义　焕然一新
慢条斯理　顾名思义　汗流浃背　不言而喻　若无其事　大同小异
肆无忌惮　抑扬顿挫　赤手空拳　万紫千红　大显身手　不可思议
不可一世　不以为然　自以为是　自始至终　畅所欲言　震耳欲聋
触目惊心　后顾之忧　漫不经心　不动声色　不速之客　似是而非
背道而驰　不胫而走　刻不容缓　脍炙人口　不计其数　迫不及待
目不转睛　目瞪口呆　梦寐以求　奋不顾身

五、绕口令训练

1.王家有只黄毛猫，偷吃汪家灌汤包。汪家打死王家的黄毛猫，王家要汪家赔王家的黄毛猫，汪家要王家赔汪家的灌汤包。(阴平、阳平)

2.任命是任命，人名是人名，任命不是人命，人名不是任名，人名不能任命。人是人，任是任，名是名，命是命，人、任、名、命要分清。(阳平、去声)

3.时事是事实，事实要真实，时时要真实，实际是事实，字字要实际，事事要真实。(阳平、去声)

4.荷花开花现芳华，荷花芳华美如画。(阴平、阳平、去声)

5.路东住着刘小柳，路南住着牛小妞。刘小柳拿着大皮球，牛小妞抱着大石榴。刘小柳把皮球送给牛小妞，牛小妞把石榴送给刘小柳。(阴平、阳平、上声、轻声)

6.磨坊磨墨，墨抹磨坊一磨墨；小猫摸煤，煤飞小猫一毛煤。(阴平、阳平、上声、去声)

7.小柳学骑马，碰上他妈妈。他怕妈妈骂，急忙跳下马。马蹄嗒嗒嗒，差点踏着他妈妈。小柳看了心发麻，赶紧拉住缰绳拖住马，一串话儿嘴边挂："妈妈，妈妈，别怕马。"(阴平、阳平、上声、去声)

8.耕地要用犁，口渴要吃李。李子掉下地，沾了一身泥。不要怕李脏，只需洗掉泥。(阳平、上声、去声)

9.大大妈大模大样骑大马，老姥姥老夫老妻赶老羊。(阴平、阳平、上声)

10.老姥姥喝酪，酪落老姥姥捞酪，九舅舅架鸠，鸠飞九舅舅揪鸠。麻妈妈骑

马,马慢麻妈妈骂马,宁妞妞轰牛,牛拗宁妞妞拧牛。(阴平、阳平、上声、去声)

11.一葫芦酒,九两六,一葫芦油,六两九。六两九的油要换九两六的酒,九两六的酒不换六两九的油。(阴平、上声、去声)

12.一个大嫂子,一个大小子,二人比赛包饺子。不知是大嫂子包的饺子不如大小子,还是大小子包的饺子不如大嫂子。(上声)

13.老施老是叫老史捞石,老史老是没有去捞石。老史老是骗老施,老施老说老史不老实。(阴平、阳平、上声、去声)

六、名言警句训练

1.自信心就是要自己看得起自己,要自尊。〔中国〕徐特立

2.自信是英雄的本质,自信是成功的第一保证。〔英国〕爱默生

3.自信是走向成功之路的第一步,缺乏自信是失败的主要原因。〔英国〕莎士比亚

4.如果没有自信心的话,你永远也不会快乐。〔法国〕拉罗斯福哥

5.只有满怀自信的人,才能在任何地方都怀有自信,并实现自己的意志。〔前苏联〕高尔基

6.除了人格以外,人生最大的损失,莫过于失掉自信心了。〔英国〕培尔辛

7.信心是一种心境,有信心的人不会在转瞬间就消沉沮丧。〔美国〕海伦·凯勒

8.信心给人带来生活与做事的勇气。〔美国〕亚瑟·公登

9.信心是抱着足可确信的希望与依赖,奔赴伟大荣誉之路的感情。〔古罗马〕西塞罗

第六章　普通话语流音变

没有规矩不成方圆。汉语每个音节的发音都有一定规范，但当一个字音放到一个具体的词，放到一句话、一段话里来说，也就是进入到语言活动时，由于音节之间相互影响，有的字音、字调就发生了一定的变化，这种变化叫语流音变。中外语言都普遍存在着这种现象。

汉语普通话语流音变有一定规律，说话、读念符合普通话语流音变规律，也是普通话对语言规范化要求的重要方面。如：儿化韵、轻声、变调规律等等。

第一节　儿　化

普通话里单独念“儿”韵的字很少，常用的只有“二、而、尔、耳、洱、饵、贰”等大概十几个字。出于某种思想感情表达的需要，把这个音与其他韵母结合起来，改变了原来韵母的音色，成为一个卷舌韵母，叫做儿化韵。儿化韵里的“儿”不是一个单独的音节，而是在一个音节的末尾音上加一个卷舌动作，使原来那个音节因儿化而发生音变。拼音方案规定在原韵母之后加上一个r来表示儿化。如：

大伙儿dàhuǒr　坎肩儿kǎnjiānr　香味儿xiāngwèir　去哪儿qùnǎr

不是随处都可以儿化，也可以不儿化。儿化在普通话中有区别词义、区别词性和表达特定感情的重要作用。

1.区别词义作用。例如：

白面(面粉)—白面儿(毒品)

鼻(鼻子)—鼻儿(器物上突出的，可穿过绳、线、棍等东西的部位)

天(天空)—天儿(天气)

信(信件)—信儿(消息)

眼(眼睛)—眼儿(小孔)

2.区别词性作用。例如：

画(动词)—画儿(名词)

活(动词、形容词)—活儿(名词)

尖(形容词)—尖儿(名词)

盖(动词)—盖儿(名词)

3.表示“小”、“喜爱”、“亲切”的感情色彩。例如:

脸盆儿、土堆儿、药片儿、冰棍儿、纽扣儿(表示“小”的意思)

小孩儿、小嘴儿、花儿、小脸蛋儿(含有“喜爱”的感情)

小刘儿、小王儿、小三儿(含有“亲切”的感情色彩)

4.表现鄙夷、厌恶的感情态度。例如:

小偷儿、小流氓儿、小丑儿

在普通话中该儿化时不儿化,不该儿化时乱儿化,都容易使人产生误会。

儿化韵读音的规律:

1.韵腹或韵尾是ɑ、o、e、ê、u的韵母儿化,在原韵母之后加上一个卷舌动作。例如:

那儿　鸟儿　山歌儿　台阶儿　水珠儿

2.韵尾是i的韵母儿化,失落韵尾,便成主要元音加上卷舌动作。

例如:

小孩儿　刀背儿

3.收-n的韵母儿化,失落韵尾-n,多数是主要元音加上卷舌动作,少数是主要元音后加[ər]。例如:

脸蛋儿　一点儿

4.收-ng的韵母儿化,-ng韵尾同前面的主要元音合成鼻化元音,同时加上卷舌动作。例如:

帮忙儿　亮儿

5.i、ü两韵儿化,在原韵母之后加上[ər]音,i、ü仍保留。例如:

小鸡儿　小曲儿

6.-i(前)、-i(后)韵母儿化,-i(前)、-i(后)失落,变成[ər]。例如:

棋子儿　树枝儿

有时字面上并没有出现“儿”字,这并不一定是不需要儿化的意思,此时应该根据作品体裁、风格、内容和具体上下文的意思,来决定要不要儿化。有时字面上写了“儿”字,却不一定需要儿化。在具体语言环境中,需要把“儿”当成一个音节处理时,就不能做儿化处理。例如:“花儿为什么这样红?”“一十三省的女儿哟,……”“那是花儿在欢笑,那是水儿在歌唱……”这些地方都有“儿”,但都不能做儿化处理。

第二节 轻 声

普通话中单独看每个音节都有自己的声调，但当一个音节进入词或句子时，有时会失去原有的声调，而变成一个较轻、较短的调子，这就是轻声。例如“璃”，原来应读阳平，但在“玻璃”这个词中就失去了原调，读得比“玻”轻得多了，成为一个轻声音节。轻声也是一种音变现象。

轻声在普通话中也有它的作用：

1.区分词义。例如：

苍鹰(名词，猛禽)—苍蝇(名词，小昆虫)

大意(名词，大概的、主要的意思)—大意(形容词，疏忽、粗心)

2.区分词性。例如：

地道(名词，地下挖的通道)—地道(形容词，品质好、实在、可信、可靠)

买卖(动词，买和卖)—买卖(名词，买卖之事)

轻声的规律：

1.吧、吗、呢、啊、哪、啦、呀、哇等语气词，读轻声。例如：

走吧！ 去吗？ 怎么啦？ 说呀！ 好哇！

2.的、地、得、着、了、过、们等助词，读轻声。例如：

我的 慢慢地 好得很 跑着 走了 误过 朋友们

3.名词或代词的后缀：子、儿、头、么等，读轻声。例如：

桌子 那儿 木头 什么

4.单音节的方位词或词素：里、上、下、边、面等，读轻声。例如：

家里 桌上 地下 那边 里面

5.表示趋向的动词，读轻声。例如：

过来 出去 走出去 跑进来

6.叠音名词及动词的末一个音节，以及夹在重叠动词中间的“一”或“不”等，读轻声。例如：

妈妈 姥姥 看看 写写 走走 说说 跑一跑 试一试 去不去 看不看

7.量词“个”等读轻声。例如：

两个人 来了个人

8.动词后面的某些补语常读轻声。例如：

打开 关上 站住

9.人称代词做宾语时，常读轻声。例如：

找我 请你 喊他

10.口语中,许多双音节词中的第二个音节,常读轻声。例如:
姑娘 粮食 行李 清楚 商量 明白 告诉 打听 窗户 玻璃 萝卜
大夫 编辑 闺女 扫帚 晃荡 阔气 扎实 凉快 规矩 多么 朋友
唠叨

第三节 变调

普通话上声字除单念或在词尾、句尾时声调不变外,其他情况都要发生变化。可以说上声字声调的变化最大、最多,它在与其他音节结合时,不是丢掉下降的部分,就是失掉上升的部分。

一、上声变调基本规律

1.上声在非上声字前面变为半上,即由214变为211。例如:
(1)阴平前
北方 本身 补充 产生 打击 打开 法规 反之 广播 海军 火车
假说 减轻 简单 紧张 酒精 可惜 老师 两边 母亲 哪些 普通
启发 取消 始终 首都 首先 损失 体积 统一 武装(表一)
(2)阳平前
饱和 保持 保存 保留 本来 本人 比如 比赛 比重 表达 表明
表情 草原 处于 党员 等级 等于 典型 点头 法则 反而 仿佛
否则 改革 感觉 感情 果然 果实 海洋 假如 检查(表一)
(3)去声前
把握 保护 保卫 保障 保证 本质 比较 比例 表面 表示 表现
采用 产量 产物 产业 场面 尺度 此外 打破 导线 导致 等待
等到 底下 法律 法院 法制 反动 反对 反复 反抗 反射(表一)
(4)轻声前
把子 板子 膀子 本事 本子 比方 扁担 饼子 补丁 厂子 尺子
打扮 打点 打发 打量 打算 打听 胆子 底子 斧子 杆子 稿子
谷子 骨头 寡妇 幌子 伙计 茧子 饺子 姐夫 姐姐 口子
(轻声词表)
2.上上相连时,第一个上声变得近似阳平,即由214变成35。例如:
(1)两个上声字相连
本领 彼此 表演 采访 采取 产品 场所 处理 导体 导演 赶紧
感染 古老 给予 减少 尽管 可以 理解 理想 了解 领导 领土
蚂蚁 美好 哪里 品种 手指 所以 所有 土壤 往往 舞蹈 享有

想法　小姐　小组　选举　以往　引导　引起　影响　永远　勇敢　予以　语法　早已　整理　整体　只好　只有　指导　主导　主体　子女　总理　总体　总统(表一*)

(2)三个上声字相连,有的前两个上声变成近似阳平,有的第一个上声也可以变成半上。这要依据词语的搭配和习惯读法而定。例如:

橄榄果　古典舞　讲演稿　冷水澡　洗脸水　小组长　勇敢者　展览馆

二、其他声调连续变调

除上声之外,例如阴阳相连、去去相连等词语,虽然第一个音节的声调也有些许变化,但是它们和原声调的调型以及趋势、走向是完全一致的,只是在音高或音长上发生了一点点变化,因此可以忽略不计。比如:

阴阴相连,播音、参加、非洲、磋商等,声调要读作44、55。第一个音节的音高略低点。

去去相连,大厦、破例、宴会、创办等,声调要读成53、51,第一个音节由全降变成半降,虽然降的程度不同,但都是降,趋势没有变。

为了简化普通话的学习,不给学习普通话造成太多的困难,这些小的、细微的变化,可以不做计较。

第四节　其他音变

一、"一"的变调

"一"原来的声调为阴平,55调值。

当"一"单独使用时不变调,仍读阴平,如"宣布几条纪律。一、要遵守时间"。"一"在句尾时,也不变调,读阴平,如"始终如一"、"我们应该表里如一"。另外,"一"在作序数时,应读阴平,不变调,如"三年一班"、"2011年1月1日"、"第十一个年头了"。

"一"的变调情况:

1.在去声字前,由阴平调变成阳平调。例如:

一半　一辈子　一带　一旦　一定　一度　一共　一贯　一会儿　一块儿　一律　一面　一切　一线　一向　一再　一致　千钧一发　一目了然　不可一世(表一)

2.在非去声字前,由阴平调变成去声调。例如:

一般　一边　一端　一连　一旁　一齐　一起　一时　一体　一同　一心　一早　一直　一帆风顺　一丝不苟　一筹莫展　独一无二　别具一格

焕然一新(表一)

3.夹在重叠词中间,变轻声。例如:

跳一跳　看一看　问一问　想一想　笑一笑　走一走(表外)

二、"不"的变调

"不"原本的声调为去声。

"不"单念或在句尾时,都念去声,不变调。例如:"不,我可以去!""不"在非去声(阴平、阳平、上声)字前,也读去声,不变调。例如:不同、不肯、不吃不喝。

"不"的变调情况是:

1.在去声字前,由去声变阳平调。例如:

不必　不错　不但　不断　不对　不够　不顾　不过　不利　不论　不怕　不幸　不要　不用(表一*)

不锈钢　不在乎　不见得　不至于　不动产　不像话(表二)

出其不意　不动声色　不速之客　不胫而走　不计其数　奋不顾身(表二)

2.夹在两个字中间,变轻声。例如:

来不及　舍不得　了不起　差不多　对不起(表一)

吃不消　禁不住　冷不防　了不得　抱不平　看不起　靠不住(表二)

三、语气词"啊"的音变

"啊" 作叹词, 放在句子前面单独使用, 仍读本音 "啊", 不发生音变。如 "啊——,伟大的祖国!"

随着说话环境不同,说话语气会发生改变,在不同场合下"啊"会变化为不同声调。例如:

"啊! 啊! 是啊。"(表示肯定对方的话)

"啊! 是吗? "(表示惊诧不已、不敢相信对方所说的话)

"啊? 什么? "(表示没听清或不相信对方的话,又追问一遍)

"啊? 怎么会呢? "(表示出乎意料、万分惊诧)

"啊,我知道。"(拖腔拖调。表示:原来你说的是这件事啊,我知道了)

"啊,啊,可以。啊,没问题。"(表示肯定、知道了,答应,没异议)

当"啊"进入语流,用在语句末尾,和前边的音节连读时,由于受到前面一个音节最后一个音素的影响,跟在后边的语气词"啊"就会发生音变现象。

"啊"的音变规律如下:

1.前面的音素是a、o(ao、iao除外)、e、ê、i、ü时,读ya,书面也可以写成"呀"。例如:

他应该受到惩罚(fá)啊!

你应该当面对他说(shuō)啊!
以后,你上坡(pō)啊,下坡(pō)啊,可得加点小心!
你这么怕蛇(shé)啊?
你说邪不邪(xié)啊?一上午我在这儿摔俩跟头!
早晨坐公共汽车真挤(jǐ)啊!
没想到今天会下雨(yǔ)啊!
2.前面的音素若是u(包括ao、iao)时,读wa,书面也可以写成"哇"。例如:
你好糊涂(tú)啊!
真可笑(xiào)啊!
他的个子好高(gāo)啊!
这种事在我们那儿也不少(shǎo)啊。
3.前面的音素若是n时,读na,书面也可以写成"哪"。例如:
瞧,他看起书来多入神(shén)啊!
好大的烟(yān)啊!
这事真冤(yuān)啊!
4.前面的音素是ng时,读nga,书面仍写成"啊"。例如:
你再不要抽烟了,行不行(xíng)啊?
今天食堂的馒头真硬(yìng)啊!
5.前面的音素若是-i(后)时,读ra,书面仍写成"啊"。例如:
他是我小学的老师(shī)啊!
你快点吃(chī)啊!
6.前面的音素若是-i(前)时,读za,书面仍写作"啊"。例如:
一次(cì)啊,两次(cì)啊,别人可以原谅,但你总这样怎么行?
多漂亮的字(zì)啊!

第五节　词的轻重格式

词的轻重格式是指读多音节词语时,它们的轻重基本定式。造成这种轻重格式的原因是多方面的:有约定俗成的读词习惯,也有音节本身的音高、音程的长短以及音强上的强弱等因素构成。

普通话的轻重音可以分为四个等级:重音、中音、次轻音、最轻音。

普通话词语的轻重格式的基本形式是:双音节、三音节、四音节词语大多数最后一个音节读成重音。双音节词语大多数读成"中重"格式;三音节词语大多数读成"中轻重"格式;四音节词语大多数读成"中轻中重"格式。

双音节词的轻重格式主要为"中重"或"重轻"格式,其中"中重"居多。例如:

1.中重格式

安全　按时　白菜　班长　包围　保留　背后

2.重轻格式

爱人　包子　本事　扁担　玻璃　伯伯　苍蝇

三音节的轻重格式多为“中轻重”或“中重轻”格式。例如：

1.中轻重格式

办公室　博物馆　不得不　不得了　动物园　工程师

2.中重轻格式

不至于　大个子　看样子　老大爷　老太太　小伙子

四音节的轻重格式多为“中轻中重”格式。例如：

欢声笑语　龙飞凤舞　一五一十　一马当先　移风易俗

五音节以上的大多数是短语(词组),可以将其划分为双音节、三音节、四音节,然后参照上面的格式去处理。

语流音变综合训练

一、音变知识思考练习

1.什么是音变？请举例说明。

2.现代汉语音变主要有哪几种情况？

3.上声有几种不同的实际读法？它们的出现条件是什么？

4.轻声的调值是如何确定的？举例说明。

5.轻声是不是独立于四声之外的第五种声调？请谈谈你的看法。

6.举例说明“一”和“不”变调的相同点。

7.试以下列词语为例说明词语的内部结构对上声变调的影响。

草稿纸　厂党委　好产品　碾米厂

8.儿化就是音节后加“儿”音节,这种说法正确吗？为什么？

9.书面语中,儿化是不是必须体现在字面上？请举例说明。

10.举例说明语气词“啊”音变后相应的文字形式。

二、儿化韵训练

(一)儿化韵读音训练

刀把儿　小孩儿　老伴儿　香肠儿　豆芽儿　一点儿　花样儿　麻花儿

一块儿　拐弯儿　蛋黄儿　手绢儿　花盆儿　夹缝儿　小鞋儿　一会儿

打盹儿　小瓮儿　瓜子儿　锯齿儿　玩意儿　有劲儿　花瓶儿　小曲儿

合群儿　模特儿　没谱儿　抽空儿　小熊儿　口哨儿　豆角儿　老头儿
棉球儿　大伙儿　粉末儿(轻声词表)

(二)儿化韵与非儿化韵对比训练

1.非儿化与儿化的

哪—哪儿　那—那儿　盖—盖儿　塞—塞儿　摊—摊儿　眼—眼儿
面—面儿　尖—尖儿　亮—亮儿　画—画儿　圈—圈儿　份—份儿
嘴—嘴儿　味—味儿　食—食儿　名—名儿　这—这儿　雏—雏儿
物—物儿　鸟—鸟儿　头—头儿　口—口儿　球—球儿
皮带—鞋带儿　破烂—破烂儿　臂膀—肩膀儿　白面—白面儿
一点—一点儿　苦瓜—香瓜儿　笑话—笑话儿　回味—香味儿
茶叶—树叶儿　有门—有门儿　竹席—凉席儿　没心—没心儿
水星—水星儿　春雨—小雨儿　珍珠—珍珠儿　面包—面包儿
横道—横道儿　没头—没头儿　生活—干活儿

2.不可儿化的

健儿　男儿　女儿　婴儿　幼儿　妻儿　弃儿　混血儿　幼儿园

(三)朗读下面句子,注意带有“儿尾”词的读音

1.一阵风吹来,树枝轻轻地摇晃,美丽的银条儿和雪球儿簌簌地落下来,玉屑似的雪末儿随风飘扬……

2.一天,爸下班回到家已经很晚了,他很累也有点儿烦……

3.夜风轻飘飘地吹拂着,空气中飘荡着一种大海和田禾相混合的香味儿。

4.时间过得那么飞快,我的小心眼儿里不只是着急,还有悲伤。

5.看着看着,这件花衣好像被风儿吹动,叫你希望看见一点更美的山的肌肤。

6.他翻遍了整块土地,但连一丁点儿金子都没看见。

7.我们像朋友一样聊起天儿来……

(四)绕口令训练

1.进了门儿,倒杯水儿,喝了两口儿运运气儿,顺手儿拿起小唱本儿,唱一曲儿,又一曲儿,练完了嗓子我练嘴皮儿,绕口令儿,练字音儿,还有单弦牌子曲儿,小快板儿,大鼓词儿,越说越唱我越带劲儿。

2.一个老头儿,上山头儿砍木头,砍了这头儿砍那头儿,对面儿来了个小丫头儿,给老头儿送来一盘儿小馒头儿,没留神撞上一块大木头,栽了一个小跟头儿。

3.我们那儿有个王小三儿,在门口摆着一个小杂货摊儿。卖的是煤油火柴和烟卷儿,草纸豆儿纸还有大包的烟儿,红糖白糖花椒大料瓣儿,鸡子儿挂面酱醋油盐儿,糖葫芦一串儿又一串儿,花生瓜子儿还有酸杏干儿。王小三儿不识字儿,

算账记账他净闹稀罕事儿。街坊买了他六个鸡子儿，他就在账本上画了六个圈儿。过了两天人家还了他的账，他在账单上画了一道儿就勾了圈儿。到了年底又去跟人家要账，他说人家短了他一串儿糖葫芦儿没有给他钱儿。

4.小铁头儿，小柱头儿，学习雷锋有劲头儿。放学后，拾砖头儿，跑了东头儿跑西头儿。拾砖头儿，几筐头，送到猪场砌墙头儿。墙头高，高过头儿，乐得他俩直点头儿。人人夸小哥俩："集体装在心里头！"

5.莲花儿灯，莲花儿灯，今儿个点了明儿个扔。

6.你别看就那么两间小门脸儿，你别看屋子不大点儿，你别看设备不起眼儿，可售货员的服务贴心坎儿。有火柴，有烟卷儿，有背心，有手绢儿，有蜡烛、盘子、小瓷碗儿，还有刀子、勺子、小铁铲儿。起个早儿贪个晚儿，买什么都在家门前儿。

7.小姑娘儿，红脸蛋儿，清早起来梳小辫儿。又擦胭脂儿又抹粉儿，画上两片儿红嘴唇儿。粉红袄儿疙瘩襻儿，活里儿活面儿的小坎肩儿。大花儿的裙裤儿真丝绸儿，鹿皮的皮靴儿擦红油儿。

8.老头儿对老头儿，挖泥喊加油儿，引来老鹰停翅飞，乐得杨柳直点头儿。

9.大热天儿，挂竹帘儿，歪脖儿树下有个妞儿编花篮儿。一编编个玉花篮儿，里面插着牡丹花儿、玫瑰花儿，还有菊花儿、海棠花儿。

10.圆桌儿、方桌儿没有腿儿，墨水瓶儿里没墨水儿，花瓶儿里有花儿没有叶儿，年轻人儿写字儿没有准儿，甘蔗好吃尽是节儿，西瓜挺大没有味儿，坛里的小米儿长了虫儿，鸡毛掸子成了棍儿，水缸沿儿上系围嘴儿，耗子打更猫打盹儿，新买的小褂儿不钉扣儿，奶奶想说没有劲儿。

三、轻声训练

（一）单音节轻声词语训练

的：我的　直的　地：忽地　认真地　得：觉得　显得　着：拿着　看着
了：熟了　着了　过：听过　学过　头：奔头　想头　子：梳子　盆子
们：咱们　他们　个：五个　有个　么：怎么　什么　哇：好哇　走哇
呀：对呀　谁呀　啦：行啦　有啦　呢：人呢　笔呢　吧：说吧　去吧
吗：对吗　香吗　来：送来　看来　去：上去　进去　上：天上　脸上
下：地下　蹲下　里：屋里　田里　边：这边　外边

（二）常用必读轻声词训练

1.阴平+轻声

巴结　包袱　包涵　帮手　聪明　抽屉　出息　灯笼　多么　提防　吩咐
风筝　高粱　膏药　甘蔗　胳膊　姑娘　官司　关系　规矩　家伙　街坊
宽敞　宽绰　亲戚　清楚　牲口　生意　疏忽　书记　窝囊　稀罕　消息

虾米 休息 知识 芝麻 招呼 招惹 庄稼

2.阳平+轻声

裁缝 柴火 长处 合同 和气 糊涂 葫芦 黄瓜 咳嗽 萝卜 累赘
麻烦 苗条 明白 名字 门面 玫瑰 眉毛 蘑菇 名堂 难为 便宜
朋友 婆家 葡萄 拾掇 时候 石榴 随和 俗气 抬举 徒弟 学生
学问 玄乎 行李 油水 直溜

3.上声+轻声

摆布 本钱 扁担 打扮 打发 打量 点子 伙计 考究 喇叭 了得
马虎 脑袋 暖和 扭捏 女婿 笸箩 数落 体面 尾巴 喜欢 眼睛
早晨 指甲 主意

4.去声+轻声

凑合 伺候 报酬 簸箕 部分 豆腐 告诉 厚道 坏处 晃悠 护士
客人 客气 阔气 困难 木匠 热和 认识 上司 扫帚 算盘 似的
事情 味道 位置 外甥 下巴 相声 钥匙 月亮 意思 帐篷 做作

(三)轻声与非轻声对比训练

1.有后缀的词语

(1)子

zi—稻子 碟子 汉子 款子 帽子 摊子 条子 靴子 园子 侄子
zǐ—才子 菜子 赤子 弟子 电子 分子 瓜子 离子 莲子 逆子
女子 棋子 松子 学子 孝子 游子 原子 独生子 伪君子

(2)头

tou—锄头 风头 木头 念头 盼头 拳头 舌头 石头 榫头 丫头
tóu—开头 口头 龙头 埋头 眉头 起头 线头 针头 钟头 钻头

2.同形词语

大意(yi)疏忽	大意(yì)主要的意思
地下(xi)地面上	地下(xià)地面之下
东西(xi)指物品	东西(xī)指方向
对头(tou)冤家	对头(tóu)正确
利害(hai)程度深或可怕	利害(hài)利和弊
是非(fei)纠纷	是非(fēi)正确和错误
下场(chang)指结局	下场(chǎng)指退场
兄弟(di)指弟弟或称呼别人	兄弟(dì)指哥和弟
照应(ying)照料	照应(yìng)配合、呼应

(四)具有区别词性、词义功能的轻声词训练

本事 不是 大方 大爷 地道 地方 对头 多少 翻腾 故事 过去

胡同　精神　开通　厉害　买卖　千斤　丧气　生意　下水　运气　琢磨
造化　自在

帘子—莲子　笼头—龙头　舌头—蛇头　瞎子—虾子

(五)绕口令训练

1.打南边来了个瘸子,手里托着个碟子,碟子里装着个茄子。地下钉着个橛子,绊倒了拿碟子的瘸子,撒了碟子里的茄子。气得瘸子撇了碟子,拔了橛子,踩了茄子。

2.瞎子吹喇叭,哑巴摸蛤蟆,哑巴听不见瞎子吹的喇叭,瞎子看不见哑巴摸的蛤蟆。

3.买卖人做买卖,买卖不公没买卖,没买卖没钱做买卖,买卖人做买卖得实在,买卖不成仁义在。

4.葫芦胡同儿胡立虎,晚上睡觉打呼噜。睡到半夜一糊涂,隔着窗户掉外头。护着屁股不护头,呼噜块砖头当枕头。呼噜呼噜接着睡,一觉糊弄到正晌午。

5.星星、月亮睡了,东边升起太阳,大雁向南边飞了,秋风轻轻地唱。骆驼挂了个大铃铛,驮着粮食、棉花去向一个地方。小伙子背着包袱、揣着干粮,离开村子,去看自己的姑娘。老大爷带着新收的西瓜、葡萄、山药、葫芦,去看望部队的干部、战士,慰问戍边守国的兵和将。

6.屋子里有箱子,箱子里有匣子,匣子里有盒子,盒子里有镯子;镯子外面有盒子,盒子外面有匣子,匣子外面有箱子,箱子外面有屋子。

7.天上日头,嘴里舌头,地上石头,桌上纸头,手掌指头,树上枝头,集上市头。

8.老姥姥问姥姥,姥姥老问老姥姥。麻妈妈问妈妈,妈妈老问麻妈妈。

(六)短文练习

曲曲折折的荷塘上面,弥望的是田田的叶子,叶子出水很高,像亭亭的舞女的裙,层层的叶子中间,零星地点缀着些白花,有袅娜地开着的,有羞涩地打着朵儿的;正如一粒粒的明珠,又如碧天里的星星……

(节选自朱自清的《荷塘月色》)

四、上声变调训练

(一)上+阴(211+55)

保温　北方　北京　补丁　敞开　耳朵　纺织　港湾　果真　海风　海军
缓坡　火车　简单　奖杯　脚跟　解说　警钟　酒精　垦荒　恐慌　口碑
老师　冷清　马鞍　启发　取经　省心　史诗　始终　首都　首先　体操
晚安　武装　许多　演出　雨衣　指标　准星

(二)上+阳(211+35)

表白　等于　否则　改革　搞活　占义　果然　好人　火柴　几何　检查

解决　举行　可怜　可能　口诀　累年　脸盆　两极　凛然　岭南　柳林
旅行　鸟笼　女鞋　漂白　起床　启迪　乞求　企图　水田　体型　雪人
演员　隐瞒　语文　主持　组阁　祖国

(三)上+去(211+51)

柏树　宝贵　本质　比较　阐述　处分　打破　典范　懂事　法律　反映
腐败　改造　感谢　古代　广大　诡辩　好散　几件　紧凑　谨慎　考试
款待　旅客　马路　满意　美丽　努力　女客　呕吐　启动　巧妙　请假
忍耐　体面　土地　晚报　武断　武术　小扇

(四)上+轻

1.多数读“半上”

本钱　比方　打量　点心　点缀　耳朵　骨头　姥姥　马虎　买卖　脑袋
影子

2.少数读阳平(轻声本调为上声的)

打手　等等　举起　可以　哪里　晌午　手里　想起　小姐

(五)上+上(35+214)

绑腿　北海　绷脸　比拟　匕首　笔挺　把柄　场所　处理　倒手　抖擞
耳语　砝码　反省　辅导　辅佐　感想　给以　古老　海岛　好久　好转
缓缓　给予　岬角　假使　简短　讲稿　尽管　老板　老虎　冷水　领导
勉强　偶尔　请柬　请帖　手指　水果　铁索　舞蹈　小组　选举　野草
友好　语法　雨水　远景　展览　只有

(六)上+上+上(35+35+214)

百米跑　版本好　场景美　炒米粉　处理品　很勇敢　举手礼　孔乙己
老保守　买把伞　买水果　蒙古语　手写体　耍笔杆　水彩笔　小九九
小拇指　写检讨　选举法　影响好　雨点小　展览馆　找厂长　纸老虎
纸雨伞　主考场

(七)多个上声相连

产品展览　海水洗澡　举手选举　岂有此理　稳妥处理　永远友好
远景美好　彼此很了解　采访李厂长　请给我买碗水　请你给老李演讲稿

(八)绕口令训练

1.辛厂长,申场长,同乡不同行。辛厂长声声讲生产,申场长常常闹思想。辛厂长一心只想革新厂,申场长满口只讲加薪饷。

2.蓝衣布履刘兰柳,布履蓝衣柳兰刘。兰柳拉犁来犁地,兰刘播种来拉耧。

3.五组的小组长姓鲁,九组的小组长姓李,鲁组长比李组长小,李组长比鲁组长老。比李组长小的鲁组长有个表姐比李组长老,比鲁组长老的李组长有个表姐比鲁组长小。小的小组长比老的小组长长得美,老的小组长比小的小组长长得丑。丑小组长的表姐比美小组长的表姐美，美小组长的表姐比丑小组长的表姐丑。请你想一想:是鲁组长老,还是鲁组长的表姐老?是李组长小,还是李组长的表姐小?是五组小组长丑,还是九组小组长丑?是鲁组长表姐美,还是李组长表姐美?

五、“一、不”的变调训练

(一)“一”的变调练习

1.单念

一楼　一百一　一是一　一一得一　有一是一　一九一八　说一不二

一月一日　八一建军节　一而再,再而三　一不怕苦,二不怕死

2.词尾

初一　划一　六一　统一　万一　百里挑一　长短不一　大年初一

始终如一　不管三七二十一

3.非去声前

一般　一包　一边　一层　一词　一端　一发　一国　一经　一局　一口

一览　一连　一年　一批　一匹　一瞥　一起　一时　一生　一手　一体

一条　一同　一统　一头　一文　一些　一新　一张　一早　一直　一种

一准　一总

4.去声前

一半　一并　一寸　一定　一度　一概　一贯　一刻　一块　一例　一路

一律　一片　一切　一日　一色　一瞬　一向　一样　一夜　一阵　一致

一座

(二)“不”的变调练习

1.去声前

不败　不必　不便　不测　不错　不但　不断　不顾　不讳　不愧　不利

不料　不论　不散　不是　不算　不肖　不屑　不逊　不致

2.非去声前

不安　不才　不曾　不齿　不成　不单　不服　不甘　不公　不光　不轨

不和　不羁　不禁　不堪　不忍　不容　不湿　不惜　不止

(三)“一”、“不”变调综合训练

1.“一”变调训练

一般大小　一板一眼　一本正经　一笔勾销　一唱一和　一筹莫展

一得之愚　一多一少　一帆风顺　一反常态　一鼓作气　一国两制

一技之长　一见如故　一脉相传　一面之词　一模一样　一目十行

一曝十寒　一起一落　一前一后　一人一次　一人一份　一山一水

一手一足　一丝一毫　一天到晚　一往无前　一问一答　一五一十
一张一弛　一朝一夕　一知半解　一桌一椅

2."不"变调训练

不卑不亢　不变价格　不耻下问　不大不小　不动声色　不多不少
不干不净　不敢相信　不管不问　不哼不哈　不欢而散　不慌不忙
不即不离　不稼不穑　不见不散　不紧不慢　不见经传　不可理喻
不可多得　不假思索　不劳而获　不伦不类　不落窠臼　不明不白
不偏不倚　不清不楚　不求甚解　不屈不挠　不三不四　不说假话
不死不活　不痛不痒　不闻不问　不相上下　不学无术　不翼而飞
不由自主　不在话下　不折不扣　不知不觉　不知好歹　不知所措

3."一"、"不"综合训练

一尘不染　一成不变　一蹶不振　一毛不拔　一窍不通　一丝不苟
一言不发　不可一世　不拘一格　不名一文　不屑一顾

4."一"、"不"在中间训练

比一比　穿一穿　读一读　管一管　画一画　看一看　量一量　算一算
试一试　谈一谈　听一听　想一想　笑一笑　走一走　扳不倒　差不多
动不动　敢不敢　好不好　开不开　看不看　肯不肯　来不来　去不去
少不少　酸不酸　甜不甜　像不像　写不写　学不学　要不要　找不找
过不来　回不去　看不清　了不起　起不来　认不出　说不好　走不快

5.短语中的"一"、"不"训练

头一回　君子一言,驷马一鞭　一动也不动　吃一堑,长一智
百闻不如一见　一蟹不如一蟹　一个萝卜一个坑　一个巴掌拍不响
道高一尺,魔高一丈　一叶障目,不见泰山　不打不相识　无巧不成书
胜不骄,败不馁　不见兔子不撒鹰　不见棺材不落泪　不到黄河心不死
响鼓不用重锤敲　夜不闭户,路不拾遗　知无不言,言无不尽
取之不尽,用之不竭　流水不腐,户枢不蠹　来者不善,善者不来

6.句中的"一"、"不"训练。

一个西瓜一颗枣,一群大雁一只鸟。一个渔翁一钓钩,一江明月一江秋。

不！不要管他。不是我看不起他,他敢跟我说个不字吗?

春天不播种,夏天就不生长,秋天就不能收割,冬天就不能品尝。任何不播种的地方,绝不会得到丰收。

青春,在人的一生中只有一次。希望你们年轻的一代,也能像蜡烛为人照明那样,有一分热,发一分光……

一滴水只有放进大海里才永远不会干涸,一个人只有当他把自己和集体事业融合在一起的时候才能最有力量。

(四)绕口令训练

1.一个盘子一张饼,一张饼上一棵葱,大葱蘸酱家乡饭,一蘸一卷蕴乡情。

2.一个大一个小,一件衣服一顶帽。一边多一边少,一打铅笔一把刀。一个大一个小,一个西瓜一颗枣。一边多一边少,一盒饼干一块糕。一个大一个小,一只肥羊一只猫。一边多一边少,一群大雁一只鸟。一边唱一边跳,大小多少记得牢。

3.一二三,三二一,一二三四五六七,七六五四三二一。一个姑娘来摘李,一个小伙儿来摘梨,一个小孩儿来摘栗。三个人一齐出大力,收完李子、栗子、梨,一起拉到市上去赶集。

4.王老汉拿着一根不长不短的鞭子,赶着一辆不新不旧的大马车,拉着满车只多不少的公粮,奔驰在一条不宽不窄的大道上。到了粮库门口,他不慌不忙地停下了那辆不新不旧的大马车,不声不响地放下了那根不长不短的马鞭子,不遗余力地扛起一包包的公粮,不高不低地哼着丰收小调儿,把只多不少的公粮送进了国家的大仓库。

5.冬冬打碎了一个花瓶儿,爸爸见了不言不语,妈妈见了不慌不忙,冬冬心里一落一起。“花瓶打碎不是故意,”妈说,“所以不批评你。”爸说:“不过以后注意。”冬冬心里的石头这才算落地。他说:“以后再不粗心大意。”爸说:“要从不管不顾做起。”全家一说一笑,解决冬冬一个大问题。

6.一个老僧一本经,一句一行念得清,不是老僧爱念经,不会念经当不了僧。

7.不怕不会,就怕不学。一回学不会再来一回,一直到学会,我就不信学不会。

六、语气词“啊”的读音训练

(一)读准下列句子中的“啊”

原来是他啊!

快去广播广播啊!

多么迷人的春色啊!

注意啊!

你从哪儿来啊!

外面下着好大的雨啊!

你去不去啊?

你在哪儿住啊?

他的个儿真高啊!

笑啊!叫啊!

天多么蓝啊!

多么精彩的表演啊!

这花多鲜艳啊!

这广场真大啊!

那可是个又高又陡的山坡啊!

他饿啊!

还不快写啊!

今天真倒霉啊!

会不会下雨啊?

快去啊!

谁还要买书啊?

写得多好啊!

跳啊!笑啊!

这叫我怎么开口啊!

可真不简单啊!

真是个不知疲倦的人啊!

这儿的小海龟好多啊！
太阳多么红啊！
这是一场激烈的竞争啊！
多么好的同志啊！
你说是不是啊？
要努力练好“三笔字”啊！
你去过北京几次啊？
那就是才开业的百货公司啊！
大家尽情地唱啊！
这样做恐怕不行啊！
病得抓紧治啊！
现在去还不迟啊！
这是怎么回事啊！
这是谁写的字啊？
这件事，多么有意思啊！
她不愧是妈妈的好女儿啊！

(二)绕口令训练

1.这些孩子啊，真可爱啊，你看啊！他们多高兴啊。又是作诗啊，又是吟诵啊，又是画图画啊，又是剪纸啊。又是唱啊，又是跳啊，啊！他们多幸福啊！

2.啪、啪、啪！谁呀？张果老啊！怎么不进来啊？怕狗咬啊！衣兜里装着什么啊？大酸枣啊！怎么不吃啊？怕牙倒啊！胳肢窝里夹着什么啊？破棉袄啊！怎么不穿上啊？怕虱子咬啊！怎么不叫你老伴儿拿啊？老伴儿死了。你怎么不哭啊？盆儿啊，罐儿啊，我的老伴儿啊！

3.鸡啊、鸭啊、猫啊、狗啊，一块儿水里游啊！牛啊、羊啊、马啊、骡啊，一块儿进鸡窝啊！狼啊、虫啊、虎啊、豹啊，一块街上跑啊！兔啊、鹿啊、鼠啊、鸟啊，一块上窗台儿啊！

七、音变综合朗读训练

(一)谜语

东一片，西一片，隔座高山不见面。猜不着，请你再听一遍。

水冲不走，火烧不掉，吃了不会饱，一刻不能少。

(二)句子

1.读准句中的儿化词

(1)新手绢儿上有一圈儿花边儿，中间儿有一对小熊猫儿。

(2)花瓶儿里插着梅花儿，花盆儿里种着菊花儿。

(3)菜摊儿上的菜真全，有小葱儿、豆角儿、土豆儿、豆芽儿，还有小白菜儿。

(4)你要是有空儿，到我家来玩儿，咱们俩聊聊天儿。

(5)这个百货摊儿上的东西真不少，有背心儿、裤衩儿、手套儿、口罩儿、纽扣儿、松紧带儿，还有花床单儿。

2.读准句子里的轻声词

(1)把窗户打开，把玻璃擦擦再关上。

(2)老王从楼上跑下来，手里拿着个包袱。

(3)我觉得身上不舒服，也许是中暑了。

(4)我的钥匙忘在屋子里了，打不开门上的锁，没法进去了。

(5)公园里什么花儿都有：牡丹、月季、玫瑰、芍药，红的、白的、紫的、黄的，漂亮极了！

(三)短文朗读训练

不“看”也罢

有一位中国学者，在国外担任中文教授的时候，最头痛的是那些外国学生们对汉语言文字中的同义、近义词之间的微妙差别，实在难于掌握。

有一次，对于一个常用的“看”字，他反反复复地讲了“看人一眼”与“瞪人一眼”、“剜人一眼”、“瞟人一眼”、“飞人一眼”等字词之间的联系和区别，但学生们无论如何都不大明白。于是，他只好又从最浅显的“看”与“见”讲起：

“‘看’和‘见’是同义词，‘看到’与‘见到’，‘看了一次’与‘见了一次’，意思都差不多。但是，它们之间又有区别……”

这一下，同学们异口同声地回答：“明白了！”

这位教授感到非常高兴。

下课的时候，同学们用新学到的汉语知识，亲切地向老师道别说：“老师，我们明天再看！”

教授被这个“再看”弄得愣了半天，最后，只好无可奈何地叹道：“不‘看’也罢。”

问　路

有一个南方人，第一次到北京来，对道路很不熟悉。有一天，他参观了故宫以后，想顺便到王府井大街逛逛。人家告诉他，要去王府井，最好从故宫东门儿出去，那样走很近。他出了故宫东门儿，没走多远就遇到了一个十字路口儿。他犯愁了，到底往哪边儿走才是王府井呢？正巧这时过来一个七八十岁的老头儿，他赶紧跑过去问：“老大爷，到王府井怎么走啊？”老头儿说：“同志，我耳朵有点儿背，您问什么井，我们这儿早就没有井了，都用自来水儿！”“不，老大爷，我是问王府井那条街在什么地方！”“哦，王府井啊！您从这儿一直往东边儿走，顶多有一二里地，就是一个十字路口儿。到了十字路口儿您就别再往东边儿走了，那儿是金鱼儿胡同儿；您也别往北边儿拐，往北边儿是灯市口儿；您得往南边儿拐，一拐弯儿就是王府井北口儿了。”“谢谢大爷。”“不客气。”

这位从南方来的同志一边儿走一边儿念叨着：“东边儿，南边儿，北边儿……我们南方只说左边儿右边儿，怎么北京这么多边儿？哎呀，王府井在哪边儿来着？啊，有了，反正我哪边儿都没去过，我就东边儿、南边儿、北边儿都走它一趟，岂不逛得更痛快！”

解放军来到向阳屯儿

八达岭下一山村儿，这个山村儿名叫向阳屯儿，向阳屯有位张大婶儿，她家小屋紧靠着大山根儿。

这一天儿，天傍黑儿，广播喇叭传喜讯儿：乡亲们请注意，报告大家一个好消息儿，驻南口的人民子弟兵，为了帮咱们修水利，派来了十名战士，整整的一班人儿。

广播喇叭传喜讯儿，喜讯传遍了向阳屯儿。张大婶回家叫老伴儿："快打开咱家西边的门儿，炕上铺上一领新炕席儿，腾出咱的新屋来让给亲人儿。"

陈班长带队进了门儿，老两口儿乐得满脸堆笑纹儿："同志们，快请进，屋里坐，我们老两口儿都是直脾气儿，从来不会客气词儿，进了家门没外人儿，缺啥只管讲一声儿，锅和碗儿，瓢和盆儿，水缸在树边紧靠门儿。烧柴禾，也现成儿，秫秸、劈柴、柳树枝儿，院里堆着有几百斤儿。"

鸡叫三声咯儿咯儿咯儿，陈班长带队出了村儿，屋里头留下李小根儿。炊事员李小根儿，挽挽袖口系围裙儿，淘大米半盆子儿，小白菜儿剁了根儿，高碑店儿带来的豆腐丝儿，院里拖了捆儿柳树枝儿，一过秤，五十斤儿，一切准备得差不离儿，划根儿火柴点着了灶火门儿。

门对门儿

谁不愿意把小日子过得和美？可一样儿的日子就有两样儿的过法儿。

五号院儿住着两家儿，门对门儿，加上自盖的小厨房儿，几乎连到一块儿。东屋住着"傻三儿"。其实他人并不傻，只是有点儿憨，开口先"嘿嘿"，说话就撸脑袋，谁家有力气活儿，他都张罗，别人谢他，他"嘿嘿嘿"一通儿傻笑。要说他还真有傻福气，二十八岁娶了个俊媳妇儿。媳妇儿进门恁有难处：婆婆偏瘫，小姑子没出阁，一锅里吃饭，够应酬的。可人心换人心，没过一年半载，媳妇竟成了三儿家的核儿。婆婆夸，小姑儿敬，四邻都说她是位好当家。傻三儿呢，更是水萝卜——心儿里美，工作自然专注，奖金没少往回拿。

对门儿西屋住着和三儿一块儿长大的伙伴儿，也娶了个俊媳妇儿。只是这一对儿跟那一对儿不一样，角儿不大，脾气不小，在院里凡人不理，还三天两头儿闹家庭"战争"。

星期天，是双职工的活泛日子，该洗该涮该玩该串早就安排好了。东屋的当家，一早儿奔了菜市场，婆婆爱吃扁豆馅儿，她心里挂着呢！对门儿的小两口儿也有自己的小九九儿，照例把孩子扔给了奶奶，一大早颠儿香山看红叶去了。"咳，牲口还有歇磨的时候呢。"着哇！老太太打心眼儿里不痛快，又有什么法子。

晌午，东屋传出剁馅儿声，媳妇擀皮儿，小姑子打馅儿，傻三儿包，流水作业。头一锅饺子端给了老人家儿："妈，您趁热儿吃吧。""我不急，你们先吃。好不容易歇一天。"媳妇轻轻把婆婆扶坐好,把饺子夹到老人的醋碗里,那个亲热!

西屋小两口子兴许是爬山爬累了,下午一进门儿就鼻子不是鼻子、脸不是脸的,一会儿嫌孩子脏啦,一会儿说饭菜不是味儿啦。老太太心里这份儿气,几次话到嘴边儿又都咽了回去。

东屋飘出一串儿笑。瘫婆婆从枕头下摸出两张电影儿票:"三儿呀,陪媳妇看电影儿去!""嘿嘿嘿,妈,我俩陪您,让妹子跟她那位去吧!"傻三儿话音未落,妹妹打开了哈哈儿:"哥,我去也成,妈急了你哄!""怎么?""这票是妈特意让我买来慰劳嫂子的!"

东西屋门对门儿,都在居家度日,谁不愿意把小日子过得和美?有些事儿外人不好多嘴,该怎么办还得自个儿掂量着,对不?

八、词语轻重格式训练

1.双音节词语训练(第一组)

安心　安装　搬家　包装　才能　残余　长城　电量　电路　电器　电视
火柴　整理　整体　只好　只有

双音节词语训练(第二组)

编辑　玻璃　窗户　打听　大夫　告诉　姑娘　闺女　粮食　萝卜　明白
清楚　扫帚　商量　太阳　行李

2.三音节词语训练

氨基酸　回归线　基本功　离心力　三角洲　神经质　收音机　思想家
拖拉机　维生素　游击队

3.四音节词语训练

不约而同　川流不息　大公无私　大惊小怪　非同小可　海市蜃楼
来龙去脉　淋漓尽致　屡见不鲜　潜移默化　相得益彰　兴高采烈
有的放矢　诸如此类

九、名言警句训练

1.一个人最伤心的事情无过于良心的死灭。〔中国〕郭沫若

2.良心是灵魂的声音,欲念是肉体的声音。〔法国〕卢梭

3.人如果没有良心,哪怕有天大的聪明也活不下去。〔前苏联〕高尔基

4.良心比天才更难得。……良心始终是一位正直的法官。〔法国〕巴尔扎克

5.良心是由人的知识和全部生活方式来决定的。〔德国〕马克思

6.良心——人类最忠实的朋友。〔英国〕威尔斯

7.良心比任何铜墙铁壁的城堡还安全。〔古罗马〕艾匹克蒂塔

8.良心和真正的生活,比自尊心和宗教的精神更有力量。〔法国〕大仲马

9.名誉是表现在外的良心,良心是隐藏在内的名誉。〔德国〕叔本华

10.良心是我们每个人心头的岗哨,它在那里执勤站岗,监视着我们别作出违法的事情来。它是安插在自我心中的暗探。〔英国〕毛姆

第七章　作品朗读

第一节　朗读及其作用

一、朗读及其与朗诵的区别

朗读是把书面语言变成有声语言的表达形式。通过朗读，可以提高普通话水平，养成正确的发音习惯，从而增强用普通话进行交际的能力。同时，好的朗读可将作品的内容准确、生动、形象地传达给听众，加深听众对作品的理解，使其产生文字材料所难以企及的效果。

朗读和朗诵是易混淆的概念。朗读是朗诵进行艺术加工的基础，朗诵是朗读艺术加工后的提高。两者的区别是：朗读是应用型的有声阅读，属于听觉方面的活动。要求朗读者的声音清楚、自然、生动，接近自然化、本色化、生活化，不必过于夸张的使用语音技巧，不需要声音之外的手势、眼神、姿态的配合动作，也不必脱离书面材料。它的适应范围很广，只要是文字都可以朗读，像诗歌、散文、小说、寓言故事等，而且社论、新闻乃至书信等无一不可朗读。朗诵则是表演给听众或观众听和看的一种艺术表演形式，除了要求声音响亮、清晰外，还要求表演者风格化、个性化甚至是戏剧化。要求将自己对作品的体会通过音量大小、音域高低、节奏张弛等多种变化，形成独特的艺术感染力，深入并打动听众的心灵。它还要求眼神、手势、形体动作的和谐统一，协调配合，并且以化妆、配乐等辅助手段强化艺术感染力。一般说来，朗诵要求脱离书面材料。朗诵的适应范围较狭窄，一般以诗歌、散文为主，对作品的艺术特点有严格的要求。要注意的是，普通话水平测试中的作品需要朗读而不是朗诵。

二、朗读的作用

1.朗读有利于深入体味文字作品

朗读文字作品时，需要更深入地理解作品，准确表达文字作品的词语含义和精神实质，这样，对体味作品就提出了更高的要求，在深入体味中所得也就更多了。通过反复地朗读，就会使朗读者和听者对文字作品有更深的理解和感受。

2.朗读有利于展现作品内涵，增强艺术感染力

朗读是一种再创作的过程，因为在朗读语言里浓缩着朗读者的深刻体味、独特感受、熟练技巧和声音魅力。优秀的文字作品通过成功的朗读对人们情操的陶冶，对心灵的感染，以及对思想的启发教育，其作用往往超过作品本身。换言之，成功的朗读更能增强作品的艺术感染力。

3.朗读是一种高尚的精神享受

朗读，无论对朗读者还是对听者都是一种高尚的精神享受，朗读能使人们获得日常生活中不易得到的集中、明确、生动、高尚的精神享受，从而使人们的思想更加纯净，生活更加充实。在朗读时，伴随着声音的抑扬顿挫，作品中蕴含的深邃的思想、高尚的情操、美好的憧憬、纯洁的心灵，也就同时流入听者的心田，涤荡着他们的胸怀，陶冶着他们的性情，提高着他们的精神境界。

4.朗读是学习和运用普通话从而达到语言规范化的途径

朗读，必须使用普通话，从语音上要求标准，从词汇、语法上要求规范。虽然文字作品的样式多种多样，朗读时要尊重原作，但是，声、韵、调、轻重格式、儿化、轻声、变调、“啊”的变读，以及语句的声音样式，都要讲究规范。朗读，是推广普通话的重要形式，是达到语言规范化的途径。

第二节　朗读要求

朗读是把文字作品转化为有声语言的一项言语活动。它要求有声语言能准确、鲜明、生动地体现原作品的思想感情，表达出作品的精神风貌。因此对朗读的要求有以下几点。

一、根据作品的风格类型，整体把握朗读的基调

总的说来，朗读作品大致有叙述型、抒情型、议论型和说明型等不同的风格类型。对不同风格类型的作品，应分别确立与之对应的朗读基调。例如《普通话水平测试用朗读作品》（以下简称《朗读作品》）第14号《和时间赛跑》，整体情绪是对光阴似箭、日月如梭的一种感慨，警示人们珍惜时间，努力拼争；而《朗读作品》25号《绿》，则尽情地抒发了作者对梅雨潭绿的心醉和由衷的赞美之情。抓住作品情

感的基本特点，朗读就成功了一半。当然，上述几种风格类型是就其基本面貌而言的，实际上，在叙事中抒情，抒情而兼叙述，叙事而兼议论等风格也是大量存在的，不能一概而论。

二、深入挖掘主题，根据作品思想内容的发展表现主题

要对作品中的各章节、各段落甚至一句话、一个词语在全文中的作用、与上下文的关系作出细致的分析，理出作品的重点、高潮以及关键语句，理清作品思想或感情的发展线索。比如《朗读作品》25号《绿》的倒数第二自然段：

那醉人的绿呀！我若能裁你以为带，我将赠给那轻盈的舞女，她必能临风飘举了。我若能挹你以为眼，我将赠给那善歌的盲妹，她必明眸善睐了。……

三句话是对梅雨潭绿的由衷的赞美，细腻刻画出三种不同的意境：第一，总括绿得沁人心脾；第二，绿得像带般地轻盈、飘逸；第三，绿得明亮，仿佛善睐的明眸。

深刻领会、细细品味，找出作品的每一处思想蕴含点和感情色彩区间，才能有充实的内心依据，才能激发真情实感，产生强烈的表达欲望，进而将其准确地传达出来。

三、辨正方音，弄清难读易错字音，扫除语言障碍

朗读一篇作品，如果普通话不是十分纯正的话，首先要辨正方音。对于方言区某些人来说，声母的“平翘”不分、“鼻边”不分、韵母的前后鼻韵不分等等问题是易犯的毛病，要把它们弄清楚。其次，对于难读、易错的字，尤其是一些常用字的读音，要勤查字典、词典，弄准读音。有异议的要以《普通话异读词审音表》为准，以免读错。

第三节　朗读技巧的运用

一、语调

语调是指一句话里能够表达说话人的态度或感情的一种音高变化形式，亦称之为句调。语调跟音强、音长都有一定的关系，但主要是由声音的高低变化形成的，并主要表现在句尾上。语调大致可分为升调、降调、平调、曲调四种。

1.升调

先低后高、句尾上扬的调子叫高升调。表示惊讶、疑问、反诘或等待回答的问句，表示愤怒、紧张的句子，多用升调。例如：

(1)于是他穿过大街小巷,不停地思考:人们会有什么难题,他又如何利用这个机会?(作品4号《达瑞的故事》)

(2)另外一个则彬彬有礼地发问:“小姐,您是哪国人?喜欢渥太华吗?”(作品21号《捐诚》)

(3)许是累了?还是发现了新大陆?(作品22号《可爱的小鸟》)

(4)走近细看,他不就是被大家称为“乡巴佬儿”的卡廷吗?(作品28号《迷途笛音》)

2.降调

先高后低、句尾下降的调子叫低降调。用在感叹句和一般祈使句,或者是表示坚决、肯定语气的句子中。例如:

(1)这就是白杨树,西北极普通的一种树,然而绝不是平凡的树!(作品1号《白杨礼赞》)

(2)然而,火光啊……毕竟……毕竟就在前头!(作品16号《火光》)

(3)他翻遍了整块土地,但连一丁点金子都没看见。(作品20号《金子》)

(4)可是,没等青年人把满腹的有关人生和事业的疑难问题向班杰明讲出来,班杰明就非常客气地说道:“干杯。你可以走了。”(作品50号《一分钟》)

3.平调

平稳、平直、平缓,没有明显高低变化的调子叫平直调。用在表示叙述、思考、迟疑或态度冷淡的句子里。例如:

(1)终有一日,村子里来了一个天文学家。(作品2号《丑石》)

(2)我想,这就是人们为什么把及时的大雪称为“瑞雪”的道理吧。(作品5号《第一场雪》)

(3)由此我想,那些失去或不能阅读的人是多么的不幸,他们的丧失是不可补偿的。(作品6号《读书人是幸福人》)

(4)一位访美中国女作家,在纽约遇到一位卖花的老太太。(作品37号《态度创造快乐》)

4.曲调

先降后升或先升后降的调子叫曲折调。用在表示夸张、嘲讽、不满、恼怒等情绪的句子里。例如:

(1)犯得着在大人都无须上班的时候让孩子去学校吗?小学的老师也太倒霉了吧?(作品23号《课不能停》)

(2)巡捕传说:“只因一个字——贪。”(原大纲作品30号《贪得一钱丢了官》)

(3)“你问我,难道你看不出我是这里的下士吗?”(原大纲作品12号《上将与下士》)

语调与字调有密切的关系。语调离不开语句,语句由词或词组组成,词、词组又源于单个的音节,因而句调必须依附于字调。但根据表达的需要,语调会在一定程度上改变字调升降的幅度或升降的走向。

二、重音

朗读或说话的语句中读得较重的音叫重音。一般可分为两大类型:语法重音和强调重音。

1.语法重音

语法重音是由语法结构来决定的重音,一般不带特殊的感情色彩或特殊的含义。语法重音的位置是相对固定的。一般说来,它的主要规律有:

(1)主谓之间的谓语读得较重。但主语是代词尤其是疑问代词的,则主语读得较重。例如:

我们知道,水是生物的重要组成部分……(作品13号《海洋与生命》)

重音是谓语"知道"。

(2)有宾语的句子中,除了人称代词作宾语外,宾语都稍重。例如:

水是一种良好的溶剂。(作品13号《海洋与生命》)

重音是宾语"溶剂"。

(3)多数句子的状语、定语和补语都稍重。例如:

世界杯怎么会有如此巨大的吸引力?(作品11号《国家荣誉感》)

重音是定语"如此巨大"。

2.强调重音

强调重音是朗读和说话时为了达到一定的表达效果,而有意地突出某个词语读出来的重音。包括一般所说的"逻辑重音"、"感情重音"以及"对比性重音"、"递进性重音"等。例如:

(1)每次我打电话回家……(不是别人打电话)

每次我打电话回家……(不是偶尔,作品的本来用意)

每次我打电话回家……(不是干别的)(作品10号《父亲的爱》)

(感情重音)

(2)胡适说,这份写得确实不错,仅用了十二个字。但我的白话电报却只用了五个字……(作品15号《胡适的白话电报》)

(逻辑重音)

(3)它的果实埋在地里,不像桃子、石榴、苹果那样,把鲜红嫩绿的果实高高地挂在枝头上,使人一见就生爱慕之心。(作品26号《落花生》)

(对比重音)

(4)多一点儿、再多一点儿喜悦吧,它是翅膀,也是归巢。(作品46号《喜悦》)

(递进重音)

三、停顿

停顿是指语流之间的语音间隙。由于语法结构、发音时气息控制、言语表达等需要,把句段或句子划分为若干小的段落,进行适当的停顿。一般可将停顿分为两种:语法停顿和强调停顿。

1.语法停顿

语法停顿是指反映语句的语法结构关系的停顿，在书面语中一般以标点符号作为停顿的标志。书面语中的句号、逗号、问号、感叹号、分号、顿号以及冒号、省略号、破折号,都可以表示时间长短不等的语法停顿。停顿时间长短一般是:句号、问号、感叹号>分号、冒号>逗号>顿号,省略号和破折号比较特殊,停顿时间的长短酌情而定。

此外,句中的主语、谓语之间,谓语、宾语之间,较长的联合短语之间,以及较长的介词短语之后、句首状语之后、独立语之前,也可以有语法停顿。例如:

这块广袤的土地/面积为五百四十六万平方公里,占国土总面积的百分之五十七;人口二点八亿,占全国总人口的百分之二十三。(作品45号《西部文化和西部开发》)

“广袤”只能修饰“土地”,所以“土地”和“面积”之间要停顿一下。

2.强调停顿

强调停顿是指在语法上不需要停顿的地方,根据意群的需要、语义的强调、感情表达的需要而作出的/停顿。例如:

(1)老板一边耐心地听着他的抱怨,一边在心里盘算着怎样向他解释清楚他和阿诺德之间的差别。(作品2号《差别》)

在“差别”之前停顿,可以引起人们的注意,突出重点。

(2)但作为一个人,他/无疑非常伟大,……(作品19号《坚守你的高贵》)

建筑师莱伊恩始终坚守着自己的高贵,恪守着自己的原则,在“他”的后面停顿一下,可以强调他的伟大精神。

(3)我仿佛听见几只鸟扑翅的声音,但是/等到我的眼睛注意地看那里时,我却看不见/一只鸟的影子。(作品48号《小鸟的天堂》)

“但是”后面没有标点符号,这里停顿一下,可以强调转折的意味。“看不见”后面稍作停顿,则为了强调鸟早已飞走,无影无踪而略显失望。“一”要重读。

(4)结果,这一切答案完全不对,世界上气力最大的,是/植物的种子。(作品49号《野草》)

在“是”后停顿,是为了强调答案的意外,并造成悬念。

四、语速

朗读的语速是由作品的内容和思想感情变化决定的。根据作品的需要采用相应的语速,可以生动地表达作品内容的感情类型或意境。

一般说来,用于表示紧张、激动、惊惧、欢畅等情绪的句子,或是叙述突发事件、急剧变化、危急状态的事情,或是刻画人物的机警、活泼、热情,或是表现作者质问、斥责、雄辩的声态等等,用较快的语速。表示沉重、忧郁、悲痛、悼念的心情,或是叙述平静、庄重的情况,用较慢的语速。用于一般的记叙、说明、议论的文章或语句,或没有大的起伏变化感情色彩的句子,则用中等的语速。例如:

(1)哦,雄浑的大桥敞开胸怀,汽车的呼啸、摩托的笛音、自行车的丁零,合奏着进行交响乐;南来的钢筋、花布,北往的柑橙、家禽,绘出交流欢悦图……(作品18号《家乡的桥》)

这段话写出家乡的新变化,南来北往的热闹景象已使作者目不暇接,表达了作者的激动和喜悦之情,因而可以用较快的语速来朗读。

(2)读小学的时候,我的外祖母去世了。外祖母生前最疼爱我,我无法排除自己的忧伤,每天在学校的操场上一圈儿又一圈儿地跑着,跑得累倒在地上,扑在草坪上痛哭。(作品14号《和时间赛跑》)

读这段时语速宜缓慢,语调宜低沉,以表达"我"对外祖母去世的哀伤。

(3)我国的建筑,从古代的宫殿到近代的一般住房,绝大部分是对称的,左边怎么样,右边怎么样。苏州园林可绝不讲究对称,好像故意避免似的。东边有了一个亭子或者一道回廊,西边决不会来一个同样的亭子或者一道同样的回廊。这是为什么?我想,用图画来比方,对称的建筑是图案画,不是美术画,而园林是美术画,美术画要求自然之趣,是不讲究对称的。(作品36号《苏州园林》)

这是一段介绍苏州园林的说明性文字,用中速朗读即可。

朗读综合训练

一、朗读知识思考练习

(一)下面的句子有不同的语调,试着读一读

1.这又怎么了?

2.你不认识我啦?我是民族大学的呀!

3.对不起了,请您委屈一下。

4.你现在是名人。

5.啊,梨花,梨花开了!

6.年轻,有无可比拟的优势。

7.没听说过这种规定!

8.他呀,说什么风太大,天太冷,路又远,就是不愿去。

9.黄河石不卖吗?

10.小盼,别老看电视!

11.真正的好人,必定是勇敢的人。

12.你要做你自己做,我可没兴趣。

13.她的自行车没气了。有没有打气筒?——快打吧!

14.公共场所,不要吸烟!

15.春天来了!不知不觉地来了。有声有色地来了。

16.听说!听说!可是为什么就不找他本人好好了解情况呢?

17.请您注意您的衣物。

18.世上最简单明了的是什么?是真理,是真理。

19.啊?什么?请说大声点儿。

20.啊,明白了。好的,好的。

21.啊!?怎么会是这样!

(二)下面句子的重音位置不同,意思不同,朗读它们并指出其不同的意思

他正在看一部外国小说。　　他正在看一部外国小说。

他正在看一部外国小说。　　他正在看一部外国小说。

他正在看一部外国小说。

(三)用不同的停顿读出下列句子的不同意思

1.妈妈看见女儿笑了。　　2.票不卖给二小队。

3.请他们抬你回去。　　4.他怕我们说不好。

5.四乘以五加六是多少?　　6.我同意他也同意你怎么样?

(四)用不同的停顿朗读下面的内容

1.我鼓起勇气,迈开大步,向着部队前进的方向走去。(王愿坚《七根火柴》)

2."我的朋友们啊,"他说,"我——我——"但是他便哽住了,他说不下去了。(都德《最后一课》)

3.不知多少次暗中祷告,只为了心中的梦不再飘缈。有一天我们真的相遇了,万千欣喜却什么也说不出,只有微笑,说了一句:能够认识你,真好。(汪国真《能够认识你,真好》)

4.光明呀,我景仰你,我要向你摆手,我要向你稽首。我知道,你的本身就是火,你,你这宇宙中的最伟大者呀,火!你在天边、你在眼前,你在我的四面。我知道你就是宇宙的生命,你就是我的生命,你就是我呀!我这熊熊地燃烧着的生命,我这快要使我全身炸裂的怒火。难道就不能迸射出光明了吗?(郭沫若《雷电颂》)

二、朗读综合训练

(一)古代诗词朗读训练

望庐山瀑布

李　白

日照香炉生紫烟,遥看瀑布挂前川。
飞流直下三千尺,疑是银河落九天。

早发白帝城

李　白

朝辞白帝彩云间,千里江陵一日还。
两岸猿声啼不住,轻舟已过万重山。

春　望

杜　甫

国破山河在,城春草木深。
感时花溅泪,恨别鸟惊心。
烽火连三月,家书抵万金。
白头搔更短,浑欲不胜簪。

枫桥夜泊

张　继

月落乌啼霜满天,江枫渔火对愁眠。
姑苏城外寒山寺,夜半钟声到客船。

赋得古原草送别

白居易

离离原上草,一岁一枯荣。
野火烧不尽,春风吹又生。
远芳侵古道,晴翠接荒城。
又送王孙去,萋萋满别情。

送杜少府之任蜀川

王　勃

城阙辅三秦,风烟望五津。

与君离别意，同是宦游人。
海内存知己，天涯若比邻。
无为在歧路，儿女共沾巾。

虞美人

李　煜

春花秋月何时了，往事知多少。小楼昨夜又东风，故国不堪回首月明中。
雕栏玉砌应犹在，只是朱颜改。问君能有几多愁，恰似一江春水向东流。

浣溪沙

晏　殊

一曲新词酒一杯，去年天气旧亭台，夕阳西下几时回。
无可奈何花落去，似曾相识燕归来。小园香径独徘徊。

水调歌头

苏　轼

明月几时有？把酒问青天。不知天上宫阙，今夕是何年。我欲乘风归去，又恐琼楼玉宇，高处不胜寒。起舞弄清影，何似在人间！

转朱阁，低绮户，照无眠。不应有恨，何事长向别时圆？人有悲欢离合，月有阴晴圆缺，此事古难全。但愿人长久，千里共婵娟。

念奴娇·赤壁怀古

苏　轼

大江东去，浪淘尽、千古风流人物。故垒西边，人道是、三国周郎赤壁。乱石穿空，惊涛拍岸，卷起千堆雪。江山如画，一时多少豪杰！

遥想公瑾当年，小乔初嫁了，雄姿英发。羽扇纶巾，谈笑间，樯橹灰飞烟灭。故国神游，多情应笑我，早生华发。人间如梦，一樽还酹江月。

鹊桥仙

秦　观

纤云弄巧，飞星传恨，银汉迢迢暗渡。金风玉露一相逢，便胜却，人间无数。
柔情似水，佳期如梦，忍顾鹊桥归路。两情若是久长时，又岂在，朝朝暮暮。

雨霖铃

柳　永

寒蝉凄切，对长亭晚，骤雨初歇。都门帐饮无绪，留恋处，兰舟催发。执手相看泪眼，竟无语凝噎。念去去千里烟波，暮霭沉沉楚天阔。

多情自古伤离别，更那堪冷落清秋节。今宵酒醒何处，杨柳岸、晓风残月。此去经年，应是良辰好景虚设。便纵有千种风情，更与何人说。

南乡子·登京口北固亭有怀

辛弃疾

何处望神州？满眼风光北固楼。千古兴亡多少事？悠悠，不尽长江滚滚流！

年少万兜鍪，坐断东南战未休。天下英雄谁敌手？曹刘。生子当如孙仲谋！

卜算子·咏梅

陆　游

驿外断桥边，寂寞开无主。已是黄昏独自愁，更著风和雨。

无意苦争春，一任群芳妒。零落成泥碾作尘，只有香如故。

声声慢

李清照

寻寻觅觅，冷冷清清，凄凄惨惨戚戚。乍暖还寒时候，最难将息。三杯两盏淡酒，怎敌他晚来风急？雁过也，正伤心，却是旧时相识。

满地黄花堆积。憔悴损，如今有谁堪摘？守著窗儿，独自怎生得黑！梧桐更兼细雨，到黄昏、点点滴滴。这次第，怎一个愁字了得！

(二)现代诗朗读训练

桂林山水歌

贺敬之

云中的神呵，雾中的仙，
神姿仙态桂林的山！

情一样深呵，梦一样美，
如情似梦漓江的水！

水几重呵，山几重？
水绕山环桂林城……

是山城呵，是水城？
都在青山绿水中……

呵！此山此水入胸怀，
此时此身何处来？

……黄河的浪涛塞外的风，
此来关山千万重。

马鞍上梦见沙盘上画：
“桂林山水甲天下”……

呵！是梦境呵，是仙境？
此时身在独秀峰！

心是醉呵，还是醒？
水迎山接入画屏！

画中画——漓江照我身千影，
歌中歌——山山应我响回声……

招手相问老人山，
云罩江山几万年？

——伏波山下还珠洞，
宝珠久等叩门声……

鸡笼山一唱屏风开，
绿水白帆红旗来！

大地的愁容春雨洗，
请看穿山明镜里——

呵！桂林的山来漓江的水——
祖国的笑容这样美！

桂林山水入胸襟，
此景此情战士的心——

是诗情呵，是爱情，
都在漓江春水中！
三花酒掺一分漓江水，
祖国呵，对你的爱情百年醉……

江山多娇人多情，
使我白发永不生！

对此江山人自豪，
使我青春永不老！

七星岩去赴神仙会，
招呼刘三姐呵打从天上回……

人间天上大路开，
要唱新歌随我来！

三姐的山歌十万八千箩，
战士呵，指点江山唱祖国……

红旗万梭织锦绣，
海北天南一望收！

塞外的风沙呵黄河的浪，
春光万里到故乡。

红旗下：少年英雄遍地生——
望不尽：千姿万态“独秀峰”！

——意满怀呵，才满胸，
恰似漓江春水浓！

呵！汗雨挥洒彩笔画——
桂林山水——满天下！……

致橡树

舒　婷

我如果爱你——
绝不像攀援的凌霄花，
借你的高枝炫耀自己；
我如果爱你——
绝不学痴情的鸟儿，
为绿荫重复单调的歌曲；
也不止像泉源，
常年送来清凉的慰藉；
也不止像险峰，增加你的高度，衬托你的威仪。
甚至日光。
甚至春雨。
不，这些都还不够！
我必须是你近旁的一株木棉，
作为树的形象和你站在一起。
根，紧握在地下，
叶，相触在云里。
每一阵风过，
我们都互相致意，
但没有人
听懂我们的言语。
你有你的铜枝铁干，
像刀，像剑，
也像戟，
我有我的红硕花朵，
像沉重的叹息，
又像英勇的火炬，
我们分担寒潮、风雷、霹雳，
我们共享雾霭、流岚、虹霓，
仿佛永远分离，
却又终身相依，

这才是伟大的爱情，
坚贞就在这里。
不仅爱你伟岸的身躯，
也爱你坚持的位置，脚下的土地。

囚 歌

叶 挺

为人进出的门紧锁着，
为狗爬出的洞敞开着，
一个声音高叫着：
——爬出来吧，给你自由！
我渴望自由，
但我深深地知道——
人的身躯怎能从狗洞子里爬出！
我希望有一天，
地下的烈火，
将我连这活棺材一齐烧掉，
我应该在烈火与热血中得到永生！

你是人间的四月天

林徽因

我说你是人间的四月天；
笑响点亮了四面风，
轻灵在春的光艳中交舞着变。

你是四月早天里的云烟，
黄昏吹着风的软，星子在无意中闪，
细雨点洒在花前。

那轻，那娉婷，你是，
鲜妍百花的冠冕你戴着，
你是天真，庄严，
你是夜夜的月圆。

雪化后那片鹅黄，你像；

新鲜初放芽的绿，你是；
柔嫩喜悦水光浮动着你梦期待中白莲。

你是一树一树的花开，
是燕在梁间呢喃，
——你是爱，是暖，
是希望，你是人间的四月天！

我 愿

汪国真

我愿
我是一本书
你没有翻过的书
翻了
就不想放下

我愿
我是一片
你没有见过的风景
见了
就不想离去

我愿
我是一首
你没有听过的乐曲
听了
还想再听

我愿
我是一个
无比瑰丽的梦境
让你
永远永远
也走不出

战士的心声

中　流

母亲疼我，爱我，养育我，
又流着喜泪把我送进哨所。
祖国疼我，爱我，信赖我，
笑将万里江山全都交给我。
作为一个边防战士的我呵，
怎能在沉默中把青春度过？
并不幻想把名字载入史册，
只想不让祖国的英名辱没。
情愿站在烈士倒下的山坡，
让艰苦生活陶冶我的魂魄。
与风雪和寂寞轮番来拼搏，
两道目光化为擒敌的绳索……

（三）歌词朗读训练

草原恋

韩　冷

草原啊草原我可爱的家乡，马背呀马背我生命的摇篮。你用圣洁的乳汁把我哺育，你用深沉的歌声为我催眠。

那朝霞般的篝火，给了我无限的温暖，那白云似的绒毛，为我抵挡多少风寒。

无论我走到哪里，都听得见马头琴在歌唱，无论我离开你多远，总闻得到奶茶的香甜。

牧场啊牧场我智慧的源泉，马镫呀马镫我人生的起点。你用闪光的格言把我教诲，你用凶猛的风暴将我锤炼。

那流沙般的岁月，给了我牧人的勤劳。那荆棘似的征程，赋予我骑手的勇敢。

无论我走到哪里，总看得见你在举目遥望。无论我离开你多久，也忘不了你美好的心愿。

美丽的草原我的家

火　华

美丽的草原我的家，风吹绿草遍地花。彩蝶纷飞百鸟儿唱，一湾碧水映晚霞。骏马好似彩云朵，牛羊好似珍珠撒。啊，牧羊姑娘放声唱，愉快的歌声满天涯。

美丽的草原我的家，水青草美爱上它。草原就像绿色的海，毡包就像白莲花。牧民描绘幸福景，春光万里美如画。啊，牧羊姑娘放声唱，愉快的歌声满天涯。

青藏高原

张千一

是谁带来远古的呼唤，是谁留下千年的祈盼？难道说还有无言的歌，还是那久久不能忘怀的眷恋？哦，我看见，一座座山，一座座山川，一座座山川相连。呀拉索，那可是青藏高原。

是谁日夜遥望着蓝天，是谁渴望永久的梦幻？难道说还有赞美的歌，还是那仿佛不能改变的庄严？哦，我看见，一座座山，一座座山川一座座山川相连。呀拉索，那就是青藏高原。

天　路

屈　塬

清晨我站在青青的牧场，看到神鹰披着那霞光，像一片祥云飞过蓝天，为藏家儿女带来吉祥。那是一条神奇的天路，把人间的温暖送到边疆。从此山不再高，路不再漫长，各族儿女欢聚一堂。

黄昏我站在高高的山冈，看那铁路修到我家乡，一条条巨龙翻山越岭，为雪域高原送来安康。那是一条神奇的天路，带我们走进人间天堂，青稞酒酥油茶会更加香甜，幸福的歌声传遍四方。

儿行千里

车　行

衣裳再添几件，饭菜多吃几口，出门在外没有妈熬的小米粥。一会儿看看脸，一会儿摸摸手，一会儿又把嘱咐的话装进儿的兜。如今要到了，离开家的时候，才理解儿行千里母担忧。千里的路啊，我还一步没走，就看见泪水在妈妈眼里，妈妈眼里流。

替儿再擦擦鞋，为儿再缝缝扣，儿行千里揪着妈妈的心头肉。一会儿忙忙前，一会儿忙忙后，一会儿又把想起的事塞进儿的兜。如今要到了，离开家的时候，才理解儿行千里母担忧。千里的路啊，我还一步没走，就看见泪水在妈妈眼里，妈妈眼里流。

父　亲

车　行

想想您的背影，我感受了坚韧。抚摸您的双手，我摸到了艰辛。不知不觉您鬓角露了白发，不声不响您眼角上添了皱纹。我的老父亲，我最疼爱的人。人间的甘甜有十分，您只尝了三分。这辈子做你的儿女，我没有做够。央求您呀下辈子，还做我的父亲。

听听您的叮嘱，我接过了自信。凝望您的目光，我看到了爱心。有老有小您手里捧着孝顺，再苦再累您脸上挂着温馨。我的老父亲，我最疼爱的人。生活的苦涩有三分，您却吃了十分。这辈子做你的儿女，我没有做够。央求您呀下辈子，还做我的父亲。

母亲

车行 张俊以

你入学的新书包有人给你拿，你雨中的花折伞有人给你打，你爱吃的三鲜馅有人给你包，你委屈的泪花有人给你擦。啊，这个人就是娘，啊，这个人就是妈，这个人给了我生命，给我一个家。啊，不管你走多远，无论你在干啥，到什么时候也离不开咱的妈。

你身在他乡中有人在牵挂，你回到家里边有人沏热茶，你躺在病床上有人掉眼泪，你露出笑容时有人乐开花。啊，这个人就是娘，啊，这个人就是妈，这个人给了我生命，给我一个家。啊，不管你多富有，无论你官多大，到什么时候也不能忘咱的妈。

小白杨

梁上泉

一棵小白杨，长在哨所旁，根儿深干儿壮守望着北疆。微风吹，吹得绿叶沙沙响，太阳照得绿叶闪银光。小白杨它长我也长，同我一起守边防。

当初离家乡，告别杨树庄，妈妈送树苗对我轻轻讲：带着它亲人嘱托记心上，栽下它就当故乡在身旁。小白杨也穿绿军装，同我一起守边防。

在那桃花盛开的地方

邬大为 魏宝贵

在那桃花盛开的地方，有我可爱的故乡。桃树倒映在明净的水面，桃李环抱着秀丽的村庄。啊！故乡，生我养我的地方。无论我在哪里放哨站岗，总是把你深情地向往。

在那桃花盛开的地方，有我迷人的故乡。桃园荡漾着孩子们的笑声，桃花映红了姑娘的脸庞。啊！故乡，终生难忘的地方。为了你的景色更加美好，我愿驻守在风雪的边疆。

我的祖国

乔　羽

一条大河波浪宽，风吹稻花香两岸。我家就在岸上住，听惯了艄公的号子，看惯了船上的白帆。

这是美丽的祖国，是我生长的地方。在这片辽阔的土地上，到处都有明媚的风光。

姑娘好像花儿一样，小伙儿心胸多宽广。为了开辟新天地，唤醒了沉睡的高山，让那河流改变了模样。

这是英雄的祖国，是我生长的地方。在这片古老的土地上，到处都有青春的力量。

好山好水好地方，条条大路都宽畅。朋友来了有好酒，若是那豺狼来了，迎接它的有猎枪。

这是强大的祖国，是我生长的地方。在这片温暖的土地上，到处都有和平的阳光。

相逢是首歌

刘世新

你曾对我说，相逢是首歌。眼睛是春天的海，青春是绿色的河。相逢是首歌，同行是你和我，心儿是年轻的太阳，真诚也活泼。

你曾对我说，相逢是首歌。分别是明天的路，思念是生命的火。相逢是首歌，歌手是你和我，心儿是永远的琴弦，坚定也执著。

校园的早晨

高　枫

沿着校园熟悉的小路，清晨来到树下读书。初升的太阳照在脸上，也照在身旁这棵小树。

亲爱的伙伴，亲爱的小树，让我们共享阳光雨露。让我们记住这美好时光，直到长成参天大树。

校园里有一排年轻的白杨

叶延滨

校园里大路两旁，有一排年轻的白杨。早晨你披着彩霞，傍晚你吻着夕阳。啊，年轻的白杨，吸取着大地的营养，吸取着大地的营养。

啊，年轻的白杨，树叶沙沙响，年轻的白杨，你好像对我讲，要珍惜春光，珍惜春光，珍惜春光，珍惜春光！

我们是年轻的白杨，我们是未来的栋梁。枝条捧出朝阳，绿叶伴着星光。啊，我们在成长，吸取着知识的营养，吸取着知识的营养。

啊，年轻的白杨，树叶沙沙响，年轻的白杨，你好像对我讲，要珍惜春光，珍惜春光，珍惜春光，珍惜春光！

校园多美好

凯　传

湖边的柳梢把信报，春天归来了。鱼儿摇尾划破湖面，云儿在浪里摇。密林深处书声琅琅，鸟儿都醉了。淘气的画眉跃上枝头，眨着眼睛偷偷地瞧。校园多美好啊，处处有芳草，待到明朝百花吐艳，风光更妖娆。

屋檐下面筑新巢，燕子飞来了。鱼儿摆尾划破湖面，云儿在浪里摇。满园桃李万紫千红，蜂儿嗡嗡叫。滴滴雨露珠映出霞光，放出彩虹千万条。校园多美好啊，处处有芳草，待到明朝果实累累，风光更妖娆。

脚　印

刁铁军

洁白的雪花飞满天，白雪覆盖着我的校园，漫步走在这小路上，脚印留了一串串。有的直，有的弯，有的深啊有的浅。朋友啊，想想看，道路该怎样走？洁白如雪的大地上该怎样留下，留下脚印一串串。

（四）寓言朗读训练

野山羊和葡萄树

一只受到猎人追赶的野山羊，躲进了葡萄园。

野山羊躺在地上，用葡萄的枝叶遮住自己。一会儿，它似乎觉得危险已经过去了，就开始啃起葡萄的叶子来。瑟瑟的声音引起了猎人的注意。

野山羊暴露了自己，一下子被猎人杀死了。临死的时候，它才意识到它的死是一种正义的惩罚，因为它伤害了曾经保护过它的东西。

蚊子和狮子

伊　索

一只蚊子飞到狮子那里，向狮子说："我不怕你，你并不比我强。你也许不信。其实，你有什么力量呢？不过能用爪抓，能用牙咬罢了。我呢，可比你强多了。如果你愿意，我们就比一比。"蚊子说着就吹起喇叭，攻上前去，向狮子脸上鼻子周围没毛的地方乱咬。狮子用爪抵抗，把自己的脸都抓破了，也抓不住蚊子，只得要求停战。蚊子打败了狮子，就吹着喇叭，唱起凯歌来。正在得意忘形地飞着，一不小心，撞在蜘蛛网上，被蜘蛛俘虏了，眼看就要被吃掉。蚊子很痛心，有了同狮子作战的光荣经历，却死在一只小小的蜘蛛手里。

乐音和噪音

小屋里拴着一头驴子，而墙壁上挂着一把胡琴。每当五更左右，驴子总要“引吭高歌”一番，不过，若要把这叫声和胡琴委婉的乐音相比，确实是太“那个”了。所以，胡琴觉得驴子太无“自知之明”，应该给以劝告：“驴先生，你的声音确实很高，音量也很宏大，可惜那并不是音乐，特别是在我的面前，你应该谨慎一点才好！”

驴子回答道：“谢谢您的忠告，我知道我的声音并不美，但我一点也不惭愧，因为那完全是我的创造，您的乐音委婉动听，可是那是人们赋予你的。离开了人，您的美妙音乐也就不存在了。”

（五）文章朗读训练

藏羚羊跪拜

王宗仁

这是听来的一个故事。发生故事的年代距今有好些年了。可是我每次乘车穿过藏北无人区时总会不由自主地想起这个故事的主人公——那只将母爱浓缩于深深一跪的藏羚羊。

那时候枪杀、乱逮野生动物是不受法律惩罚的。就是在今天，可可西里的枪声仍然带着罪恶的语音低回在自然保护区巡视卫士们的脚步难以到达的角落。当年举目可见的藏羚羊、野马、野驴、雪鸡、黄羊等眼下已成为凤毛麟角。

当时，经常跑藏北的人总能看见一个肩披长发、留着浓密大胡子、脚蹬长筒藏靴的老猎人在青藏公路附近活动。那只磨蹭得油光闪亮的叉子枪斜挂在他身上，身后的两头藏牦牛驮着沉甸甸的各种猎物。他无名无姓，云游四方，朝别藏北雪，夜宿江河源，饿时大火煮黄羊肉，渴时喝一碗冰雪水。猎获的那些皮张自然会卖来一笔钱，他除了自己消费一部分外，更多地用来救济路遇的朝圣者。那些磕长头去拉萨朝觐的藏家人心甘情愿地走上一条布满艰难和险情的漫漫长路。每次老猎人在救济他们时总是含泪祝愿：上帝保佑，平安无事。

杀生和慈善在老猎人身上共存。促使他放下手中叉子枪是在发生了这样一件事后——应该说那天是他很有福气的日子。大清早，他从帐篷里出来，伸伸懒腰，正准备要喝一铜碗酥油茶时，突然瞅见两步之遥对面的草坡上站立着一支肥肥壮壮的藏羚羊。他眼睛一亮，送上门来的美事！沉睡了一夜的他浑身立即涌上一股清爽的劲头，丝毫没有犹豫，就转身回到帐篷拿来了叉子枪。他举枪瞄了起来。奇怪的是，那只肥壮的藏羚羊并没有逃走，只是用乞求的眼神望着他，然后冲着他前行两步，两条腿扑通一声跪了下来。老猎人心头一软，扣扳机同时只见两行长泪就从他眼里流了出来。老猎人心头一软，扣扳机的手不由得松了一下。藏区流行着一句老幼皆知的俗语:“天上飞的鸟,地上跑的鼠,都是通人性的。”此时藏羚羊给他下跪自然是求他饶命了。他是个猎手,不被藏羚羊的怜悯打动是情理之中的事。他双眼一闭,扳机在手指下一动,枪声响起,那只藏羚羊便栽倒在地。它倒地后仍是跪卧姿势,眼里的两行泪迹也清晰地留着。

那天,老猎人没有像往日那样当即将猎获的藏羚羊开宰、扒皮。他的眼前老是浮现着给他跪拜的那只藏羚羊。他有些蹊跷,藏羚羊为什么要下跪?这是他几十年狩猎生涯中唯一见到的一次情景。夜里躺在地铺上久久难以入眠,双手一直颤抖着……

次日,老猎人怀着忐忑不安的心情将那只藏羚羊开膛扒皮,他的手仍在颤抖。腹腔在刀刃下打开了,他惊得叫出了声,手中的屠刀咣当一声掉在地上……原来在藏羚羊的子宫里静静卧着一只小藏羚羊。它已经成形,老猎人才明白为什么那只藏羚羊的身体肥肥壮壮,也才明白它为什么要弯下笨重的身子向自己下跪:她是在求猎人留下自己孩子的一条命呀!

天下所有慈母的跪拜,包括动物在内,都是神圣的。

老猎人的开膛破腹半途而停。

当天,他没有出猎,在山坡上挖了个坑,将那只藏羚羊连同她那没有出世的孩子掩埋了。同时卖掉的还有他的叉子枪……

从此,这个老猎人在藏北平原上消失,没人知道他的下落。

(六)用所学和所掌握的朗读知识,逐篇朗读普通话水平测试朗读作品。

朗读作品见《普通话教程》附录六部分。

第八章　命题说话

第一节　命题说话的技巧

《普通话水平测试大纲》对命题说话的测试目的是这样表述的：测查应试人在无文字凭借的情况下说普通话的水平，重点测查语音标准程度、词汇语法规范程度和自然流畅程度。

由此可见，命题说话不但考查单音节字词中声韵调的发音情况，而且考查多音节词语中的变调、儿化和轻声，考查应试人在连贯语言中运用各种语调、语气的熟练程度。命题说话作为普通话水平测试第四个或第五个测试项，分值所占的比重最大，占总分的30%或40%。

自然状态下，说话总是比较随意的，说话者的头脑里思考的主要是组词成句，是表情达意，很少考虑语音的问题，所以对方言较重的人来说，这部分测试比较难以把握，因此必须认真对待。

"说话"要具有普通话口语表达的特点。在测试时要尽量做到：

第一，语言组织紧扣话题中心。有条理，逻辑性强，尽量避免车轱辘话来回说的问题。

第二，语言组织自然。应试者的语音、语调、语气等都应该像日常口语一样处于自然状态，其实，也就是说平时怎样说话，测试时就怎样说。千万不要把准备好的话题背下来，像小学生背书一样。

第三，语言表达清楚。短句是人们日常生活中口语交流的主要句式，它具有简单明了，容易表达意图的效果；而长句，特别是带有一些修饰、限定成分的句子，在生活口语中是很少见的。在测试中不必刻意追求语言华美，应尽量使用短句、简单句，避免使用长句，特别是带有很多修饰的复合句。这样才能使语言更接近生活，避免在测试中出现不必要的问题。在测试中，自然地带一些儿化韵，会显得更加口语化，语言也会显得更有色彩。

第四，克服平时说话中的口头禅。几乎每个人平时说话时都会不自觉地带一些口头禅，比如说“我觉得”、“就是说”、“是吧”、“的话”、“反正吧”等等。这些东西与说话主题毫无关联，如果一句话中出现好几次“这个吧”、“那么”就不好了，说多了会使话语断断续续，既不清晰，又不流畅。

第二节　命题说话的准备

“命题说话”部分的内容是以命题形式进行考查的。就是说有一个规定的话题范围，我们的准备工作也要围绕这些话题来进行。

一、仔细审题

普通话水平测试大纲规定了30篇说话的题目。我们可以根据说话角度的不同、内容的不同把它们分类。大致可以分为：记叙描述类、议论评说类、说明介绍类三种类型。

说明介绍类的话题比较少，只有3个：我喜爱的文学（或其他）艺术形式、我喜爱的职业、我喜爱的动物（或植物）。议论评说类的话题有9个：谈谈卫生与健康、学习普通话的体会、谈谈服饰、谈谈科技发展与社会生活、谈谈美食、谈谈社会公德、谈谈个人修养、谈谈对环境保护的认识、购物（或消费）的感受。

除了以上话题，其他18个话题就是记叙描述类的题目了。

以上的分类只是一个大概的情况。如果谈话的角度不同，谈话的内容也不同，就完全可以兼类。有的话题既可以从介绍、说明的角度去谈，也可以从叙述、描述的角度来说，完全由说话人自由决定，形式不拘一格。

同时，既然是“说话”的测试，就一定不要将话题组织得太繁复，只要做到叙述、描述逻辑性强，介绍说明清楚，说话流畅就可以了。但是一定要注意，测试的全过程一定要紧扣话题，跑题肯定是要扣分的。因此准备构思工作很重要。

二、切题构思

上面把大纲规定的“说话”题目大致划分了三种语体类别，那么准备工作就要把其中某一个具体的题目归类，然后开始考虑构思框架。要把话题的中心内容搞清楚，确定先说什么，后说什么，分几个部分来说，在每一个部分里又可以从哪几个角度来展开。特别是话题开始的语言，怎样做到简明清晰，直达主题，给测试员以良好的印象是十分重要的。这就要认真准备。其实准备工作也可以找到一些窍门，同一类的话题往往有许多内容是相同的。比如“我尊敬的人”和“我的朋友”就有一定的相同之处，这种情况就不必要重复准备了。

三、注意语音的准确和词语用法的规范

普通话水平测试的目的主要是考查应试人使用普通话语言的规范程度,因此在准备过程中,就要把普通话规范发音和规范词语用法放在重要的位置。这样就和我们平时与别人对话大不一样了。在你面前的是普通话测试员,他们不仅注意你的语意,你的表达,更注意你的发音情况。比如:平翘舌音区分了吗?前后鼻音发得到位吗?有没有"尖音"问题?语音中是不是残留着方音语调?同时测试员还注意你在说话中使用了哪些词,这些是不是普通话的词语,是不是符合普通话的规范要求,在语法方面是否存在问题等等,所以应试者在准备阶段,一定要注意这些问题。辨别不清的,把握不准的,要及时翻阅字、词典,或向有关老师请教,以保证测试中不出现或少出现问题。

四、学会用语言描述,尽量具体、细微

在测试现场,有时会出现一些应试者测试到"命题说话"阶段出现的尴尬局面。要么没说几句就无话可说了,要么颠来倒去就说那么几句"车轱辘话",有的甚至干脆一言不发……其实这些主要是应试者过分紧张和准备不够充分造成的。当然,仔细分析起来,这些问题可能也与应试者的性格有关。有的人性格比较内向,平时就不善于和他人语言交流,这种情况就更要进行测前的认真准备,避免以上情况的发生。

在准备阶段,要注意对话题从小处着手进行语言组织,也就是说把一件事叙述得越细致越好。但是前后的用时一定要安排好,不能前面叙述过细,后面结尾就没有时间了,造成前松后紧的毛病,这样也不可取。

比如:你最喜欢的植物(花卉),你可以描述整盆花枝叶的色泽、形状,新叶长出来时是什么颜色,到了秋天它又成了什么颜色,如果没有浇水会怎样?什么时候发现它有花蕾了?花苞过了多长时间长大了?怎样慢慢绽开了?花朵的颜色、形状也可以仔细描摹。开花的季节是春季还是夏季?在不同的季节里这盆花有没有变化,是怎么变的?你平时是怎样观察它的变化的?怎样进行分枝?怎样进行移盆?怎样施肥?施的是什么肥?是不是每天都要浇水?下雨天怎么处理这盆花?夏天,烈日当头,你是怎样爱护它的?你喜爱的花卉有没有不小心被你弄死过,是怎样弄死的?你当时的心情如何?有没有想办法补救,补救成功了吗?

下面是两个命题说话的准备范例,仅供大家参考。

(一)题目:我的业余爱好

1.首先介绍我有什么样的业余爱好。

我有许多业余爱好,比如:书法、摄影、绘画、弹吉他、打篮球等等,但是书法是我最喜欢的爱好。

2.简单介绍这一爱好的普遍意义。比如:书法不仅给人一种艺术的、美的享受,而且在练习的过程中,能让人修身养性,陶冶情操,锻炼人的意志。

3.介绍我是在什么时候、什么情况下对书法艺术产生的兴趣,把它当成了自己的一种业余爱好,后来经过一段时间的观摩和练习,自己是怎样培养对它的感情的。

4.综述一下这一业余爱好对于我的意义。

丰富了我的业余生活。对我国的传统文化和传统艺术有了进一步的了解。

陶冶了我的情操。通过练习书法,我对祖国的传统文化有了更深的情感。

增长了我的见识。通过学习书法知识,我深深感受到了学习和传播我国的传统文化有着深远的意义,也认识到我们这一代青年的历史责任。

(二)题目:我喜爱的职业

1.喜爱的职业可以有好几种,具体地说一说。比如:教师、医生、律师、会计、飞行员、空姐、护士、厨师、司机、航海家、军人等等。

2.为什么喜爱这些职业,理由是:

教师可以让人有知识,有智慧;医生可以治病救人,解除病人痛苦;律师可以伸张正义,为人们排忧解难;会计可以让单位经济账目清晰合理;飞行员可以在蓝天上飞行,让自己的足迹走遍祖国各地甚至世界各国……

3.为了将来实现自己喜爱的一份职业,有哪些打算和现实计划?

应该抓紧时间学习,多看专业方面的书籍,充实自己,提高自己的文化修养和专业技能等等。

4.我现在从事的职业是我喜爱的。

为了做好这个工作,我做了哪些努力,我是怎样工作的。

5.我并不满意现在从事的工作。

为什么?该怎么办?

大家看,话题中谈论的这些事情是不是琐琐碎碎,细细小小,完全可以慢慢地说,三四分钟的时间哪够说啊?

第三节　测试中说好话题的方法

下面谈谈在充分准备的情况下,进入测试后可以掌握的一些方法。

第一,首先要控制好情绪,进入状态后要使自己放松下来。方法可以是自然地做几次深呼吸,眼睛向远处平视。

第二,命题说话开始时,语速一定要放慢。一句一句有条理地说,不要赶时间。

语速放慢是一个好办法,它可以使你的大脑留出空间来,一边说,一边想下一句该怎么说。

当你慢下来一句连着一句说时,说话中间的停顿就可以恰到好处,听起来有一种连贯的感觉。

语速放慢还可以给你留出空间来注意自己的发音,使语音更加到位、标准。

另外,语速放慢可以使说话的内容减少,这样出错的几率也就下降了。

命题说话综合训练

1.把普通话水平测试中的30则话题大致分为记叙性、议论性、说明性的三类。

2.每个人的家乡都有一些土特产和工艺品,请把它介绍出来。

3.请选择一位你熟悉的人,把他介绍给大家。

4.任意选择一段用书面语表达的文字,大声朗读出来。然后把它改为口语,大声说出来。

5.在你熟悉的方言中找一些与普通话对应的词语作比较,使今后的日常口语避免出现方言词汇。

6.大声朗读《普通话水平测试用朗读作品》所提供的篇目,学习规范的普通话词语和语法。

7.根据下列话题,进行3分钟的说话练习。

(1)大学生应当增强竞争意识　(2)我是独一无二的
(3)我的怯场心理正在发生变化　(4)学习普通话的酸甜苦辣
(5)我最爱看的一部电影　(6)我最爱读的一本书
(7)我看学生社团活动　(8)我得意的一件事
(9)校园一隅　(10)我的假期生活
(11)我最喜欢的一门课　(12)我爱上网
(13)我的网友　(14)我最反感的一件事
(15)最倒霉的事　(16)我爱我家
(17)我的家乡话　(18)我的民族语言
(19)我的校园生活　(20)我是追星族
(21)我的社会实践活动　(22)我喜爱的体育运动
(23)我佩服的人　(24)我的父亲
(25)我的母亲　(26)我的家庭生活
(27)我的梦想　(28)我的青春我做主
(29)我看大学生自主创业　(30)我的打工生活

第九章　普通话水平测试概说

为了加快普通话普及进程，1994年10月30日国家语言文字工作委员会、原国家教育委员会和原广播电影电视部联合发布了《关于开展普通话水平测试工作的决定》，决定对教师、播音员、节目主持人、演员等专业人员及国家公务员进行普通话水平测试，并逐步实行持证上岗制度。普通话水平测试工作按照国家语委组织审定的《普通话水平测试大纲》统一测试内容和要求，该大纲于1994年颁布。2003年，国家普通话培训测试中心根据教育部、国家语委发布的《普通话水平测试管理规定》、《普通话水平测试等级标准》重新修订并颁布了大纲。目前，普通话水平测试国家指导用书是《普通话水平测试实施纲要》。有关部门规定，从2004年9月1日起，普通话水平测试一律采用新修订的大纲进行。

第一节　普通话水平测试的意义

普通话水平测试是我国新时期推广普通话工作而采取的一项重大举措。它的产生和发展，表明了我国推广、普及普通话工作开始向纵深方向发展，标志着推普工作逐步走上制度化、规范化、科学化的新阶段。

新时期的推普工作包括两方面：一是普通话的普及。所谓普及，应该包括量和质两个方面的要求。量的要求可用普及率的高低来说明。普及率可按地区(单位)、人口说普通话的覆盖率来计算，定一个标准，达到了这个标准就可算达到了普及目标。质的要求是指说普通话的水平达到何种程度。20世纪50年代推普主要是号召、倡导，“开口就是合格”，这在当时是正确的。到了90年代，仍停留在这个水平上，那就大大落后于时代了。普通话作为全国通用的语言，是一种标准语，有它的语音、语汇、语法规范。从理想要求说，应当每个人都说一口标准的普通话才好，可是这个要求既不可能，也不必要。普通话的标准只有一个，全国必须统一，但是，对不同的人说普通话的水平只能根据他所从事的工作的实际需要提出不同程度的要求，这就是把普通话水平分为三级六等的出发点。同时，对不同人的不同等级要求也不是固定不变的，它将随着社会普通话的普及和提高而逐步提高。二是怎样普及，也就是说要采取哪些措施才能有效地实现普及的目标？办法很多，归结起来不外是宣传教育、依法管理、行政管理等等，诸多手段，综合运用。但是，无论什么办法，在实际工作中总要有一些既有科学性、可操作性，又对人们学习普通话具有激励作用，而且能为人们接受的办法。经过多年摸索，实践证明，普通话水平测试和普通话等级证书制度就是这类办法中较为有效的一种。

综上所述，普通话水平等级标准和普通话水平测试是适应我国社会主义现代化建设的客观需要，适应新时期推广普通话走向规范化、制度化新阶段的需要，在实践基础上应运而生，它的产生具有客观必然性和操作的可行性，因而有着重要的现实意义。

第二节　普通话水平测试的目的

普通话水平测试的目的是：

一、评定应试人普通话水平所达到的等级，落实普及普通话的质的要求，即对不同人提出的不同的等级要求。

二、通过测试，更好地贯彻新时期推普工作方针，促进普通话的进一步普及，并在普及的基础上逐步提高全社会普通话水平，提高现代汉语的规范化程度。

三、促进推普工作进一步走上制度化、规范化、科学化的轨道。

新时期推普工作有许多经验可以总结。“目标管理，量化评估”是其中行之有效的一条，现在再加上水平测试。对地区、部门、行业、单位面上实行目标管理、量化评估，对推普重点行业、单位的人员进行普通话水平测试。把这二者有机地结合起来，并以此为核心，逐步建立起一套完整的、有效的推普工作制度体系，就能使推普工作逐步制度化、规范化、科学化。

第三节　普通话测试的名称、性质、方式

普通话测试定名为“普通话水平测试”(PUTONGHUA SHUIPING CESHI，缩写为PCS)。

普通话水平测试测查应试人的普通话规范程度、熟练程度，认定其普通话水平等级，属于标准参照性测。普通话水平测试以口试方式进行。

测试是在普通话水平测试大纲规定的范围内进行的，对应试人掌握普通话规范程度和熟练程度能力进行评价，它不是文化水平的考试，也不是口才的评估。

普通话水平测试的性质决定于普通话水平测试的实际：第一，普通话水平测

试是应试人的标准语水平测试,不是外语测试。第二,是语言运用能力的测试,而且主要侧重在语言形式规范程度的测试,不是语言知识测试,也不是表达技巧的测试,更不是文化考试,尽管这种测试跟知识、表达技巧、文化水平都有一定的关系。第三,应试人都是有一定文化的成年人,一般都已经掌握全国统一的普通话书面语。因此,所要测试的语言能力主要是指从方言转到标准语的口语运用能力,即应试人按照普通话语音、语汇、语法规范说话的能力,而不是指通常所说的包括听说读写全部内容的语文能力。第四,掌握知识或培养能力的过程是一个从极端生疏到完全熟练的连续体,一个人的成就水平总是在这个连续体的某一点上,并显示在他完成某种测试的行为中。为了评定他的成就水平,我们只有通过测试来确定他的成就与所期望的目标之间的接近程度。在这种测试中,与应试人的操作作比较的标准可以是个连续体上的某一点,也可以是连续体的终端。这主要取决于测试的目的。普通话水平测试的直接目的,就是以普通话语音、语汇、语法规范(普通话水平测试等级标准的一级甲等)为参照标准,通过测试,评定应试人普通话口语水平接近这一标准的程度,即评定他所达到的水平等级,为逐步实现持证上岗制度服务。所以普通话水平测试实际上也是一种资格证书考试。

由此可见,普通话水平测试是对应试人掌握和运用普通话所达到的规范程度的检测。它的着眼点是要确定应试人已经达到普通话等级的哪一级哪一等,从而确定他是否达到工作岗位所要求的最低标准;而不是要从应试人中选拔出若干优秀者,淘汰若干水平差的,并不是通过测试分清应试人相互之间水平等级差别。因此,普通话水平测试基本上属于目前比较通行的"标准参照性测试"或"达标性测试"的范围。

第四节 普通话水平测试的内容和范围

普通话水平测试的内容围绕普通话的语音、词汇和语法等范围来确定,即包括:第一,有文字凭借的:测试项体现在语音、词汇、语法和阅读理解与朗读程度的检测;第二,没有文字凭借的:全面(语音、词汇、语法)检测和评估应试人使用普通话时所达到的规范程度。

普通话水平测试的范围是:国家测试机构编制的《普通话水平测试用普通话词语表》、《普通话水平测试用普通话与方言词语对照表》、《普通话水平测试用普通话与方言常见语法差异对照表》、《普通话水平测试用朗读作品》、《普通话水平测试用话题》。

第五节　普通话水平测试的对象

普通话测试对象主要为1954年1月1日以后出生至现年满18岁（个别可放宽到16岁)之间的下列人员：

1.中小学、幼儿园、职业中学教师；

2.中等师范学校教师和高等院校教师；

3.各级各类师范院校毕业生；

4.其他高等院校毕业生；

5.广播、电视、电影、戏剧以及外语、旅游等高等院校和中等职业学校相关专业的教师和毕业生；

6.各级广播电台、电视台的播音员、节目主持人；

7.从事电影、电视剧、话剧表演和影视配音的专业人员；

8.国家公务员；

9.铁路、民航、宾馆、商场等"窗口行业"的服务人员,旅游业导游员、讲解员等；

10.欲取得教师资格人员；

11.自愿申请普通话水平测试的人员。

第六节　测试试卷的构成、测试时间和分数

一、试卷构成、测试时间和分数

普通话水平测试由五个部分组成,满分为100分。

(一)读单音节字词

一共100个音节,不含轻声、儿化音节;限时3.5分钟,共10分。

目的是为了测查应试人声母、韵母、声调读音的标准程度。

(二)读多音节词语

一共100个音节,期中双音节词语45~47个,三音节词语2个,四音节词语1~0个;限时2.5分钟,共20分。

目的是测查应试人声母、韵母、声调和变调、轻声、儿化读音的标准程度。

(三)选择判断

限时3分钟,共10分。

1.词语判断10组

目的是测查应试人掌握普通话词语的规范程度。

2.量词、名词搭配10组

目的是测查应试人掌握普通话量词和名词搭配的规范程度。

3.语序或表达形式判断5组

目的是测查应试人掌握普通话语法的规范程度。

(四)朗读短文

1篇,400个音节,限时4分钟,共30分。

目的是测查应试人使用普通话朗读书面作品的水平。在测查声母、韵母、声调读音标准程度的同时,重点测查连读音变、停连、语调以及流畅程度。

要求:短文从《普通话水平测试用朗读作品》中选取。评分以朗读作品的前400个音节(不含标点符号和括注的音节)为限,但应试人应将第400个音节所在的句子读完整。

(五)命题说话

限时3分钟,共30分。

目的:测查应试人在无文字凭借的情况下说普通话的水平,重点测查语音标准程度,词汇、语法规范程度和自然流畅程度。

要求:说话话题从《普通话水平测试用话题》中选取。由应试人从给定的两个话题中选择1个话题,连续说一段话。如果发现应试人有背稿、离题或说话难以继续等表现时,主试人可以及时提示或引导。

这里需要说明的是,各省、自治区、直辖市语言文字工作部门可以根据测试对象或本地区的实际情况,决定是否免测"选择判断"测试项。若免测,则将该题的分数加入到"命题说话"里,使其分数成为40分。

二、普通话水平测试样卷

样 卷(人工拟卷)

(一)读100个单音节字词

昼 八 迷 先 毡 皮 幕 美 彻 飞
鸣 破 捶 风 豆 蹲 霞 掉 桃 定
宫 铁 翁 念 劳 天 旬 沟 狼 口
靴 娘 嫩 机 蕊 家 跪 绝 趣 全
瓜 穷 屡 知 狂 正 裘 中 恒 社
槐 事 轰 竹 掠 茶 肩 常 概 虫
皇 水 君 人 伙 自 滑 早 绢 足
炒 次 渴 酸 勤 鱼 筛 院 腔 爱
鳖 袖 滨 竖 搏 刷 瞟 帆 彩 愤
司 滕 寸 峦 岸 勒 歪 尔 熊 妥

(二)读多音节词语

取得	阳台	儿童	板凳儿	混淆	衰落	分析	防御
沙丘	管理	此外	便宜	光环	塑料	扭转	加油
队伍	挖潜	女士	科学	手指	策略	抢劫	森林
侨眷	模特儿	港口	没准儿	干净	日用	紧张	炽热
群众	名牌儿	沉醉	快乐	窗户	财富	应当	生字
奔跑	晚上	卑劣	包装	洒脱	现代化	委员会	

轻描淡写

(三)选择判断

略

(四)朗读短文

作品12号

(五)命题说话

(1)我的业余生活

(2)我熟悉的地方

第七节　测试流程及注意事项

普通话水平测试主要流程如下：

报名——携带相关证件(身份证或学生证)、一寸标准照两张、有关费用等，到测试站报名，同时获取测试时间、地点、测试号码等信息。

测试——

1.抽签：得到第三题“朗读短文”和第四题“命题说话”题目；

2.测前准备：时间10钟左右，主要准备“朗读”和“说话”两项，以准备“说话”项为主，可将有关材料带入考场，但不能编写“说话”提纲或“说话”内容；

3.开始测试前：将准考证和身份证或学生证交工作人员检查；

4.开始测试：首先报自己的姓名、工作或学习单位、测试号码；然后逐项进行测试：第一题读单音节字词；第二题读多音节词语；第三题朗读短文；第四题命题说话。

5.测试结束：交回所抽的题签离开考场。

领证——领取测试等级证书。如果没有通过测试，等半年后参加补测。

普通话水平测试注意事项：

1.测试时必须携带有关证件，如准考证、身份证等；

2.必须按通知时间准时到达，以免漏测；

3.文明测试：候测时，不要大声喧哗、任意走动；准备时，默默思考，不出声，不毁坏所抽之签；

4.测试前，不忘“自报家门”，测试时，严肃认真，避免紧张，不徐不疾，音量适中；

5.测试结束，不忘带走自己的证件；不向测试员打听测试成绩，以免影响测试工作。

测试思考练习

1.什么是普通话水平测试？为什么要进行普通话水平测试？
2.为什么普通话水平测试不是文化测试？
3.普通话水平测试参照的标准是什么？
4.普通话水平测试的目的是什么？
5.哪些人可以参加普通话水平测试？
6.普通话水平测试的内容和范围有哪些？
7.普通话水平测试试卷是如何构成的？
8.普通话水平测试等级标准是如何划分的？
9.普通话水平测试流程是怎样的？
10.普通话水平测试注意事项主要有哪些？

附　录

附录一　汉语拼音方案

（1957年11月1日国务院全体会议第60次会议通过）
（1958年2月11日第一届全国人民代表大会第五次会议批准）

一、字母表

字母	Aa	Bb	Cc	Dd	Ee	Ff	Gg	Hh	Ii
名称	ㄚ	ㄅㄝ	ㄘㄝ	ㄉㄝ	ㄜ	ㄝㄈ	ㄍㄝ	ㄏㄚ	ㄧ
字母	Jj	Kk	Ll	Mm	Nn	Oo	Pp	Qq	Rr
名称	ㄐㄧㄝ	ㄎㄝ	ㄝㄌ	ㄝㄇ	ㄋㄝ	ㄛ	ㄆㄝ	ㄑㄧㄡ	ㄚㄦ
字母	Ss	Tt	Uu	Vv	Ww	Xx	Yy	Zz	
名称	ㄝㄙ	ㄊㄝ	ㄨ	ㄪㄝ	ㄨㄚ	ㄒㄧ	ㄧㄚ	ㄗㄝ	

(1)v只用来拼写外来语、少数民族语言和方言。

(2)字母的手写体依照拉丁字母的一般书写习惯。

二、声母表

b	p	m	f	d	t	n	l
ㄅ玻	ㄆ坡	ㄇ摸	ㄈ佛	ㄉ得	ㄊ特	ㄋ讷	ㄌ勒
g	k	h		j	q	x	
ㄍ哥	ㄎ科	ㄏ喝		ㄐ基	ㄑ欺	ㄒ希	
zh	ch	sh	r	z	c	s	
ㄓ知	ㄔ蚩	ㄕ诗	ㄖ日	ㄗ资	ㄘ雌	ㄙ思	

在给汉字注音的时候，为了使拼式简短，zh，ch，sh可以省作ẑ，ĉ，ŝ。

三、韵母表

	i 丨　衣	u ㄨ　乌	ü ㄩ　迂
a ㄚ　啊	ia 丨ㄚ　呀	ua ㄨㄚ　蛙	
o ㄛ　喔		uo ㄨㄛ　窝	
e ㄜ　鹅	ie 丨ㄝ　耶		üe ㄩㄝ　约
ai ㄞ　哀		uai ㄨㄞ　歪	
ei ㄟ　欸		uei ㄨㄟ　威	
ao ㄠ　熬	iao 丨ㄠ　腰		
ou ㄡ　欧	iou 丨ㄡ　忧		
an ㄢ　安	ian 丨ㄢ　烟	uan ㄨㄢ　弯	üan ㄩㄢ　冤
en ㄣ　恩	in 丨ㄣ　因	uen ㄨㄣ　温	ün ㄩㄣ　晕
ang ㄤ　昂	iang 丨ㄤ　央	uang ㄨㄤ　汪	
eng ㄥ　亨的韵母	ing 丨ㄥ　英	ueng ㄨㄥ　翁	
ong （ㄨㄥ）轰的韵母	iong ㄩㄥ　雍		

(1)“知、蚩、诗、日、资、雌、思”等七个音节的韵母用i，即：知、蚩、诗、日、资、雌、思等字拼作zhi，chi，shi，ri，zi，ci，si。

(2)韵母儿写成er，用做韵尾的时候写成r。例如：“儿童”拼作ertong，“花儿”拼作huar。

(3)韵母ㄝ单用的时候写成ê。

(4)i行的韵母，前面没有声母的时候，写成yi（衣），ya（呀），ye（耶），yao（腰），you（忧），yan（烟），yin（因），yang（央），ying（英），yong（雍）。

u行的韵母，前面没有声母的时候，写成wu（乌），wa（蛙），wo（窝），wai（歪），wei（威），wan（弯），wen（温），wang（汪），weng（翁）。

ü行的韵母，前面没有声母的时候，写成yu（迂），yue（约），yuan（冤），yun（晕）；ü上两点省略。

ü行的韵母跟声母j，q，x拼的时候，写成ju（居），qu（区），xu（虚），ü上两点也省略；但是跟声母n，l拼的时候，仍然写成nü（女），lü（吕）。

(5)iou，uei，uen前面加声母的时候，写成iu，ui，un，例如niu（牛），gui（归），lun（论）。

(6)在给汉字注音的时候，为了使拼式简短，ng可以省作ŋ。

四、声调符号

阴平　阳平　上声　去声

ˉ　ˊ　ˇ　ˋ

声调符号标在音节的主要母音上，轻声不标。例如：

妈mā　麻má　马mǎ　骂mà　吗ma
（阴平）（阳平）（上声）（去声）（轻声）

五、隔音符号

a,o,e开头的音节连接在其他音节后面的时候，如果音节的界限发生混淆，用隔音符号（'）隔开，例如：pi'ao（皮袄）。

附录二　普通话声韵配合表

四呼	声母 韵母	b	p	m	f	d	t	n	l	g	k	h	j	q	x	zh	ch	sh	r	z	c	s	
开口	－i（前、后）															知	吃	诗	日	滋	雌	司	
	a	巴	爬	妈	发	搭	他	拿	拉	嘎	咖	哈				渣	插	沙		杂	擦	萨	阿
	o	玻	坡	摸	佛																		哦
	e			么		德	特	讷	乐	哥	科	喝				遮	车	奢	热	则	测	瑟	鹅
	ê																						欸
	er																						儿
	ai	白	拍	买		呆	胎	奶	来	该	开	海				摘	差	筛		灾	猜	腮	哀
	ei	杯	培	梅	非	得		内	雷	给		黑						谁		贼			
	ao	包	抛	猫		刀	掏	脑	老	高	考	耗				招	超	烧	绕	糟	操	骚	熬
	ou		剖	谋	否	兜	偷	耨	楼	沟	扣	候				舟	抽	收	柔	邹	凑	搜	欧
	an	般	潘	瞒	帆	担	摊	男	兰	干	看	寒				占	产	山	然	簪	残	三	安
	en	奔	喷	门	分			嫩		根	肯	很				针	陈	身	人	怎	岑	森	恩
	ang	邦	旁	忙	方	当	汤	囊	郎	刚	康	杭				张	昌	商	嚷	臧	仓	桑	昂
	eng	绷	烹	蒙	风	登	滕	能	冷	庚	坑	横				争	成	生	扔	增	层	僧	
	ong					东	通	农	龙	工	空	轰				中	充		绒	宗	葱	松	
齐齿	i	鼻	皮	迷		低	梯	泥	梨				鸡	欺	希								衣
	ia								俩				家	恰	瞎								鸦
	ie	别	撇	灭		爹		捏	列				街	切	歇								耶
	iao	标	飘	秒		刁	挑	鸟	料				交	敲	消								腰
	iou					丢		牛	溜				纠	秋	休								优
	ian	边	偏	面		颠	天	年	连				间	千	先								烟
	in	宾	拼	民				您	林				斤	亲	新								因
	iang							娘	良				江	腔	香								央
	ing	兵	平	名		丁	听	宁	零				京	青	星								英
	iong												窘	穷	兄								拥
合口	u	布	普	木	父	杜	图	奴	路	姑	哭	呼				朱	出	书	如	租	粗	苏	乌
	ua									瓜	夸	花				抓		刷					挖
	uo					多	托	挪	罗	郭	阔	活				桌	戳	说	若	昨	撮	所	窝
	uai									乖	快	槐				拽	揣	衰					外
	uei					对	腿			规	亏	灰				追	吹	水	瑞	嘴	催	虽	威
	uan					端	团	暖	乱	官	宽	欢				专	川	拴	软	钻	窜	酸	弯
	uen					敦	吞		论	棍	困	昏				准	春	顺	闰	尊	村	孙	温
	uang									光	筐	荒				庄	窗	双					汪
	ueng																						翁
撮口	ü							女	吕				居	区	虚								鱼
	üe							虐	掠				决	缺	学								约
	üan												捐	圈	宣								渊
	ün												均	群	勋								晕

附录三　部分声母代表字类推表

zh声母

丈——zhàng丈、仗、杖。

专——zhuān专、砖，zhuǎn转（转身、转达），zhuàn转（轮子转动）、传（传记）、啭。［传又念chuán（宣传）］

支——zhī支、枝、肢。（翅念chì）

止——zhǐ止、芷、址、趾。（耻念chǐ）

中——zhōng中（中央）、忠、钟、盅、衷，zhǒng种（种子）、肿，zhòng中（打中、中暑）、种（种植）、仲。［冲念chōng（冲锋），又念chòng（冲床、冲劲儿）］

长——zhāng张，zhǎng长（生长、班长）、涨（涨潮），zhàng胀（头昏脑涨）、帐、涨（豆子泡涨了）。［长又念cháng（长短、特长）］

主——zhǔ主（主持），zhù住、注、炷、柱、驻、蛀。

正——zhēng正（正月）、怔、征、症（症结），zhěng整，zhèng正、证、政、症。（惩念chéng）

占——zhān沾、毡、粘（粘贴标语），zhàn占（占据）、战、站。［砧念zhēn，钻念zuān（钻研），又念zuàn（钻石）］

只——zhī只（两只手、只身），zhí职，zhǐ只（只有），zhì帜。［识念shí（识别），炽念chì］

召——zhāo招、昭，zhǎo沼，zhào召（召开）、诏、照。［召又念shào（姓）］

执——zhí执，zhì贽、挚、鸷，zhē蜇。

至——zhí侄，zhì至、郅、致、窒、蛭。（室念shì）

贞——zhēn贞、侦、祯、桢、帧。

朱——zhū朱、诛、侏、洙、茱、珠、株、铢、蛛。（姝、殊念shū）

争——zhēng争、挣（挣扎）、峥、狰、铮、睁、筝，zhèng诤、挣（挣脱）。

志——zhì志、痣。

折——zhē折（折跟头）、蜇（被蝎子蜇了），zhé折（折磨）、哲、蜇（海蜇），zhè浙。［折又念shé（棍子折了），誓念shì］

者——zhě者、赭、锗，zhū诸、猪、潴，zhǔ渚、煮，zhù著、箸。

直——zhí直、值、植、殖（繁殖），zhì置。

知——zhī知、蜘，zhì智。（痴念chī）

珍——zhēn珍，zhěn诊。（趁念chèn）

真——zhēn真，zhěn缜，zhèn镇。（慎念shèn）

振——zhèn振、赈、震。（辰、宸、晨念chén）

章——zhāng章、漳、彰、獐、嫜、璋、蟑（蟑螂），zhàng障、嶂、幛、瘴。

啄——zhuō涿，zhuó诼、啄、琢。

z声母

子——zī孜，zǐ子、仔（仔细）、籽。

匝——zā匝，zá砸。

宗——zōng宗、综（综合）、棕、踪、鬃，zòng粽。（淙、琮念cóng，崇念chóng）

卒——zú卒（小卒），zuì醉。

责——zé责、啧、帻、箦。（债念zhài）

则——zé则。（侧、厕、测念cè，铡念zhá）

兹——zī兹（兹定于）、滋、孳。

祖——zū租，zǔ诅、阻、组、祖、俎。

资——zī咨、资、趑，zì恣。

造——zào造。（糙念cāo）

尊——zūn尊、遵、鳟。

曾——zēng曾（姓）、憎、增、缯，zèng赠。[曾又念céng（曾经）]

赞——zǎn攒（积攒）、趱，zàn赞。

澡——zǎo澡、藻，zào噪、燥、躁。

ch声母

叉——chā叉（鱼叉）、杈，chá叉（叉住），chǎ（叉开）、衩（裤衩），chà杈（树杈）、衩（衣衩），chāi钗。

斥——chì斥，chè坼，chāi拆（拆信）。

出——chū出，chǔ础，chù绌、黜。（拙念zhuō）

池——chí池、驰、弛。

产——chǎn产、铲。

场——cháng场（场院）、肠，chǎng场（会场），chàng畅。

成——chéng成、诚、城、盛（盛东西）。[盛又念shèng（茂盛，姓）]

抄——chāo抄、吵（吵吵）、钞，chǎo吵（吵架）、炒。

辰——chén辰、宸、晨，chún唇。

呈——chéng呈、程、酲，chěng逞。

昌——chāng昌、阊、菖、猖、鲳，chàng倡、唱。

垂——chuí垂、陲、捶、棰、锤。

辍——chuò辍。

春——chūn春、椿，chǔn蠢。

除——chú除、滁、蜍。

惆——chóu惆（惆怅）、绸、稠。

谗——chān搀，chán谗、馋。

朝——cháo朝（朝前、朝鲜）、潮、嘲（嘲笑）。

喘——chuāi揣(揣在怀里),chuǎi揣(揣测),chuǎn喘。

筹——chóu俦、畴、筹、踌(踌躇)。

厨——chú厨、橱、蹰(踟蹰)。

c声母

才——cái才、财。(豺念chái)

寸——cūn村,cǔn忖,cùn寸。

仓——cāng仓、伧(伧俗)、沧、苍、舱。[伧又念chen(寒伧),它与创、怆、疮的声母为ch]

从——cōng苁、枞(枞树),cóng从(服从、从事、从容)、丛。

此——cī疵,cǐ此。(柴念chái)

采——cǎi采(采茶、采访)、彩、睬、踩,cài采(采地)、菜。

参——cān参(参观),cǎn惨,cēn参(参差)。[参又念shēn(人参),渗念shèn]

挫——cuò挫、锉。

曹——cáo曹、漕、嘈、槽、螬。

崔——cuī崔、催、摧,cuǐ璀。

窜——cuān撺、蹿,cuàn窜。

搓——cī差(参差),cuō搓、磋。[差又念chā(差别)、chà(差不多)、chāi(出差)]

慈——cí慈、磁、鹚、糍。

粹——cù猝(仓猝),cuì淬、悴、萃、啐、瘁。

蔡——cā擦、嚓(象声词),cài蔡。(察念chá)

醋——cù醋,cuò措、错。

sh声母

山——shān山、舢,shàn讪、汕、疝。

少——shā沙(沙土)、莎、纱、痧、砂、裟、鲨,shà沙(沙一沙,动词),shǎo少(少数),shào少(少年)。(娑念suō)

市——shì市、柿、铈。

申——shēn申、伸、呻、绅、砷,shén神,shěn审、婶。

生——shēng生、牲、笙、甥,shèng胜(胜利、胜任)。

召——sháo苕(红苕)、韶,shào召(姓)、邵(姓)、劭、绍。(诏念zhào)

式——shì式、试、拭、轼、弑。

师——shī师、狮,shāi筛。(蛳念sī)

抒——shū抒、纾、舒。

诗——shī诗，shí时、埘、鲥，shì侍、恃。（寺念sì）

叔——shū叔、淑、菽。

尚——shǎng赏，shàng尚，shang裳（衣裳）。［倘念cháng（倘佯）］

受——shòu受、授、绶。

舍——shá啥，shē猞（猞猁），shě舍（舍己救人），shè舍（宿舍）。

刷——shuā刷，shuà刷（刷白），shuàn涮。

珊——shān删、姗、珊、栅（栅极）、跚（蹒跚）。［册念cè，栅又念zhà（栅栏）］

扇——shān扇（动词）、煽，shàn扇（扇子、两扇窗）。

捎——shāo捎、梢、稍（稍微）、筲、艄、鞘，shào哨、稍（稍息）。［鞘又念qiào（刀鞘）］

孰——shú孰、塾、熟。

率——shuāi摔，shuài率（率领）、蟀（蟋蟀）。［率又念lǜ（效率）］

善——shàn善、鄯、缮、膳、蟮（曲蟮）、鳝。

署——shǔ署、署、薯、曙。

s声母

四——sì四、泗、驷。

司——sī司，sì伺（伺机）、饲、嗣。

孙——sūn孙、荪、狲（猢狲）。

松——sōng松、忪（惺忪）、淞，sòng颂。［忪又念zhōng（怔忪）］

思——sāi腮、鳃，sī思、锶。

叟——sǎo嫂，sōu溲、搜、馊、飕、艘，sǒu叟。（瘦念shòu）

素——sù素、愫、嗉。

唆——suān狻、酸，suō唆、梭。

桑——sāng桑，sǎng搡、嗓、颡。

遂——suí遂（半身不遂），suì遂（遂心）、隧、燧、邃。

散——sā撒（撒手），sǎ撒（撒种），sǎn散（散漫）、馓，sàn散（散会）。

斯——sī斯、厮、澌、撕、嘶。

锁——suǒ唢（唢呐）、琐、锁。

n声母

乃——nǎi乃、奶、艿、氖。

奈——nài奈、萘，nà捺。

内——nèi内，nè讷，nà呐、纳、衲、钠。

宁——níng宁、拧、咛、狞、柠，nìng宁（宁可）、泞。

尼——ní尼、泥、呢（呢绒）、伲，nì泥（拘泥）。

倪——ní倪、霓、猊。

奴——nú奴、孥、驽，nǔ努、弩，nù怒。

农——nóng农、浓、脓、侬。

那——nǎ哪，nà那，nuó挪、娜（婀娜）。

纽——niū妞，niǔ扭、忸、纽、钮。

念——niǎn捻，niàn念、埝。

南——nán南、喃、楠。

虐——nüè虐、疟。

诺——nuò诺、喏、锘，nì匿。

懦——nuò懦、糯。

捏——niē捏，niè涅。

聂——niè聂、蹑、镊、嗫。

脑——nǎo恼、瑙、脑。

l声母

力——lì力、荔，liè劣，lèi肋，lè勒。

历——lì历、沥、雳、呖、枥。

立——lì立、粒、笠，lā拉、垃、啦。

厉——lì厉、励、疠、蛎。

里——lí厘、狸，lǐ里、理、鲤，liàng量。

利——lí梨、犁、蜊，lì利、俐、痢、莉、猁。

离——lí离、漓、篱，li璃（玻璃）。

仑——lūn抡，lún仑、伦、沦、轮，lùn论。

兰——lán兰、拦、栏，làn烂。

览——lǎn览、揽、缆、榄。

蓝——lán蓝、篮，làn滥。

龙——lóng龙、咙、聋、笼、胧、珑，lǒng陇、垄、拢。

隆——lóng隆、癃、窿。

卢——lú卢、泸、栌、颅、鸬、胪、鲈、舻、轳。

录——lù录、禄，lǜ绿、氯。

鹿——lù鹿、漉、麓、辘。

鲁——lǔ鲁、橹。

路——lù路、鹭、露、潞、璐。

戮——lù戮。

令——líng伶、玲、铃、羚、聆、蛉、零、龄，lǐng岭、领、令（一令纸），lìng令，lěng冷，lín邻，lián怜。

菱——líng凌、陵、菱，léng棱。

乐——lè乐，lì砾、栎（栎树）。

老——lǎo老、佬、姥。

劳——lāo捞，láo劳、痨、崂、唠（唠叨），lào涝。

列——liě咧，liè列、烈、裂，lì例。

吕——lǚ吕、侣、铝。

虑——lǜ虑、滤。

良——liáng良、粮，láng郎、廊、狼、琅、榔、螂，lǎng朗，làng浪。

两——liǎng两、俩（伎俩）、魉，liàng辆，liǎ俩。

凉——liáng凉，liàng谅、晾，lüè掠。

梁——liáng梁、粱。

连——lián连、莲、涟、鲢，liǎn琏，liàn链。

炼——liàn练、炼。

恋——liàn恋，luán峦、孪、娈、鸾、滦。

脸——liǎn脸、敛，liàn殓、潋。

廉——lián廉、濂、镰。

林——lín林、淋、琳、霖，lán婪。

鳞——lín嶙、辚、鳞、麟。

罗——luó罗、逻、萝、锣、箩。

洛——luò洛、落、络、骆，lào烙、酪，lüè略。

娄——lóu娄、喽、楼，lǒu搂、蒌，lǚ缕、屡。

剌——lǎ喇，là剌、辣、瘌，lài赖、癞、籁。

腊——là腊、蜡，liè猎。

柳——liǔ柳，liáo聊。

流——liú流、琉、硫。

留——liū溜，liú留、馏、榴、瘤。

垒——lěi垒。

累——lèi累，luó骡、螺，luǒ瘰，luò漯、摞。

雷——léi雷、擂、镭，lěi蕾。

f声母

凡——fān帆，fán凡、矾、钒。

反——fǎn返、反，fàn饭、贩、畈。

番——fān番、蕃、藩、翻。

方——fāng方、芳、坊（牌坊）、钫，fáng妨（不妨）、防、房、肪，fǎng访、仿、纺、舫，fàng放。

夫——fū夫、肤，fú芙、扶、蚨。

父——fǔ斧、釜，fù父。

付——fú符，fǔ府、俯、腑、腐，fù付、附、驸、咐。

弗——fú弗、拂、氟，fó佛，fèi沸、狒、费、镄。

伏——fú伏、茯、袱。

甫——fū敷，fǔ甫、辅，fù傅、缚。

孚——fū孵，fú孚、俘、浮。

复——fù复、腹、蝮、馥、覆。

畐——fú幅、福、辐，fù副、富。

分——fēn分、芬、吩、纷，fěn粉，fèn分、份、忿。

愤——fén坟，fèn愤。

乏——fá乏，fàn泛。

发——fā发（发达），fèi废。

伐——fá伐、阀、筏、垡。

风——fēng风、枫、疯，fěng讽。

非——fēi非、菲、啡、绯、扉、霏，fěi诽、匪、榧、斐、蜚、翡，fèi痱。

夆——fēng峰、烽、锋、蜂。

h声母

火——huǒ火、伙、钬。

禾——hé禾、和。

或——huò或、惑。

户——hù户、沪、护、戽、扈。

乎——hū乎、呼、滹。

虎——hǔ虎、唬、琥。

忽——hū忽、惚、唿。

胡——hú胡、湖、葫、猢、瑚、糊（糊涂）、蝴。

狐——hú狐、弧。

化——huā花、哗（哗啦），huá华、哗（哗变）、铧，huà化、华（姓）、桦，huò货。

话——huà话，huó活。

灰——huī灰、恢、诙。

回——huí回、茴、蛔，huái徊。

会——huì会、绘、烩。

挥——huī挥、辉，hūn荤，hún浑、珲。

悔——huǐ悔，huì诲、晦。

惠——huì惠、蕙。

红——hóng红、虹、鸿。

洪——hōng哄(哄动)、烘，hóng洪，hǒng哄(哄骗)，hòng哄(起哄)。

怀——huái怀，huài坏。

还——huán还、环。

奂——huàn奂、涣、换、唤、焕、痪。

昏——hūn昏、阍、婚。

混——hún馄，hùn混。

荒——huāng荒、慌，huǎng谎。

皇——huáng皇、凰、隍、湟、徨、惶、煌、蝗。

黄——huáng黄、璜、磺、蟥、簧。

晃——huǎng恍、晃(晃眼)、幌，huàng晃(摇晃)。

附录四　部分韵母偏旁类推字表

en韵母

门——mēn闷(闷热)，mén门、们(图们江)、扪，mèn闷(闷闷不乐)、焖，men们(我们)。

刃——rěn忍，rèn刃、仞、纫、韧、轫。

分——pén盆；fēn分(分析)、芬、吩、纷、氛，fén汾、棼，fěn粉，fèn分(分外)、份、忿。

壬——rén壬、任(姓)，rěn荏，rèn任(任务)、饪、妊、衽。

本——běn本、苯，bèn笨。

申——shēn申、伸、呻、绅、砷，shén神，shěn审、婶。

珍——zhēn珍，zhěn诊、疹；chèn趁。

贞——zhēn贞、侦、祯、桢。

艮——gēn根、跟，gèn艮、茛；kěn垦、恳；hén痕，hěn很、狠，hèn恨。

辰——chén辰、宸、晨；zhèn振、震。

枕——zhěn枕；chén忱；shěn沈。

肯——kěn肯、啃。

参——cēn参(参差)；shēn参(人参)，shèn渗。

贲——bēn贲；pēn喷(喷泉)，pèn喷(喷香)；fèn愤。

甚——zhēn斟；shèn甚(甚至)、葚；rèn葚(桑葚儿)。

真——zhēn真，zhěn缜，zhèn镇；chēn嗔；shèn慎。

eng韵母

风——fēng风、枫、疯，fěng讽。

正——zhēng正(正月)、怔、征、症(症结)，zhěng整，zhèng正、证、政、症；

chéng惩。

生——shēng生、牲、甥、笙,shèng胜。

成——chéng成、诚、城、盛(盛东西);shèng盛(盛会)。

争——zhēng争、挣(挣扎)、峥、狰、睁、铮、筝,zhèng诤、挣(挣脱)。

丞——zhēng蒸,zhěng拯;chéng丞。

亨——pēng烹;hēng亨、哼。

更——gēng更(更正),gěng埂、绠、哽、梗、鲠,gèng更(更加)。

呈——chéng呈、程、酲,chěng逞。

庚——gēng庚、赓。

奉——pěng捧;fèng奉、俸。

朋——bēng崩、绷(绷带),běng绷(绷着脸),bèng蹦;péng朋、棚、硼、鹏。

孟——měng勐、猛、锰、蜢、艋,mèng孟。

峰——péng蓬、篷;fēng峰、烽、蜂,féng逢、缝(缝衣),fèng缝(门缝)。

乘——chéng乘;shèng乘(史乘)、剩、嵊。

曾——zēng曾(姓)、增、缯,zèng赠;céng层、曾(曾经),cèng蹭;sēng僧。

彭——pēng嘭,péng彭、澎(澎湖)、膨。

塄——léng塄,lèng愣。

登——dēng灯、登、蹬(蹬水车),dèng凳、澄(澄清)、磴、镫、瞪;chéng澄(澄清)。

誊——téng誊、腾、滕、藤。

蒙——mēng蒙(蒙骗),méng蒙(蒙蔽)、檬,měng蒙(蒙古)、蠓。

in韵母

心——qìn沁;xīn心、芯(灯芯),xìn芯(芯子)。

今——jīn今、衿,jìn妗;qīn衾,qín琴、芩;yín吟。

斤——jīn斤,jìn近、靳;qín芹;xīn忻、昕、欣、新、薪。

民——mín民、岷,mǐn抿。

因——yīn因、洇、茵、姻、氤(氤氲)、铟。

阴——yīn阴、荫(荫蔽)。

尽——jǐn尽(尽管),jìn尽(尽力)、烬。

辛——qīn亲;xīn辛、莘(莘庄)、锌。[亲又念qìng(亲家)]

林——bīn彬;lín林、淋、琳、霖。

侵——jìn浸;qīn侵,qǐn寝。

宾——bīn宾、傧、滨、缤、槟、镔,bìn摈、殡、鬓;pín嫔。

堇——jǐn谨、馑、瑾、槿;qín勤;yín鄞。

禽——qín禽、擒、噙。

禁——jīn襟,jìn禁(禁止)、噤。

嶙——lín邻、粼、辚、磷、鳞、麟。

ing韵母

丁——dīng丁、仃、盯、钉(钉子)、酊(碘酊),dǐng顶、酊(酩酊),dìng订、钉;tīng厅、汀。

并——bǐng饼、屏(屏除),bìng并;píng瓶、屏(屏风)。(拼、姘念pīn)

宁——níng宁(安宁)、拧(拧绳子)、咛、狞、柠,nǐng拧(拧螺丝钉),nìng宁(宁可)、泞、拧(拧脾气)。

丙——bǐng丙、炳、柄,bìng病。

平——píng平、评、苹、坪、枰、萍。

令——līng拎,líng伶、泠、苓、玲、瓴、铃、聆、蛉、翎、零、龄,lǐng令(一令)、岭、领,lìng令(命令)。(邻念lín)

名——míng名、茗、铭,mǐng酩。

廷——tíng廷、庭、蜓、霆,tǐng挺、梃、铤、艇。

形——jīng荆;xíng刑、邢、形、型。

京——jīng京、惊、鲸;qíng黥。

定——dìng定、腚、碇、锭。

英——yīng英、瑛。

茎——jīng泾、茎、经,jǐng刭、颈,jìng劲(劲敌)、径、胫、痉;qīng轻、氢。[劲又念jìn(干劲)]

青——jīng菁、睛、精,jìng靖、静;qīng青、清、蜻、鲭,qíng情、晴、氰。

冥——míng冥、溟、暝、瞑、螟。

亭——tíng亭、停、葶、婷。

凌——líng凌、陵、菱、绫。

竟——jìng竟、境、镜。

营——yīng莺,yíng荧、茔、萤、营、萦、滢。

婴——yīng婴、撄、嘤、缨、樱、鹦、罂。

敬——jǐng儆、警,jìng敬;qíng擎。

景——jǐng景、憬;yǐng影。

附录五　普通话水平测试朗读作品目录

4.《达瑞的故事》(〔德〕博多·舍费尔,刘志明译)
5.《第一场雪》(峻青)
6.《读书人是幸福人》(谢冕)
7.《二十美金的价值》(唐继柳编译)
8.《繁星》(巴金)
9.《风筝畅想曲》(李恒瑞)
10.《父亲的爱》(〔美〕艾尔玛·邦贝克)
11.《国家荣誉感》(冯骥才)
12.《海滨仲夏夜》(峻青)
13.《海洋与生命》(童裳亮)
14.《和时间赛跑》(〔中国台湾〕林清玄)
15.《胡适的白话电报》(陈灼主编《实用汉语中级教程》)
16.《火光》(〔俄〕柯罗连科,张铁夫译)
17.《济南的冬天》(老舍)
18.《家乡的桥》(郑莹)
19.《坚守你的高贵》(游宇明)
20.《金子》(陶猛译)
21.《捐诚》(青白)
22.《可爱的小鸟》(王文杰)
23.《课不能停》(〔中国台湾〕刘墉)
24.《莲花和樱花》(严文井)
25.《绿》(朱自清)
26.《落花生》(许地山)
27.《麻雀》(〔俄〕屠格涅夫,巴金译)
28.《迷途笛音》(唐若水译)
29.《莫高窟》(小学《语文》第六册)
30.《牡丹的拒绝》(张抗抗)
31.《"能吞能吐"的森林》(《中考语文课外阅读试题精选》)
32.《朋友和其他》(〔中国台湾〕杏林子)
33.《散步》(莫怀戚)
34.《神秘的"无底洞"》(罗伯特·罗威尔)
35.《世间最美的坟墓》(〔奥〕茨威格,张厚仁译)
36.《苏州园林》(叶圣陶)
37.《态度创造快乐》(节选自《态度创造快乐》)
38.《泰山极顶》(杨朔)

39.《陶行知的“四块糖果”》(《教师博览·百期精华》)
40.《提醒幸福》(毕淑敏)
41.《天才的造就》(刘燕敏)
42.《我的母亲独一无二》(〔法〕罗曼·加里)
43.《我的信念》(〔波兰〕玛丽·居里,剑捷译)
44.《我为什么当教师》(〔美〕彼得·基·贝得勒)
45.《西部文化和西部开发》(《中考语文课外阅读试题精选》)
46.《喜悦》(王蒙)
47.《香港:最贵的一棵树》(舒乙)
48.《小鸟的天堂》(巴金)
49.《野草》(夏衍)
50.《一分钟》(纪广洋)
51.《一个美丽的故事》(张玉庭)
52.《永远的记忆》(苦伶)
53.《语言的魅力》(小学《语文》第六册)
54.《赠你四味长寿药》(蒲昭和)
55.《站在历史的枝头微笑》(〔美〕本杰明·拉什)
56.《中国的宝岛——台湾》(节选自《中国的宝岛——台湾》)
57.《中国的牛》(小思)
58.《住的梦》(老舍)
59.《紫藤萝瀑布》(宗璞)
60.《最糟糕的发明》(林光如)

附录六　普通话水平测试用朗读作品

作品1号

那是力争上游的一种树,笔直的干①,笔直的枝。它的干呢,通常是丈把高,像是加以人工似的②,一丈以内,绝无旁枝;它所有的桠枝③呢,一律向上,而且紧紧靠拢,也像是加以人工似的,成为一束④,绝无横斜逸出⑤;它的宽大的叶子也是片片向上,几乎没有斜生的,更不用说倒垂⑥了;它的皮,光滑而有银色的晕圈⑦,微微泛出淡青色。这是虽在北方的风雪的压迫下却保持着倔强⑧挺立⑨的一种⑩树!哪怕只有碗来粗细罢,它却努力向上发展,高到丈许,两丈,参天耸立⑪,不折不挠⑫,对抗着西北风。

这就是白杨树,西北极普通的一种树,然而决不是平凡的树!

它没有婆娑[13]的姿态，没有屈曲盘旋[14]的虬枝[15]，也许你要说它不美丽，——如果美是专指“婆娑”或“横斜逸出”之类而言，那么，白杨树算不得[16]树中的好女子；但是它却是伟岸，正直，朴质[17]，严肃，也不缺乏温和，更不用提它的坚强不屈与挺拔，它是树中的伟丈夫[18]！当你在积雪初融的高原上走过，看见平坦的大地上傲然挺立这么一株或一排白杨树，难道你就只觉得树只是树，难道你就不想到它的朴质，严肃，坚强不屈，至少也象征了北方的农民；难道你竟一点儿也不联想到，在敌后的广大//土地上，到处有坚强不屈，就像这白杨树一样傲然挺立的守卫他们家乡的哨兵！难道你又不更远一点想到这样枝枝叶叶靠紧团结，力求上进的白杨树，宛然象征了今天在华北平原纵横决荡[19]用血[20]写出新中国历史的那种精神和意志。

（节选自茅盾《白杨礼赞》）

朗读提示

①干 gàn（干，不读gān）
②似的 shìde（似，不读sì）
③桠枝 yāzhī
④一束 yīshù
⑤横斜逸出 héngxiéyìchū
⑥倒垂 dàochuí（倒，不读 dǎo）
⑦晕圈 yùnquān（晕，不读yūn）
⑮虬枝 qiúzhī
⑯算不得 suàn·bù·dé
⑰朴质，不是“质朴”。
⑧倔强 juéjiàng（倔，不读juè）
⑨挺立 tǐnglì
⑩一种 yīzhǒng
⑪参天耸立 cāntiānsǒnglì
⑫不折不挠 bùzhé-bùnáo
⑬婆娑 pósuō
⑭屈曲盘旋 qūqūpánxuán
⑱伟丈夫 wěizhàngfū
⑲纵横决荡 zònghéngjuédàng
⑳血 xuè

作品2号

两个同龄的年轻人同时受雇于一家店铺[1]，并且拿同样的薪水[2]。

可是一段时间后，叫阿诺德[3]的那个小伙子[4]青云直上，而那个叫布鲁诺[5]的小伙子却仍在原地踏步。布鲁诺很不满意老板的不公正待遇。终于有一天他到老板那儿发牢骚[6]了。老板一边耐心地听着他的抱怨[7]，一边在心里盘算着[8]怎样向他解释清楚他和阿诺德之间的差别[9]。

“布鲁诺先生，”老板开口说话了，“您现在到集市上去一下，看看[10]今天早上[11]有什么卖的。”

布鲁诺从集市上回来向老板汇报说，今早集市上只有一个农民拉了一车土豆在卖。

“有多少[12]？”老板问。

布鲁诺赶快戴上帽子又跑到集上，然后回来告诉[13]老板一共四十袋土豆。

“价格是多少？”

布鲁诺又第三次跑到集上问来了价格。

“好吧，”老板对他说，“现在请您坐到这把椅子上一句话也不要说，看看阿诺德怎么说。”

阿诺德很快就从集市上回来了。向老板汇报说到现在为止只有一个农民在卖土豆，一共四十口袋[14]，价格是多少多少；土豆质量[15]很不错，他带回来一个让老板看看。这个农民一个钟头以后还会弄来几箱西红柿，据他看价格非常公道。昨天他们铺子[16]的西红柿[17]卖得很快，库存已经不//多了。他想这么便宜[18]的西红柿，老板肯定会要进一些的，所以他不仅带回了一个西红柿做样品，而且把那个农民也带来了，他现在正在外面等回话呢。

此时老板转向了布鲁诺，说：“现在您肯定知道[19]为什么阿诺德的薪水比您高了吧！”

（节选自张健鹏、胡足青主编《故事时代》中《差别》）

朗读提示

①店铺 diànpù

②薪水 xīn·shuǐ

③阿诺德 Ānuòdé

④小伙子 xiǎohuǒzi

⑤布鲁诺 Bùlǔnuò

⑥牢骚 láo·sāo

⑦抱怨 bào·yuàn

⑧盘算着 pánsuànzhe

⑨差别 chābié(差，不读chà)

⑩看看 kànkan

⑪早上 zǎoshang

⑫多少 duō·shǎo

⑬告诉 gàosu

⑭口袋 kǒudai

⑮质量 zhìliàng(质，不读 zhǐ)

⑯铺子 pùzi

⑰西红柿 xīhóngshì(“中轻重”格式)

⑱便宜 piányi

⑲知道 zhī·dào

作品3号

我常常遗憾我家门前那块丑石：它黑黝黝[1]地卧在那里，牛似的[2]模样[3]；谁也不知道是什么时候[4]留在这里的，谁也不去理会它。只是麦收时节，门前摊了麦子，奶奶[5]总是说：这块丑石，多占地面呀，抽空把它搬走吧。

它不像汉白玉那样的细腻[6]，可以刻字雕花，也不像大青石那样的光滑，可以供[7]来浣纱[8]捶布[9]。它静静地卧在那里，院边的槐阴[10]没有庇覆[11]它，花儿也不再在它身边生长。荒草便繁衍[12]出来，枝蔓[13]上下，慢慢地，它竟锈上了绿苔[14]、黑斑。我们这些做孩子的，也讨厌起它来，曾合伙[15]要搬走它，但力气又不足；虽时时咒骂[16]它，嫌弃它，也无可奈何，只好任它留在那里了。

终有一日，村子里来了一个天文学家。他在我家门前路过，突然发现了这块石头，眼光立即就拉直了。他再没有离开，就住了下来；以后又来了好些人，都说这是一块陨石⑰,从天上落下来已经有二三百年了,是一件了不起的东西。不久便来了车,小心翼翼地将它运走了。

这使我们都很惊奇,这又怪又丑的石头,原来是天上的啊⑱!它补过天,在天上发过热、闪过光,我们的先祖⑲或许仰望过它,它给了他们光明、向往、憧憬⑳;而它落下来了,在污土里,荒草里,一躺就//是几百年了!

我感到自己的无知,也感到了丑石的伟大,我甚至怨恨它这么多年竟会默默地忍受着这一切!而我又立即深深地感到它那种不屈于误解、寂寞的生存的伟大。

(节选自贾平凹《丑石》)

朗读提示

①黑黝黝 hēiyǒuyǒu(口语 hēiyōuyōu)
②似的 shìde
③模样 múyàng (模,不读mó)
④时候 shíhou
⑤奶奶 nǎinai
⑥细腻 xìnì
⑦供 gōng(供,不读 gòng)
⑧浣纱 huànshā
⑨捶布 chuíbù
⑩槐阴 huáiyīn
⑪庇覆 bìfù
⑫繁衍 fányǎn
⑬枝蔓 zhīmàn
⑭绿苔 lǜtái
⑮合伙 héhuǒ
⑯咒骂 zhòumà
⑰陨石 yǔnshí
⑱啊 ya
⑲先祖,不是“祖先”。
⑳憧憬 chōngjǐng

作品4号

在达瑞八岁的时候①,有一天他想去看电影。因为②没有钱,他想是向爸妈要钱,还是自己挣钱。最后他选择了后者。他自己调制③了一种汽水④,向过路的行人出售⑤。可那时正是寒冷的冬天,没有人买,只有两个人例外——他的爸爸和妈妈。

他偶然有一个和非常成功的商人谈话的机会。当他对商人讲述了自己的“破产史”后,商人给了他两个重要的建议:一是尝试为别人解决一个难题;二是把精力集中在你知道的、你会的和你拥有的东西⑥上。

这两个建议很关键。因为对于一个八岁的孩子而言,他不会做的事情⑦很多。于是他穿过大街小巷,不停地思考:人们会有什么难题,他又如何利用这个机会?

一天,吃早饭时父亲让达瑞去取报纸。美国的送报员总是把报纸从花园篱笆⑧的一个特制的管子里塞进⑨来。假如你想穿着睡衣舒舒服服地吃早饭和看报纸,就必须离开温暖的房间,冒着寒风,到花园去取。虽然路短,但十分麻烦⑩。

当达瑞为父亲取报纸的时候,一个主意诞生了。当天⑪他就按响邻居的门铃,对他们说,每个月只需付给他一美元,他就每天早上⑫把报纸塞到他们的房门底下。大多数人都同意了，很快他有//了七十多个顾客。一个月后，当他拿到自己赚的钱时，觉得自己简直是飞上了天。

很快他又有了新的机会，他让他的顾客每天把垃圾[13]袋放在门前，然后由他早上运到垃圾桶里，每个月加一美元。之后他还想出了许多孩子赚钱的办法，并把它集结成书，书名为《儿童挣钱的二百五十个主意》。为此，达瑞十二岁时就成了畅销书作家，十五岁有了自己的谈话节目，十七岁就拥有了几百万美元。

（节选自〔德〕博多·舍费尔《达瑞的故事》，刘志明译）

朗读提示

①时候 shíhou
②因为 yīn·wèi(为，不读wéi)
③调制 tiáozhì
④汽水 qìshuǐr
⑤出售 chūshòu
⑥东西 dōngxi
⑦事情 shìqing
⑧篱笆 líba
⑨塞进 sāijìn
⑩麻烦 máfan
⑪当天 dàngtiān(当，不读dāng)
⑫早上 zǎoshang
⑬垃圾 lājī

作品5号

这是入冬以来，胶东半岛上第一场雪。

雪纷纷扬扬，下得很大。开始还伴着一阵儿小雨，不久就只见大片大片的雪花，从彤云[1]密布的天空中飘落下来。地面上一会儿[2]就白了。冬天的山村，到了夜里就万籁俱寂[3]，只听得雪花簌簌地[4]不断往下落，树木的枯枝被雪压断了，偶尔[5]咯吱[6]一声响。

大雪整整下了一夜。今天早晨[7]，天放晴了，太阳出来了。推开门一看，嗬！好大的雪啊[8]！山川、河流、树木、房屋，全都罩上了一层厚厚的雪，万里江山，变成了粉妆玉砌[9]的世界。落光了叶子的柳树上挂满了毛茸茸[10]亮晶晶的银条儿[11]；而那些冬夏常青的松树和柏树[12]上，则挂满了蓬松松沉甸甸[13]的雪球儿[14]。一阵风吹来，树枝轻轻地摇晃[15]，美丽的银条儿和雪球儿簌簌地落下来，玉屑[16]似的[17]雪末儿随风飘扬，映着清晨的阳光，显出一道道五光十色的彩虹。

大街上的积雪[18]足有一尺多深，人踩上去，脚底下发出咯吱咯吱的响声。一群群孩子在雪地里堆雪人，掷[19]雪球儿。那欢乐的叫喊声，把树枝上的雪都震落下来了。

俗话说，“瑞雪兆丰年”。这个话有充分的科学根据，并不是一句迷信的成语。寒冬大雪，可以冻死一部分[20]越冬的害虫；融化了的水渗进[21]土层深处，又能供应[22]//庄稼[23]生长的需要。我相信这一场十分及时的大雪，一定会促进明年春季作物，尤其是小麦的丰收。有经验的老农把雪比做是“麦子的棉被”。冬天“棉被”

盖得越厚,明春麦子就长得越好,所以又有这样一句谚语:“冬天麦盖三层被,来年枕着馒头[24]睡。”

我想,这就是人们为什么把及时的大雪称为“瑞雪”的道理吧。

(节选自峻青《第一场雪》)

朗读提示

①彤云 tóngyún
②一会儿 yīhuìr
③万籁俱寂 wànlài-jùjì
④簌簌地 sùsùde
⑤偶尔 ǒu'ěr
⑥咯吱 gēzhī
⑦早晨 zǎo·chén
⑧啊 ya
⑨粉妆玉砌 fěnzhuāng-yùqì
⑩毛茸茸 máoróngróng
⑪银条儿 yíntiáor
⑫柏树 bǎishù
⑬沉甸甸 chéndiàndiàn
⑭雪球儿 xuěqiúr
⑮摇晃 yáo·huàng
⑯玉屑 yùxiè
⑰似的 shìde
⑱积雪 jīxuě(积,不读jí)
⑲掷 zhì
⑳一部分 yībùfen
㉑渗进 shènjìn
㉒供应 gōngyìng(供,不读gòng)
㉓庄稼 zhuāngjia
㉔馒头 mántou

作品6号

我常想读书人是世间幸福人,因为[1]他除了拥有现实的世界之外,还拥有另一个更为浩瀚[2]也更为丰富的世界。现实的世界是人人都有的,而后一个世界却为[3]读书人所独有。由此我想,那些失去或不能阅读的人是多么的不幸,他们的丧失[4]是不可补偿的。世间有诸多[5]的不平等,财富的不平等,权力的不平等,而阅读能力的拥有或丧失却体现为精神的不平等。

一个人的一生,只能经历自己拥有的那一份欣悦[6],那一份苦难,也许再加上他亲自闻知的那一些关于自身以外的经历和经验。然而,人们通过阅读,却能进入不同时空的诸多他人的世界。这样,具有阅读能力的人,无形间获得了超越有限生命的无限可能性。阅读不仅使他多识了草木虫鱼之名,而且可以上溯[7]远古下及未来,饱览存在的与非存在的奇风异俗。

更为[8]重要的是,读书加惠于人们的不仅是知识[9]的增广,而且还在于精神的感化与陶冶[10]。人们从读书学做人,从那些往哲先贤[11]以及当代才俊的著述中学得[12]他们的人格。人们从《论语》[13]中学得智慧的思考,从《史记》中学得严肃的历史精神,从《正气歌》中学得人格的刚烈,从马克思学得人世//的激情,从鲁迅学得批判精神,从托尔斯泰[14]学得道德的执著[15]。歌德的诗句刻写着睿智[16]的人生,拜伦[17]的诗句呼唤[18]着奋斗的热情。一个读书人,一个有机会[19]拥有超乎个人生命体验的幸运人。

(节选自谢冕《读书人是幸福人》)

朗读提示

①因为 yīn·wèi
②浩瀚 hàohàn
③为 wéi
④丧失 sàngshī
⑤诸多 zhūduō
⑥欣悦 xīnyuè
⑦上溯 shàngsù
⑧更为 gèng·wéi
⑨知识 zhīshi
⑩陶冶 táoyě
⑪往哲先贤 wǎngzhéxiānxián
⑫学得 xüédé(得,不读轻声)
⑬论语 Lúnyǔ(论,不读lùn)
⑭托尔斯泰 Tuō'ěrsītài
⑮执著 zhízhuó
⑯睿智 ruìzhì
⑰拜伦 bàilún
⑱呼唤 hūhuàn
⑲机会 jī·huì

作品7号

一天,爸爸下班回到家已经[①]很晚了,他很累也有点儿[②]烦,他发现五岁的儿子靠在门旁正等着他。

"爸,我可以问您一个问题吗?"

"什么[③]问题?""爸,您一小时可以赚[④]多少钱[⑤]?""这与你无关,你为什么问这个问题?"父亲生气地说。

"我只是想知道,请告诉[⑥]我,您一小时赚多少钱?"小孩儿哀求道。"假如你一定要知道的话,我一小时赚二十美金。"

"哦[⑦],"小孩儿低下了头,接着又说,"爸,可以借我十美金吗?"父亲发怒了:"如果你只是要借钱去买毫无意义的玩具的话,给我回到你的房间睡觉去。好好想想为什么你会那么自私。我每天辛苦工作,没时间和你玩儿[⑧]小孩子的游戏。"

小孩儿默默地回到自己的房间关上门。

父亲坐下来还在生气。后来,他平静[⑨]下来了。心想他可能对孩子太凶了——或许孩子真的很想买什么东西,再说他平时很少要过钱。

父亲走进孩子的房间:"你睡了吗?""爸,还没有,我还醒着。"孩子回答。

"我刚才可能对你太凶了,"父亲说,"我不应该发那么大的火儿——这是你要的十美金。""爸,谢谢您。"孩子高兴地从枕头下拿出一些被弄皱[⑩]的钞票[⑪],慢慢地数着。

"为什么你已经有钱了还要?"父亲不解地问。

"因为[⑫]原来不够,但现在凑够[⑬]了。"孩子回答,"爸,我现在有//二十美金了,我可以向您买一个小时的时间吗?明天请早一点儿回家——我想和您一起吃晚餐。”

（节选自唐继柳编译《二十美金的价值》）

朗读提示

①已经 yǐ·jīng
②有点儿 yǒudiǎnr
③什么 shénme
④赚 zhuàn
⑤多少钱 duō·shǎoqián
⑥告诉 gàosu
⑦哦 ò
⑧玩儿 wánr
⑨平静 píngjìng
⑩弄皱 nòngzhòu
⑪钞票 chāopiào
⑫因为 yīn·wèi
⑬凑够 còugòu

作品8号

我爱月夜，但我也爱星天。从前在家乡七八月的夜晚在庭院里纳凉[①]的时候[②]，我最爱看天上密密麻麻的繁星。望着星天，我就会忘记一切，仿佛[③]回到了母亲的怀里似的[④]。

三年前在南京我住的地方[⑤]有一道后门，每晚我打开后门，便看见一个静寂[⑥]的夜。下面是一片菜园，上面是星群密布的蓝天。星光在我们的肉眼里虽然微小，然而它使我们觉得光明无处不在。那时候我正在读一些天文学的书，也认得一些星星，好像它们就是我的朋友[⑦]，它们常常在和我谈话一样。

如今在海上，每晚和繁星相对，我把它们认得[⑧]很熟了。我躺在舱面上，仰望天空。深蓝色的天空里悬着无数半明半昧[⑨]的星。船在动，星也在动，它们是这样低，真是摇摇欲坠[⑩]呢！渐渐地我的眼睛[⑪]模糊[⑫]了，我好像看见无数萤火虫[⑬]在我的周围飞舞。海上的夜是柔和的，是静寂的，是梦幻的。我望着许多认识[⑭]的星，我仿佛看见它们在对我眨眼[⑮]，我仿佛听见它们在小声说话。这时我忘记了一切。在星的怀抱中我微笑着，我沉睡着。我觉得自己是一个小孩子，现在睡在母亲的怀里了。

有一夜，那个在哥伦波[⑯]上船的英国人指给我看天上的巨人。他用手指着：//那四颗明亮的星是头，下面的几颗是身子，这几颗是手，那几颗是腿和脚，还有三颗星算是腰带。经他这一番指点，我果然看清楚[⑰]了那个天上的巨人。看，那个巨人还在跑呢！

（节选自巴金《繁星》）

朗读提示

①纳凉 nàliáng
②时候 shíhou
③仿佛 fǎngfú（佛，不读fó）
⑩摇摇欲坠 yáoyáo-yùzhuì
⑪眼睛 yǎnjing
⑫模糊 móhu

④似的 shìde
⑤地方 dìfang
⑥静寂，不是“寂静”。
⑦朋友 péngyou
⑧认得 rènde
⑨半明半昧 bànmíng-bànmèi(昧，不读“wèi”)
⑬萤火虫 yínghuǒchóng(“中轻重”格式)
⑭认识 rènshi
⑮眨眼 zhǎyǎn
⑯哥伦波 Gēlúnbō
⑰清楚 qīngchu

作品9号

假日①到河滩上转转②，看见许多孩子在放风筝③。一根根长长的引线，一头系④在天上⑤，一头系在地上，孩子同风筝都在天与地之间悠荡⑥，连心也被悠荡得恍恍惚惚⑦了，好像又回到了童年。

儿时放的风筝，大多是自己的长辈或家人编扎⑧的，几根削得⑨很薄⑩的篾⑪，用细纱线扎成各种鸟兽的造型，糊上雪白的纸片，再用彩笔勾勒⑫出面孔与翅膀的图案。通常扎得最多的是“老雕”、“美人儿”、“花蝴蝶”等。

我们家前院就有位叔叔，擅⑬扎风筝，远近闻名。他扎得风筝不只体形好看，色彩艳丽，放飞得高远，还在风筝上绷一叶用蒲苇⑭削成的膜片，经风一吹，发出“嗡嗡”的声响，仿佛是风筝的歌唱，在蓝天下播扬，给开阔的天地增添了无尽的韵味，给驰荡⑮的童心带来几分疯狂。

我们那条胡同⑯的左邻右舍的孩子们⑰放的风筝几乎⑱都是叔叔编扎的。他的风筝不卖钱，谁上门去要，就给谁，他乐意自己贴钱买材料。

后来，这位叔叔去了海外，放风筝也渐与孩子们远离了。不过年年叔叔给家乡写信，总不忘提起儿时的放风筝。香港回归之后，他在家信中说到，他这只被故乡放飞到海外的风筝，尽管飘荡游弋⑲，经沐风雨，可那线头儿一直在故乡和//亲人手中牵着，如今飘得太累了，也该要回归到家乡和亲人身边来了。

是的。我想，不光是叔叔，我们每个人都是风筝，在妈妈手中牵着，从小放到大，再从家乡放到祖国最需要的地方去啊⑳！

（节选自李恒瑞《风筝畅想曲》）

朗读提示

①假日 jiàrì
②转转 zhuànzhuan
③风筝 fēngzheng
④系 jì
⑤天上 tiān·shàng
⑥悠荡 yōudàng
⑦恍恍惚惚 huǎnghuǎng-hūhū
⑪蔑 miè
⑫勾勒 gōulè
⑬擅 shàn
⑭蒲苇 púwěi
⑮驰荡 chídàng
⑯胡同 hútòngr
⑰孩子们 háizimen

⑧编扎 biānzā(扎,不读zhā)
⑨削得 xiāode
⑩薄 báo
⑱几乎 jīhū
⑲游弋 yóuyì
⑳啊 ya

作品10号

爸不懂得[①]怎样表达爱,使我们一家人融洽[②]相处[③]的是我妈。他只是每天上班下班,而妈则把我们做过的错事开列清单,然后由他来责骂我们。

有一次我偷了一块糖果,他要我把它送回去,告诉[④]卖糖的说是我偷来的,说我愿意替他拆箱卸货[⑤]作为赔偿。但妈妈却明白[⑥]我只是个孩子。

我在运动场打秋千[⑦]跌断[⑧]了腿,在前往医院途中一直抱着我的,是我妈。爸把汽车停在急诊室门口,他们叫他驶开,说那空位[⑨]是留给紧急车辆停放的。爸听了便叫嚷[⑩]道:“你以为这是什么车?旅游车?”

在我生日会上,爸总是显得有些不大相称[⑪]。他只是忙于吹气球,布置餐桌,做杂务。把插着蜡烛的蛋糕推过来让我吹的,是我妈。

我翻阅照相册时,人们总是问:“你爸爸是什么样子的?”天晓得!他老是忙着替别人拍照。妈和我笑容可掬[⑫]地一起拍的照片,多得不可胜数[⑬]。

我记得妈有一次叫他教[⑭]我骑自行车。我叫他别放手,但他却说是应该放手的时候了。我摔倒之后,妈跑过来扶我,爸却挥手要她走开。我当时生气极了,决心要给他点儿颜色看。于是我马上爬上自行车,而且自己骑给他看。他只是微笑。

我念大学时,所有的家信都是妈写的。他//除了寄支票外,还寄过一封短柬[⑮]给我,说因为我不在草坪上踢足球了,所以他的草坪长得很美。

每次我打电话回家,他似乎[⑯]都想跟我说话,但结果总是说:“我叫你妈来接。”

我结婚[⑰]时,掉眼泪的是我妈。他只是大声擤[⑱]了一下鼻子,便走出房间。

我从小到大都听他说:“你到哪里去?什么时候回家?汽车有没有汽油?不,不准去。”爸完全不知道怎样表达爱。除非……

会不会是他已经表达了,而我却未能察觉?

(节选自〔美〕艾尔玛·邦贝克《父亲的爱》)

朗读提示

①懂得 dǒngdé
②融洽 róngqià
③相处 xiāngchǔ
④告诉 gàosu
⑤拆箱卸货 chāixiāngxièhuò
⑥明白 míngbai
⑩叫嚷 jiàorǎng
⑪相称 xiāngchèn(称,不读chēng)
⑫笑容可掬 xiàoróng-kějū
⑬不可胜数 bùkě-shèngshǔ
⑭教 jiāo(教,不读jiào)
⑮短柬 duǎnjiǎn

⑦秋千 qiūqiān
⑧跌断 diēduàn
⑨空位 kòngwèi(空,不读kōng)
⑯似乎 sìhū
⑰结婚 jiéhūn(结,不读jiē)
⑱擤 xǐng

作品11号

一个大问题一直盘踞①在我脑袋②里:

世界杯怎么会有如此巨大的吸引力?除去足球本身的魅力③之外,还有什么超乎其上④而更伟大的东西⑤?

近来观看世界杯,忽然从中得到了答案:是由于一种无上崇高的精神情感——国家荣誉感!

地球上的人都会有国家的概念⑥,但未必时时都有国家的感情。往往人到异国,思念家乡,心怀故国,这国家概念就变得有血有肉⑦,爱国之情来得非常具体。而现代社会,科技昌达,信息快捷,事事上网,世界真是太小太小,国家的界限似乎⑧也不那么清晰了。再说足球正在快速世界化,平日里各国球员频繁⑨转会,往来随意,致使越来越多的国家联赛都具有国际的因素。球员们不论国籍,只效力于自己的俱乐部⑩,他们比赛时的激情中完全没有爱国主义的因子。

然而,到了世界杯大赛,天下大变。各国球员都回国效力,穿上与光荣的国旗同样色彩的服装。在每一场比赛前,还高唱国歌以宣誓对自己祖国的挚爱⑪与忠诚⑫。一种血缘情感开始在全身的血管里燃烧起来,而且立刻热血沸腾⑬。

在历史时代,国家间经常发生对抗,好男儿⑭戎装⑮卫国。国家的荣誉往往需要以自己的生命去换//取。但在和平时代,唯有这种国家之间大规模对抗性的大赛,才可以唤起那种遥远而神圣⑯的情感,那就是:为祖国而战!

(节选自冯骥才《国家荣誉感》)

朗读提示

①盘踞 pánjù
②脑袋 nǎodai
③魅力 mèilì
④超乎其上 chāohūqíshàng
⑤东西 dōngxi
⑥概念 gàiniàn
⑦有血有肉 yǒuxuèyǒuròu
⑧似乎 sìhū
⑨频繁 pínfán
⑩俱乐部 jùlèbù
⑪挚爱 zhì'ài
⑫忠诚 zhōngchéng
⑬热血沸腾 rèxuèfèiténg
⑭好男儿 hǎonán'ér(“儿”自成音节)
⑮戎装 róngzhuāng
⑯神圣 shénshèng

作品12号

夕阳落山不久,西方的天空,还燃烧着一片橘红色的晚霞。大海,也被这霞光染成了红色,而且比天空的景色更要壮观①。因为它是活动的,每当一排排波浪涌起的时候[2]，那映照[3]在浪峰上的霞光，又红又亮，简直就像一片片霍霍[4]燃烧着[5]的火焰[6]，闪烁[7]着，消失了。而后面的一排，又闪烁着，滚动着，涌了过来。

天空的霞光渐渐地淡下去了，深红的颜色变成了绯红[8]，绯红又变为浅红。最后，当这一切红光都消失了的时候，那突然显得高而远了的天空，则呈现[9]出一片肃穆[10]的神色。最早出现的启明星[11]，在这蓝色的天幕上闪烁起来了。它是那么大，那么亮，整个广漠的天幕上只有它在那里放射着令人注目的光辉，活像一盏悬挂[12]在高空的明灯。

夜色加浓，苍空中的“明灯”越来越多了。而城市各处的真的灯火也次第亮了起来，尤其是围绕[13]在海港周围山坡上的那一片灯光，从半空倒映[14]在乌蓝的海面上，随着波浪，晃动[15]着，闪烁着，像一串流动着的珍珠，和那一片片密布在苍穹[16]里的星斗互相辉映，煞[17]是好看[18]。

在这幽美的夜色中，我踏着软绵绵[19]的沙滩，沿着海边，慢慢地向前走去。海水，轻轻地抚摸着细软的沙滩，发出温柔的//刷刷声。晚来的海风，清新而又凉爽。我的心里，有着说不出[20]的兴奋[21]和愉快。

夜风轻飘飘地吹拂着，空气中飘荡着一种大海和田禾相混合[22]的香味儿，柔软的沙滩上还残留着白天太阳炙晒[23]的余温。那些在各个工作岗位上劳动了一天的人们，三三两两地来到这软绵绵的沙滩上，他们浴着凉爽的海风，望着那缀满了星星的夜空，尽情地说笑，尽情地休憩[24]。

（节选自峻青《海滨仲夏夜》）

朗读提示

①壮观 zhuàngguān
②时候 shíhou
③映照 yìngzhào
④霍霍 huòhuò
⑤燃烧着 ránshāozhe
⑥火焰 huǒyàn
⑦闪烁 shǎnshuò
⑧绯红 fēihóng
⑨呈现 chéngxiàn
⑩肃穆 sùmù
⑪启明星 qǐmíngxīng
⑫悬挂 xuánguà
⑬围绕 wéirào(绕，不读rǎo)
⑭倒映 dàoyìng
⑮晃动 huàngdòng
⑯苍穹 cāngqióng
⑰煞 shà
⑱好看 hǎokàn
⑲软绵绵 ruǎnmiánmián
⑳说不出 shuōbùchū
㉑兴奋 xīngfèn(兴，不读xìng)
㉒混合 hùnhé
㉓炙晒 zhìshài
㉔休憩 xiūqì

作品13号

生命在海洋里诞生[1]绝不是偶然的，海洋的物理和化学性质，使它成为孕育[2]原始生命的摇篮。

我们知道，水是生物的重要组成部分[3]，许多动物组织的含水量在百分之八十以上，而一些海洋生物的含水量高达百分之九十五。水是新陈代谢的重要媒介[4]，没有它，体内的一系列生理和生物化学反应就无法进行，生命也就停止。因此，在短时期内动物缺水要比缺少食物更加危险[5]。水对今天的生命是如此重要，它对脆弱的原始生命，更是举足轻重了。生命在海洋里诞生，就不会有缺水之忧。

水是一种良好的溶剂。海洋中含有许多生命所必需的无机盐，如氯化钠[6]、氯化钾[7]、碳酸盐、磷酸盐[8]，还有溶解氧[9]，原始生命可以毫不费力地从中吸取它所需要的元素。

水具有很高的热容量，加之海洋浩大，任凭[10]夏季烈日曝晒[11]，冬季寒风扫荡，它的温度变化却比较[12]小。因此，巨大的海洋就像是天然的"温箱"，是孕育原始生命的温床。

阳光虽然为生命所必需[13]，但是阳光中的紫外线却有扼杀[14]原始生命的危险。水能有效地吸收紫外线，因而又为原始生命提供[15]了天然的"屏障"[16]。

这一切都是原始生命得以产生和发展的必要条件。//

（节选自童裳亮《海洋与生命》）

朗读提示

①诞生 dànshēng
②孕育 yùnyù
③部分 bùfen
④媒介 méijiè
⑤危险 wēixiǎn
⑥氯化钠 lǜhuànà（氯，不读lù）
⑦氯化钾 lǜhuàjiǎ
⑧磷酸盐 línsuānyán
⑨溶解氧 róngjiěyǎng
⑩任凭 rènpíng
⑪曝晒 pùshài（曝，不读bào）
⑫比较 bǐjiào（较，不读jiǎo）
⑬必需 bìxū
⑭扼杀 èshā
⑮提供 tígōng
⑯屏障 píngzhàng

作品14号

读小学的时候[1]，我的外祖母去世了。外祖母生前最疼爱[2]我，我无法排除自己的忧伤，每天在学校的操场上[3]一圈儿[4]又一圈儿地跑着，跑得累倒在地上，扑在草坪上痛哭。

那哀痛的日子[5]，断断续续[6]地持续了很久，爸爸妈妈也不知道如何安慰我。他们知道与其骗我说外祖母睡着[7]了，还不如对我说实话：外祖母永远不会回来了。

“什么[8]是永远不会回来呢？”我问着。

“所有时间里的事物，都永远不会回来。你的昨天过去，它就永远变成昨天，你不能再回到昨天。爸爸以前也和你一样小，现在也不能回到你这么[9]小的童年了；有一天你会长大，你会像外祖母一样老；有一天你度过了你的时间，就永远不会回来了。”爸爸说。

爸爸等于给我一个谜语，这谜语比课本上的“日历挂在墙壁，一天撕去一页，使我心里着急[10]”和“一寸光阴一寸金，寸金难买寸光阴”还让我感到可怕，也比作文本上的“光阴似箭，日月如梭”更让我觉得有一种说不出[11]的滋味[12]。

时间过得那么飞快，使我的小心眼儿[13]里不只是着急，还有悲伤。有一天我放学回家，看到太阳快落山了，就下决心说：“我要比太阳更快地回家。”我狂奔回去，站在庭院前喘气[14]的时候，看到太阳//还露着[15]半边脸，我高兴地跳跃[16]起来，那一天我跑赢了太阳。以后我就时常做那样的游戏，有时和太阳赛跑，有时和西北风比快，有时一个暑假才能做完的作业，我十天就做完了；那时我三年级，常常把哥哥五年级的作业拿来做。每一次比赛胜过时间，我就快乐得不知道怎么形容。

如果将来我有什么要教给我的孩子，我会告诉[17]他：假若你一直和时间比赛，你就可以成功！

（节选自〔中国台湾〕林清玄《和时间赛跑》）

朗读提示

①时候 shíhou
②疼爱 téng'ài
③操场上 cāochǎng·shàng
④一圈儿 yīquānr
⑤日子 rìzi
⑥断断续续 duànduàn-xùxù
⑦睡着 shuìzháo
⑧什么 shénme
⑨这么 zhème
⑩着急 zháojí（着，不读zhāo）
⑪说不出 shuō·bùchū
⑫滋味 zīwèi
⑬心眼儿 xīnyǎnr
⑭喘气 chuǎnqì
⑮露着 lòuzhe（露，不读lù）
⑯跳跃 tiàoyuè
⑰告诉 gàosu

作品15号

三十年代初，胡适在北京大学任教授。讲课时他常常对白话文大加称赞[1]，引起一些只喜欢[2]文言文而不喜欢白话文的学生[3]的不满。

一次，胡适正讲得得意[4]的时候[5]，一位姓魏的学生突然站了起来，生气地问：“胡先生，难道说白话文就毫无缺点吗？”胡适微笑着回答说：“没有。”那位学生更加激动[6]了："肯定有！白话文废话太多，打电报用字多，花钱多。"胡适的目光顿时[7]变亮了。轻声地解释[8]说："不一定吧！前几天有位朋友[9]给我打来电报，请我去政府部门工作，我决定不去，就回电拒绝了。复电是用白话写的，看来也很省字。请同学们[10]根据我这个意思，用文言文写一个回电，看看究竟[11]是白话文省字，还是文言文省字？"胡教授刚说完，同学们立刻认真地写了起来。

十五分钟过去，胡适让同学举手，报告用字的数目，然后挑了一份用字最少的文言电报稿，电文是这样写的：

"才疏学浅[12]，恐难胜任[13]，不堪[14]从命。"白话文的意思是：学问[15]不深，恐怕很难担任这个工作，不能服从安排。

胡适说，这份写得确实不错，仅用了十二个字。但我的白话电报却只用了五个字：

"干不了，谢谢[16]！"

胡适又解释说："干不了"就有才疏学浅、恐难胜任的意思[17]；"谢谢"既//对朋友的介绍表示感谢，又有拒绝的意思。所以，废话多不多，并不看它是文言文还是白话文，只要注意选用字词，白话文是可以比文言文更省字的。

[节选自陈灼主编《实用汉语中级教程》(上)中《胡适的白话电报》]

朗读提示

①称赞 chēngzàn
②喜欢 xǐhuan
③学生 xuésheng
④得意 déyì
⑤时候 shíhou
⑥激动 jīdòng
⑦顿时 dùnshí
⑧解释 jiěshì
⑨朋友 péngyou
⑩同学们 tóngxuémen（"中重轻"格式）
⑪究竟 jiūjìng
⑫才疏学浅 cáishū-xuéqiǎn
⑬胜任 shèngrèn
⑭不堪 bùkān
⑮学问 xuéwen
⑯谢谢 xièxie
⑰意思 yìsi

作品16号

很久以前，在一个漆黑[1]的秋天的夜晚[2]，我泛舟[3]在西伯利亚[4]一条阴森森[5]的河上。船到一个转弯处，只见前面黑黢黢[6]的山峰下面一星火光蓦地[7]一闪。

火光又明又亮，好像就在眼前……

"好啦，谢天谢地！"我高兴地说，"马上就到过夜的地方[8]啦！"

船夫扭头朝身后的火光望了一眼，又不以为然地划起桨来。

"远着呢[9]！"

我不相信他的话，因为火光冲破朦胧[10]的夜色，明明在那儿闪烁[11]。不过船夫是对的，事实上，火光的确还远着呢。

这些黑夜的火光的特点是：驱散[12]黑暗，闪闪发亮，近在眼前，令人神往。乍一看[13]，再划几下就到了……其实却还远着呢！……

我们在漆黑如墨的河上又划了很久。一个个峡谷[14]和悬崖[15]，迎面驶来，又向后移去，仿佛消失在茫茫的远方，而火光却依然停在前头[16]，闪闪发亮，令人神往——依然是这么[17]近，又依然是那么远……

现在，无论是这条被悬崖峭壁[18]的阴影[19]笼罩[20]的漆黑的河流，还是那一星明亮的火光，都经常浮现在我的脑际，在这以前和在这以后，曾有许多火光，似乎近在咫尺[21]，不止使我一人心驰神往[22]。可是生活之河却仍然在那阴森森的两岸之间流着，而火光也依旧非常遥远。因此，必须加劲划桨……

然而，火光啊[23]……毕竟……毕竟就//在前头！……

（节选自〔俄〕柯罗连科《火光》，张铁夫译）

朗读提示

①漆黑 qīhēi
②夜晚 yèwǎn
③泛舟 fànzhōu
④西伯利亚 Xībólìyà
⑤阴森森 yīnsēnsēn
⑥黑黢黢 hēiqūqū
⑦蓦地 mòdì(地，不读de)
⑧地方 dìfang
⑨远着呢 yuǎnzhene
⑩朦胧 ménglóng
⑪闪烁 shǎnshuò
⑫驱散 qūsàn
⑬乍一看 zhàyīkàn
⑭峡谷 xiágǔ
⑮悬崖 xuányá
⑯前头 qiántou
⑰这么 zhème
⑱峭壁 qiàobì
⑲阴影 yīnyǐng
⑳笼罩 lǒngzhào
㉑咫尺 zhǐchǐ
㉒心驰神往 xīnchí-shénwǎng
㉓啊 nga

作品17号

对于一个在北平住惯的人，像我，冬天要是不刮风，便觉得[1]是奇迹；济南[2]的冬天是没有风声[3]的。对于一个刚由伦敦回来的人，像我，冬天要能看得见日光，便觉得是怪事；济南的冬天是响晴的。自然，在热带的地方[4]，日光永远是那么毒，响亮的天气，反有点儿[5]叫人害怕。可是，在北方的冬天，而能有温晴的天气，济南真得[6]算个宝地。

设若单单是有阳光，那也算不了[7]出奇。请闭上眼睛[8]想：一个老城，有山有水，全在天底下晒着阳光，暖和[9]安适地睡着，只等春风来把它们唤醒，这是不是理想的境界？小山把济南围了个圈儿[10]，只有北边缺着点口儿[11]。这一圈小山在冬天特别可爱，好像是把济南放在一个小摇篮里，它们安静不动地低声地说："你们放心吧，这儿准保暖和。"真的，济南的人们在冬天是面上含笑的。他们一看那些小山，心中便觉得有了着落[12]，有了依靠。他们由天上看到山上，便不知不觉地想起：明天也许就是春天了吧？这样的温暖，今天夜里山草也许就绿起来了吧？就是这点儿幻想不能一时实现，他们也并不着急[13]，因为这样慈善的冬天，干什么还希望别的呢！

最妙的是下点儿小雪呀。看吧，山上的矮松越发的青黑，树尖儿上//顶着一髻儿[14]白花，好像日本看护[15]妇。山尖儿全白了，给蓝天镶上一道银边[16]。山坡上，有的地方雪厚点儿，有的地方草色还露着；这样，一道儿[17]白，一道儿暗黄，给山们穿上一件带水纹儿[18]的花衣；看着看着，这件花衣好像被风儿[19]吹动，叫你希望看见一点儿更美的山的肌肤。等到快日落的时候[20]，微黄的阳光斜射在山腰上，那点儿薄雪[21]好像忽然害羞，微微露出点儿粉色。就是下小雪吧，济南是受不住大雪的，那些小山太秀气[22]。

(节选自老舍《济南的冬天》)

朗读提示

①觉得 juédé
②济南 Jǐnán
③风声 fēngshēng
④地方 dìfang
⑤有点儿 yǒudiǎnr
⑥真得 zhēnděi(得，不读dé)
⑦算不了 suàn·bùliǎo
⑧眼睛 yǎnjing
⑨暖和 nuǎnhuo
⑩圈儿 quānr
⑪口儿 kǒur
⑫着落 zhuóluò(着，不读zháo)
⑬着急 zháojí
⑭一髻儿 yījìr
⑮看护 kānhù(看，不读kàn)
⑯银边 yínbiānr
⑰一道儿 yīdàor
⑱水纹儿 shuǐwénr
⑲风儿 fēng'ér
⑳时候 shíhou
㉑薄雪 báoxuě
㉒秀气 xiùqi

作品18号

纯朴的家乡村边有一条河，曲曲弯弯[1]，河中架一弯石桥，弓样的小桥横跨[2]两岸。

每天，不管是鸡鸣晓月，日丽中天，还是月华泻地[3]，小桥都印下串串足迹[4]，洒落串串汗珠。那是乡亲为了追求多棱[5]的希望，兑现[6]美好的遐想[7]。弯弯小桥，不时荡过轻吟[8]低唱，不时露出[9]舒心的笑容。

因而，我稚小[10]的心灵，曾将心声献给小桥：你是一弯银色的新月，给人间普照光辉；你是一把闪亮的镰刀，割刈[11]着欢笑的花果；你是一根晃悠悠[12]的扁担[13]，挑起了彩色的明天！哦[14]，小桥走进我的梦中。

我在漂泊[15]他乡的岁月，心中总涌动着故乡的河水，梦中总看到弓样的小桥。当我访南疆探北国，眼帘闯进座座雄伟的长桥时，我的梦变得丰满了，增添了赤橙黄绿青蓝紫。

三十多年过去，我带着满头霜花回到故乡，第一紧要的便是去看望小桥。

啊！小桥呢？它躲起来了？河中一道长虹，浴着朝霞熠熠[16]闪光。哦，雄浑[17]的大桥敞开胸怀，汽车的呼啸、摩托的笛音、自行车的丁零，合奏着进行交响乐；南来的钢筋、花布，北往的柑橙[18]、家禽，绘出交流欢悦图……

啊！蜕变[19]的桥，传递了家乡进步的消息[20]，透露[21]了家乡富裕的声音。时代的春风，美好的追求，我蓦地[22]记起儿时唱//给小桥的歌，哦，明艳艳的太阳照耀了，芳香甜蜜的花果捧来了，五彩斑斓[23]的岁月拉开了！

我心中涌动的河水，激荡起甜美的浪花。我仰望一碧蓝天，心底轻声呼喊：家乡的桥啊[24]，我梦中的桥！

（节选自郑莹《家乡的桥》）

朗读提示

①曲曲弯弯 qūqū-wānwān
②横跨 héngkuà
③月华泻地 yuèhuáxièdì
④足迹 zújì
⑤多棱 duōléng
⑥兑现 duìxiàn
⑦遐想 xiáxiǎng
⑧轻吟 qīngyín
⑨露出 lùchū（露，不读lòu）
⑩稚小 zhìxiǎo
⑪割刈 gēyì
⑫晃悠悠 huàngyōuyōu
⑬扁担 biǎndan
⑭哦 ò
⑮漂泊 piāobó
⑯熠熠 yìyì
⑰雄浑 xiónghún
⑱甘橙 gānchéng
⑲蜕变 tuìbiàn
⑳消息 xiāoxi
㉑透露 tòulù
㉒蓦地 mòdì（地，不读de）
㉓斑斓 bānlán
㉔啊 wa

作品19号

三百多年前，建筑设计师莱伊恩[1]受命[2]设计了英国温泽市政府大厅。他运用工程力学的知识[3]，依据自己多年的实践，巧妙地设计了只用一根柱子支撑[4]的大厅天花板。一年以后，市政府权威[5]人士进行工程验收时，却说只用一根柱子支撑天花板太危险，要求莱伊恩再多加几根柱子。

莱伊恩自信只要一根坚固的柱子足以保证大厅安全，他的“固执[6]”惹恼[7]了市政官员，险些被送上法庭。他非常苦恼，坚持自己原先的主张吧，市政官员肯定会另找人修改设计；不坚持吧，又有悖⑧自己为人的准则。矛盾了很长一段时间，莱伊恩终于想出了一条妙计，他在大厅里增加了四根柱子，不过这些柱子并未与天花板接触⑨，只不过是装装样子。

三百多年过去了，这个秘密始终没有⑩被人发现。直到前两年，市政府准备修缮⑪大厅的天花板，才发现莱伊恩当年的"弄虚作假⑫"。消息传出后，世界各国的建筑专家和游客云集，当地政府对此也不加掩饰⑬，在新世纪到来之际，特意将大厅作为一个旅游景点对外开放，旨在⑭引导人们崇尚⑮和相信科学。

作为一名建筑师，莱伊恩并不是最出色的。但作为一个人，他无疑非常伟大，这种//伟大表现在他始终恪守⑯着自己的原则，给高贵的心灵一个美丽的住所：哪怕是遭遇到最大的阻力，也要想办法抵达⑰胜利。

（节选自游宇明《坚守你的高贵》）

朗读提示

①莱伊恩 Láiyī'ēn
②受命 shòumìng
③知识 zhīshi
④支撑 zhīchēng
⑤权威 quánwēi
⑥固执 gù·zhí
⑦惹恼 rěnǎo
⑧有悖 yǒubèi
⑨接触 jiēchù
⑩没有 méi·yǒu
⑪修缮 xiūshàn
⑫弄虚作假 nòngxū-zuòjiǎ
⑬掩饰 yǎnshì
⑭旨在 zhǐzài
⑮崇尚 chóngshàng
⑯恪守 kèshǒu
⑰抵达 dǐdá

作品20号

自从传言有人在萨文河畔①散步②时无意发现了金子后，这里便常有来自四面八方的淘金者③。他们都想成为富翁④，于是寻遍⑤了整个河床，还在河床上挖出很多大坑，希望借助它们找到更多的金子。的确⑥，有一些人找到了，但另外一些人因为⑦一无所得而只好扫兴归去。

也有不甘心落空的，便驻扎⑧在这里，继续寻找。彼得·弗雷特⑨就是其中一员。他在河床附近买了一块没人要的土地，一个人默默地工作。他为了找金子，已把所有的钱都押在这块土地上。他埋头苦干了几个月，直到土地全变成了坑坑洼洼⑩，他失望了——他翻遍了整块土地，但连一丁点儿⑪金子都没看见⑫。

六个月后，他连买面包的钱都没有了。于是他准备离开这儿到别处去谋生。

就在他即将⑬离去的前一个晚上⑭，天下起了倾盆大雨⑮，并且一下就是三天三夜。雨终于停了，彼得走出小木屋，发现眼前的土地看上去⑯好像和以前不一样：坑坑洼洼已被大水冲刷平整⑰，松软的土地上长出一层绿茸茸⑱的小草。

“这里没找到金子,”彼得忽有所悟⑲地说,“但这土地很肥沃⑳,我可以用来种花,并且拿到镇上去卖给那些富人,他们一定会买些花装扮他们华丽的客厅,//如果真是这样的话,那么我一定会赚许多钱,有朝一日我也会成为富人……”

于是他留了下来。彼得花了不少精力培育花苗,不久田地里长满了美丽娇艳的各色鲜花。

五年以后,彼得终于实现了他的梦想——成了一个富翁。“我是唯一的一个找到真金的人!”他时常不无骄傲地告诉㉑别人,“别人在这儿找不到金子后便远远地离开,而我的‘金子’是在这块土地里,只有诚实㉒的人用勤劳才能采集到。”

(节选自陶猛译《金子》)

朗读提示

①河畔 hépàn
②散布 sànbù
③淘金者 táojīnzhě
④富翁 fùwēng
⑤寻遍 xúnbiàn
⑥的确 díquè
⑦因为 yīn·wèi
⑧驻扎 zhùzhā(扎,不读zhá)
⑨彼得·弗雷特 BǐdéFúléitè
⑩坑坑洼洼 kēngkengwāwā
⑪一丁点儿 yīdīngdiǎnr
⑫看见 kàn·jiàn
⑬即将 jíjiāng(即,不读jì)
⑭晚上 wǎnshang
⑮倾盆大雨 qīngpén-dàyǔ
⑯看上去 kànshàng·qù
⑰平整 píngzhěng
⑱绿茸茸 lǜróngróng
⑲忽有所悟 hūyǒusuǒwù
⑳肥沃 féiwò
㉑告诉 gàosu
㉒诚实 chéng·shí

作品21号

我在加拿大学习期间①遇到过两次募捐,那情景至今使我难以忘怀。

一天,我在渥太华②的街上被两个男孩子拦住去路。他们十来岁,穿得整整齐齐③,每人头上戴着个做工精巧、色彩鲜艳的纸帽,上面写着“为帮助患小儿麻痹④的伙伴募捐”。其中的一个,不由分说就坐在小凳上给我擦起皮鞋来,另一个则彬彬⑤有礼地发问:“小姐,您是哪国人?喜欢渥太华吗?”“小姐,在你们国家有没有小孩儿患小儿麻痹?谁给他们医疗费?”一连串⑤的问题,使我这个有生以来头一次在众目睽睽⑥之下让别人⑦擦鞋的异乡人,从近乎狼狈的窘态⑧中解脱出来。我们像朋友⑨一样聊起天儿⑩来……

几个月之后,也是在街上。一些十字路口处或车站坐着几位老人。他们满头银发,身穿各种老式军装,上面布满了大大小小形形色色的徽章、奖章,每人手捧一大束鲜花,有水仙、石竹、玫瑰⑪及叫不出名字⑫的,一色雪白。匆匆过往的行人纷纷止步,把钱投进这些老人身旁的白色木箱内,然后向他们微微鞠躬,从他们手中接过一朵花。我看了一会儿[13]，有人投一两元，有人投几百元，还有人掏出支票填好后投进木箱。那些老军人毫不注意人们捐多少钱，一直不//停地向人们低声道谢。同行[14]的朋友告诉我，这是为纪念二次大战中参战的勇士，募捐救济残废军人和烈士遗孀[15]，每年一次；认捐的人可谓踊跃，而且秩序[16]井然，气氛[17]庄严。有些地方[18]，人们还耐心地排着队。我想，这是因为他们都知道[19]：正是这些老人们的流血[20]牺牲[21]换来了包括他们信仰自由在内的许许多多。

我两次把那微不足道[22]的一点儿钱捧给他们，只想对他们说声"谢谢[23]"。

（节选自青白《捐诚》）

朗读提示

①期间 qījiān
②渥太华 Wòtàihuá
③整整齐齐 zhěngzhěng-qíqí
④麻痹 mábì
⑤彬 bīn
⑪聊起天儿 liáo·qǐtiānr
⑫玫瑰 méi·guī
⑬名字 míngzi
⑭一会儿 yīhuìr
⑮同行 tóngxíng
⑯遗孀 yíshuāng
⑰秩序 zhìxù
⑥一连串 yīliánchuàn
⑦众目睽睽 zhòngmù-kuíkuí
⑧别人 bié·rén
⑨窘态 jiǒngtài
⑩朋友 péngyou
⑱气氛 qì·fēn
⑲地方 dìfang
⑳知道 zhī·dào
㉑流血 liúxuè
㉒牺牲 xīshēng
㉓微不足道 wēibùzúdào
㉔谢谢 xièxie

作品22号

没有一片绿叶，没有一缕[1]炊烟，没有一粒泥土，没有一丝花香，只有水的世界，云的海洋。

一阵台风袭[2]过，一只孤单的小鸟无家可归，落到被卷到洋里的木板上，乘流而下[3]，姗姗而来[4]，近了，近了！……

忽然，小鸟张开翅膀，在人们头顶盘旋[5]了几圈儿，"噗啦[6]"一声落到了船上，许是累了？还是发现了"新大陆"？水手撵[7]它它不走，抓它，它乖乖地落在掌心。可爱的小鸟和善良的水手结成[8]了朋友[9]。

瞧，它多美丽，娇巧的小嘴，啄理着绿色的羽毛，鸭子样的扁脚[10]，呈现出春草的鹅黄。水手们把它带到舱里，给它"搭铺[11]"，让它在船上安家落户，每天，把分到的一塑料筒[12]淡水匀[13]给它喝，把从祖国带来的鲜美的鱼肉分给它吃，天长日久，小鸟和水手的感情日趋笃厚[14]。清晨，当第一束阳光射进舷窗[15]时，它便敞开美丽的歌喉，唱啊[16]唱，嘤嘤[17]有韵，宛如春水淙淙[18]。人类给它以生命，它毫不悭吝[19]地把自己的艺术青春奉献给了哺育[20]它的人。可能都是这样？艺术家们的青春只会献给尊敬他们的人。

小鸟给远航生活蒙上[21]了一层浪漫色调。返航时，人们爱不释手，恋恋不舍地想把它带到异乡。可小鸟憔悴[22]了，给水，不喝！喂肉，不吃！油亮的羽毛失去了光泽。是啊[23]，我//们有自己的祖国，小鸟也有它的归宿，人和动物都是一样啊[24]，哪儿也不如故乡好！

慈爱的水手们决定放开它，让它回到大海的摇篮去，回到蓝色的故乡去。离别前，这个大自然的朋友与水手们留影纪念。它站在许多人的头上，肩上，掌上，胳膊[25]上，与喂养过它的人们，一起融进那蓝色的画面……

（节选自王文杰《可爱的小鸟》）

朗读提示

①一缕 yīlǚ
②袭过 xíguò
③乘流而下 chéngliú'érxià
④姗姗而来 shānshān'érlái
⑤盘旋 pánxuán
⑥噗啦 pūlā
⑦撵 niǎn
⑧结成 jiéchéng(结，不读jiē)
⑨朋友 péngyou
⑩扁脚 biǎnjiǎo
⑪搭铺 dāpù
⑫塑料桶 sùliàotǒng(塑，不读suò)
⑬匀 yún
⑭笃厚 dǔhòu
⑮舷窗 xiánchuāng
⑯啊 nga
⑰嘤嘤 yīngyīng
⑱春水淙淙 chūnshuǐcóngcóng
⑲毫不悭吝 háobùqiānlìn
⑳哺育 bǔyù(哺，不读pǔ)
㉑蒙上 méng·shàng
㉒憔悴 qiáocuì
㉓啊 ra
㉔啊 nga
㉕胳膊 gēbo

作品23号

纽约的冬天常有大风雪，扑面[1]的雪花不但令人难以睁开眼睛，甚至呼吸都会吸入冰冷[2]的雪花。有时前一天晚上还是一片晴朗，第二天拉开窗帘，却已经积雪盈尺[3]，连门都推不开了。

遇到这样的情况，公司、商店常会停止上班，学校也通过广播，宣布停课。但令人不解的是，唯有公立小学，仍然开放。只见黄色的校车，艰难地在路边接孩子，老师则一大早就口中喷着[4]热气，铲去车子前后的积雪，小心翼翼地开车去学校。

据统计，十年来纽约的公立小学只因为超级暴风雪停过七次课。这是多么令人惊讶[5]的事。犯得着[6]在大人都无须上班的时候[7]让孩子去学校吗？小学的老师也太倒霉[8]了吧？

于是，每逢大雪而小学不停课时，都有家长打电话去骂。妙的是，每个打电话的人，反应[9]全一样——先是怒气冲冲[10]地责问，然后满口道歉，最后笑容满面地挂上电话。原因是，学校告诉[11]家长：

在纽约有许多百万富翁[12]，但也有不少贫困的家庭。后者白天开不起暖气，供[13]不起午餐，孩子的营养[14]全靠学校里免费的中饭，甚至可以多拿些回家当晚餐。学校停课一天，穷孩子就受一天冻，挨一天饿[15]，所以老师们宁愿[16]自己苦一点儿，也不能停//课。

或许有家长会说：何不让富裕的孩子在家里，让贫穷的孩子去学校享受暖气和营养午餐呢？

学校的答复[17]是：我们不愿让那些穷苦的孩子感到他们是在接受救济[18]，因为施舍的最高原则是保持受施者的尊严[19]。

（节选自〔中国台湾〕刘墉《课不能停》）

朗读提示

①扑面 pūmiàn
②冰冷 bīnglěng
③盈尺 yíngchǐ
④喷着 pēnzhe
⑤惊讶 jīngyà
⑥犯得着 fàndezháo
⑦时候 shíhou
⑧倒霉 dǎoméi
⑨反应 fǎnyìng
⑩怒气冲冲 nùqìchōngchōng
⑪告诉 gàosu
⑫百万富翁 bǎiwànfùwēng
⑬供 gōng（供，不读gòng）
⑭营养 yíngyǎng
⑮挨一天饿 áiyītiān'è（挨，不读āi）
⑯宁愿 nìngyuàn（宁，不读níng）
⑰答复 dá·fù
⑱救济 jiùjì
⑲尊严 zūnyán

作品24号

十年，在历史上不过是一瞬间[1]。只要稍加注意[2]，人们就会发现：在这一瞬间里，各种事物都悄悄[3]经历了自己的千变万化。

这次重新访日，我处处感到亲切和熟悉[4]，也在许多方面发觉了日本的变化。就拿奈良[5]的一个角落来说吧，我重游了为之[6]感受很深的唐招提寺[7]，在寺内各处匆匆走了一遍，庭院依旧，但意想不到还看到了一些新的东西。其中之一，就是近几年从中国移植来的“友谊之莲”。

在存放鉴真[8]遗像的那个院子里，几株中国莲昂然挺立[9]，翠绿的宽大荷叶正迎风而舞[10]，显得十分愉快。开花的季节已过，荷花朵朵[11]已变为莲蓬累累[12]。莲子的颜色正在由青转紫，看来已经成熟[13]了。

我禁不住[14]想:"因"已转化为"果"。

中国的莲花开在日本,日本的樱花[15]开在中国,这不是偶然。我希望这样一种盛况延续不衰[16]。可能有人不欣赏花,但决不会有人欣赏落在自己面前的炮弹。

在这些日子里,我看到了不少多年不见的老朋友[17],又结识[18]了一些新朋友,大家喜欢涉及的话题之一,就是古长安和古奈良。那还用得着[19]问吗,朋友们缅怀[20]过去,正是瞩望[21]未来。瞩目于未来的人们必将获得未来。

我不例外,也希望一个美好的未来。

为//了中日人民之间的友谊,我将不浪费今后生命的每一瞬间。

(节选自严文井《莲花和樱花》)

朗读提示

①一瞬间 yīshùnjiān
②注意 zhùyì
③悄悄 qiāoqiāo
④熟悉 shúxī
⑤奈良 Nàiliáng
⑥为之 wéizhī
⑦唐招提寺 TángZhāotísì
⑧鉴真 Jiànzhēn
⑨昂然挺立 ángrántǐnglì
⑩迎风而舞 yíngfēng'érwǔ
⑪朵朵 duǒduǒ
⑫莲蓬累累 liánpengléiléi(累,不读 lěi)
⑬成熟 chéngshú
⑭禁不住 jīn·bùzhù(禁,不读jìn)
⑮樱花 yīnghuā
⑯延续不衰 yánxùbùshuāi
⑰朋友 péngyou
⑱结识 jiéshí(结,不读jiē)
⑲用得着 yòngdezháo
⑳缅怀 miǎnhuái
㉑瞩望 zhǔwàng

作品25号

梅雨潭[1]闪闪的绿色招引着我们,我们开始追捉[2]她那离合的神光了。揪着草[3],攀着乱石,小心探身下去,又鞠躬[4]过了一个石穹门[5],便到了汪汪一碧[6]的潭边了。

瀑布[7]在襟袖[8]之间,但是我的心中已没有瀑布了。我的心随潭水的绿而摇荡。那醉人的绿呀!仿佛一张极大极大的荷叶铺着,满是奇异的绿呀。我想张开两臂抱住她,但这是怎样一个妄想啊[9]。

站在水边,望到那面,居然觉着有些远呢!这平铺着、厚积着的绿,着实[10]可爱。她松松地皱缬[11]着,像少妇拖着的裙幅;她滑滑的明亮着,像涂了"明油"一般,有鸡蛋清那样软,那样嫩;她又不杂些尘滓[12],宛然[13]一块温润[14]的碧玉,只清清的一色——但你却看不透她!

我曾见过北京什刹海[15]拂地的绿杨,脱不了[16]鹅黄的底子,似乎太淡了。我又曾见过杭州虎跑寺[17]近旁高峻而深密的"绿壁",丛叠着无穷的碧草与绿叶的,那又似乎太浓了。其余呢,西湖的波太明了,秦淮河[18]的也太暗了。可爱的,我将什么来比拟[19]你呢?我怎么比拟得出呢?大约潭是很深的,故能蕴蓄[20]着这样奇异的绿;仿佛蔚蓝的天融了一块在里面似的,这才这般的鲜润啊[21]。

那醉人的绿呀!我若能裁你以为带,我将赠给那轻盈的//舞女,她必能临风飘举了。我若能挹[22]你以为眼,我将赠给那善歌的盲妹,她必明眸善睐[23]了。我舍不得你,我怎舍得你呢?我用手拍着你,抚摩着你,如同一个十二三岁的小姑娘。我又掬[24]你入口,便是吻着她了。我送你一个名字,我从此叫你"女儿绿",好吗?

第二次到仙岩的时候,我不禁[25]惊诧[26]于梅雨潭的绿了。

(节选自朱自清《绿》)

朗读提示

①梅雨潭 Méiyǔtán
②追捉 zhuīzhuō
③揪着草 jiūzhecǎo
④鞠躬 jūgōng
⑤石穹门 shíqióngmén
⑥汪汪一碧 wāngwāngyībì
⑦瀑布 pùbù
⑧襟袖 jīnxiù
⑨啊 nga
⑩着实 zhuóshí(着,不读zháo)
⑪皱缬 zhòuxié
⑫尘滓 chénzǐ
⑬宛然 wǎnrán
⑭温润 wēnrùn
⑮什刹海 Shíchàhǎi(刹,不读shā,shà)
⑯脱不了 tuō·bùliǎo
⑰虎跑寺 Hǔpáosì(跑,不读 pǎo)
⑱秦淮河 Qínhuáihé
⑲比拟 bǐnǐ
⑳蕴蓄 yùnxù
㉑啊 na
㉒挹 yì
㉓明眸善睐 míngmóu-shànlài(睐,不读lái)
㉔掬 jū
㉕不禁 bùjīn(禁,不读jìn)
㉖惊诧 jīngchà

作品26号

我们家的后园有半亩空地[1],母亲说:"让它荒着[2]怪可惜的,你们那么爱吃花生,就开辟出来种花生吧。"我们姐弟几个都很高兴,买种[3],翻地,播种[4],浇水,没过几个月,居然收获了。

母亲说:"今晚我们过一个收获节,请你们父亲也来尝尝[5]我们的新花生,好不好?"我们都说好。母亲把花生做成了好几样食品,还吩咐[6]就在后园的茅亭里过这个节。

晚上天色不太好,可是父亲也来了,实在很难得[7]。

父亲说:"你们爱吃花生吗?"

我们争着答应[8]:"爱!"

"谁能把花生的好处说出来?"

姐姐说:"花生的味[9]美。"

哥哥说:"花生可以榨油。"

我说:"花生的价钱便宜[10],谁都可以买来吃,都喜欢吃。这就是它的好处。"

父亲说:"花生的好处很多,有一样最可贵:它的果实埋在地里,不像桃子、石榴[11]、苹果那样,把鲜红嫩绿[12]的果实高高地挂在枝头上,使人一见就生爱慕之心。你们看它矮矮地长在地上,等到成熟[13]了,也不能立刻分辨出来它有没有果实,必须挖出来才知道。"

我们都说是,母亲也点点头。

父亲接下去说:"所以你们要像花生,它虽然不好看,可是很有用,不是外表好看而没有实用的东西[14]。"

我说:"那么,人要做有用的人,不要做只讲体面[15],而对别人没有好处的人了。"//

父亲说:"对。这是我对你们的希望。"

我们谈到夜深才散。花生做的食品都吃完了,父亲的话却深深地印在我的心上。

(节选自许地山《落花生》)

朗读提示

①空地 kòngdì(空,不读kōng)
②荒着 huāngzhe
③买种 mǎizhǒng
④播种 bōzhǒng
⑤尝尝 chángchang
⑥吩咐 fēn·fù
⑦难得 nándé
⑧答应 dāying
⑨味 wèir
⑩便宜 piányi
⑪石榴 shíliu
⑫嫩绿 nènlǜ(嫩,不读nùn)
⑬成熟 chéngshú
⑭东西 dōngxi
⑮体面 tǐ·miàn

作品27号

我打猎归来[1],沿着[2]花园的林阴[3]路走着。狗跑在我前边。

突然,狗放慢脚步,蹑足潜行[4],好像嗅[5]到了前边有什么野物。

我顺着林阴路望去,看见了一只嘴边还带黄色、头上生着柔毛的小麻雀。风猛烈地吹打着林阴路上的白桦树[6],麻雀从巢里[7]跌落下来[8],呆呆地[9]伏在地上,孤立无援地张开两只羽毛还未丰满的小翅膀[10]。

我的狗慢慢向它靠近。忽然,从附近一棵树上飞下一只黑胸脯[11]的老麻雀,像一颗石子似的[12]落到狗的跟前。老麻雀全身倒竖着[13]羽毛,惊恐万状[14],发出绝望、凄惨[15]的叫声，接着向露出[16]牙齿、大张着的狗嘴扑去。

老麻雀是猛扑下来救护幼雀的。它用身体掩护着自己的幼儿[17]……但它整个小小的身体因恐怖而战栗[18]着，它小小的声音也变得粗暴嘶哑[19]，它在牺牲自己！

在它看来，狗该是多么庞大的怪物啊[20]！然而，它还是不能站在自己高高的、安全的树枝上……一种比它的理智更强烈的力量，使它从那儿扑下身来。

我的狗站住了，向后退了退……看来，它也感到了这种力量。

我赶紧唤住惊慌失措[21]的狗，然后我怀着崇敬的心情，走开了。

是啊[22]，请不要见笑。我崇敬那只小小的、英勇的鸟儿[23]，我崇敬它那种爱的冲动和力量。

爱，我//想，比死和死的恐惧更强大。只有依靠它，依靠这种爱，生命才能维持下去，发展下去。

（节选自〔俄〕屠格涅夫《麻雀》，巴金译）

朗读提示

①归来 guīlái
②沿着 yánzhe
③林阴 línyīn
④蹑足潜行 nièzú-qiánxíng
⑤嗅 xiù
⑥白桦树 báihuàshù(桦，不读huá)
⑦巢里 cháo·lǐ
⑧跌落下来 diēluòxiàlái
⑨呆呆地 dāidāide
⑩翅膀 chìbǎng
⑪胸脯 xiōngpú
⑫似的 shìde
⑬倒竖 dàoshù
⑭惊恐万状 jīngkǒng-wànzhuàng
⑮凄惨 qīcǎn
⑯露出 lùchū
⑰幼儿 yòu'ér(“儿”自成音节)
⑱战栗 zhànlì
⑲嘶哑 sīyǎ
⑳啊 wa
㉑惊慌失措 jīnghuāng-shīcuò
㉒啊 ra
㉓鸟儿 niǎo'ér(“儿”自成音节)

作品28号

那年我六岁。离我家仅一箭之遥的小山坡旁，有一个早已被废弃的采石场，双亲从来不准我去那儿，其实那儿风景十分迷人。

一个夏季的下午，我随着一群小伙伴[1]偷偷上那儿去了。就在我们穿越了一条孤寂的小路后，他们却把我一个人留在原地，然后奔向[2]“更危险的地带”了。

等他们走后，我惊慌失措地发现，再也找不到要回家的那条孤寂的小道了。像只无头的苍蝇[3]，我到处乱钻，衣裤上挂满了芒刺。太阳已经落山，而此时此刻，家里一定开始吃晚餐了，双亲正盼着我回家……想着想着，我不由得[4]背靠着一棵树，伤心地呜呜大哭起来……

突然，不远处传来了声声柳笛[5]。我像找到了救星，急忙循声[6]走去。一条小道边的树桩上坐着一位吹笛人，手里还正削[7]着什么。走近细看，他不就是被大家称为“乡巴佬儿[8]”的卡廷[9]吗？

“你好，小家伙儿[10]，”卡廷说，“看天气多美，你是出来散步的吧？”

我怯生生[11]地点点头，答道：“我要回家了。”

“请耐心等上几分钟，”卡廷说，“瞧，我正在削一支柳笛，差不多[12]就要做好了，完工后就送给你吧！”

卡廷边削边不时把尚未成形的柳笛放在嘴里试吹一下。没过多久，一支柳笛便递到我手中。我俩在一阵阵清脆悦耳的笛音//中，踏上了归途……

当时，我心中只充满感激，而今天，当我自己也成了祖父时，却突然领悟到他用心之良苦！那天当他听到我的哭声时，便判定我一定迷了路，但他并不想在孩子面前扮演“救星”的角色[13]，于是吹响柳笛以便让我能发现他，并跟着他走出困境！就这样，卡廷先生[14]以乡下人的纯朴[15]，保护了一个小男孩儿强烈的自尊。

（节选自唐若水译《迷途笛音》）

朗读提示

①小伙伴 xiǎohuǒbànr
②奔向 bēnxiàng（奔，不读bèn）
③苍蝇 cāngying
④不由得 bùyóude
⑤柳笛 liǔdí
⑥循声 xúnshēng
⑦削 xiāo
⑧乡巴佬儿 xiāngbālǎor
⑨卡廷 kǎtíng
⑩小家伙儿 xiǎojiāhuǒr
⑪怯生生 qièshēngshēng
⑫差不多 chà·bùduō
⑬角色 juésè（角，不读jiǎo）
⑭先生 xiānsheng
⑮纯朴 chúnpǔ

作品29号

在浩瀚无垠[1]的沙漠里，有一片美丽的绿洲[2]，绿洲里藏着一颗闪光的珍珠，这颗珍珠就是敦煌[3]莫高窟[4]。它坐落在我国甘肃省敦煌市三危山[5]和鸣沙山[6]的怀抱中。

鸣沙山东麓[7]是平均高度为十七米的崖壁[8]。在一千六百多米长的崖壁上，凿[9]有大小洞窟七百余个，形成了规模宏伟的石窟群。其中四百九十二个洞窟中，共有彩色塑像两千一百余尊，各种壁画共四万五千多平方米。莫高窟是我国古代无数艺术匠师留给人类的珍贵文化遗产。

莫高窟的彩塑[10]，每一尊都是一件精美的艺术品。最大的有九层楼那么高，最小的还不如一个手掌大。这些彩塑个性鲜明，神态各异。有慈眉善目的菩萨[11]，有威风凛凛⑫的天王，还有强壮勇猛⑬的力士……

莫高窟壁画的内容丰富多彩，有的是描绘古代劳动人民打猎、捕鱼、耕田、收割的情景，有的是描绘人们奏乐、舞蹈、演杂技的场面，还有的是描绘大自然的美丽风光。其中最引人注目的是飞天。壁画上的飞天，有的臂挎花篮，采摘⑭鲜花；有的反弹琵琶⑮，轻拨银弦；有的倒悬⑯身子，自天而降；有的彩带飘拂⑰，漫天遨游⑱；有的舒展着双臂，翩翩起舞⑲。看着这些精美动人的壁画，就像走进了//灿烂辉煌的艺术殿堂。

莫高窟里还有一个面积不大的洞窟——藏经洞。洞里曾藏有我国古代的各种经卷⑳、文书、帛画㉑、刺绣、铜像等共六万多件。由于清朝政府腐败无能，大量珍贵的文物被外国强盗掠走㉒。仅存的部分经卷，现在陈列于北京故宫等处。

莫高窟是举世闻名的艺术宝库。这里的每一尊彩塑、每一幅壁画、每一件文物，都是中国古代人民智慧的结晶㉓。

（节选自小学《语文》第六册中《莫高窟》）

朗读提示

①浩瀚无垠 hàohànwúyín
②绿洲 lǜzhōu
③敦煌 Dūnhuáng
④莫高窟 Mògāokū
⑤三危山 Sānwēishān
⑥鸣沙山 Míngshāshān
⑦东麓 dōnglù
⑧崖壁 yábì
⑨凿 záo
⑩彩塑 cǎisù
⑪菩萨 pú·sa
⑫威风凛凛 wēifēng-lǐnlǐn
⑬勇猛 yǒngměng
⑭采摘 cǎizhāi
⑮琵琶 pí·pá
⑯倒悬 dàoxuán
⑰飘拂 piāofú
⑱遨游 áoyóu
⑲翩翩起舞 piānpiān-qǐwǔ
⑳经卷 jīngjuàn(卷，不读juǎn)
㉑帛画 bóhuà
㉒掠走 lüèzǒu
㉓结晶 jiéjīng

作品30号

其实你在很久以前并不喜欢①牡丹，因为②它总被人作为富贵膜拜③。后来你目睹了一次牡丹的落花，你相信所有的人都会为之④感动：一阵清风徐来，娇艳鲜嫩⑤的盛期⑥牡丹忽然整朵整朵地坠落⑦，铺撒⑧一地绚丽⑨的花瓣⑩。那花瓣落地时依然鲜艳夺目，如同一只奉上祭坛⑪的大鸟脱落的羽毛，低吟⑫着壮烈的悲歌离去。

牡丹没有花谢花败之时，要么烁于⑬枝头，要么归于泥土，它跨越委顿⑭和衰老，由青春而死亡，由美丽而消遁⑮。它虽美却不吝惜⑯生命，即使告别也要展示给人最后一次的惊心动魄。

所以在这阴冷的四月里，奇迹不会发生。任凭游人扫兴和诅咒[17]，牡丹依然安之若素[18]。它不苟且[19]、不俯就、不妥协、不媚俗[20]，甘愿自己冷落自己。它遵循自己的花期自己的规律，它有权利为自己选择每年一度的盛大节日。它为什么不拒绝寒冷？

天南海北的看花人，依然络绎不绝地涌入洛阳城。人们不会因牡丹的拒绝而拒绝它的美。如果它再被贬谪[21]十次，也许它就会繁衍[22]出十个洛阳牡丹城。

于是你在无言的遗憾中感悟到，富贵与高贵只是一字之差[23]。同人一样，花儿[24]也是有灵性的，更有品位之高低。品位这东西为气为魂为//筋骨为神韵，只可意会。你叹服牡丹卓尔不群[25]之姿，方知品位是多么容易被世人忽略或是漠视[26]的美。

（节选自张抗抗《牡丹的拒绝》）

朗读提示

①喜欢 xǐhuan
②因为 yīn·wèi
③膜拜 móbài
④为之 wéizhī(为，不读 wèi)
⑤娇艳鲜嫩 jiāoyànxiānnèn
⑥盛期 shèngqī
⑦坠落 zhuìluò
⑧铺撒 pūsǎ
⑨绚丽 xuànlì
⑩花瓣 huābàn
⑪奉上祭坛 fèng·shàngjìtán
⑫低吟 dīyín
⑬烁于 shuòyú
⑭委顿 wěidùn
⑮消遁 xiāodùn
⑯吝惜 lìnxī
⑰诅咒 zǔzhòu
⑱安之若素 ānzhī-ruòsù
⑲苟且 gǒuqiě
⑳媚俗 mèisú
㉑贬谪 biǎnzhé
㉒繁衍 fányǎn
㉓一字之差 yīzìzhīchā(差，不读 chà)
㉔花儿 huā'ér(“儿”自成音节)
㉕卓尔不群 zhuó'ér-bùqún
㉖漠视 mòshì

作品31号

森林涵养[1]水源，保持水土，防止水旱灾害的作用非常大。据专家测算，一片十万亩面积[2]的森林，相当于一个两百万立方米的水库，这正如农谚[3]所说的：“山上多栽树，等于修水库。雨多它能吞，雨少它能吐[4]。”

说起森林的功劳，那还多得很。它除了为人类提供[5]木材及许多种生产、生活的原料之外，在维护生态环境方面也是功劳卓著[6]，它用另一种“能吞能吐”的特殊功能孕育了人类。因为[7]地球在形成之初，大气中的二氧化碳含量很高，氧气很少，气温也高，生物是难以生存的。大约在四亿年之前，陆地才产生了森林。森林慢慢[8]将大气中的二氧化碳吸收，同时吐出新鲜[9]氧气，调节气温，这才具备了人类生存的条件，地球上才最终有了人类。

森林，是地球生态系统的主体，是大自然的总调度室[10]，是地球的绿色之肺。森林维护地球生态环境的这种“能吞能吐”的特殊功能是其他任何物体都不能取代的。然而，由于地球上的燃烧物增多，二氧化碳的排放量急剧增加，使得[11]地球生态环境急剧恶化，主要表现为全球气候变暖，水分蒸发[12]加快，改变了气流的循环[13]，使气候变化加剧，从而引发热浪、飓风[14]、暴雨、洪涝[15]及干旱。

为了//使地球的这个“能吞能吐”的绿色之肺恢复健壮，以改善生态环境，抑制[16]全球变暖，减少水旱等自然灾害，我们应该大力造林、护林，使每一座荒山都绿起来。

（节选自《中考语文课外阅读试题精选》中《“能吞能吐”的森林》）

朗读提示

①涵养 hányǎng
②面积 miànjī
③农谚 nóngyàn
④吐 tǔ
⑤提供 tígōng（供，不读gòng）
⑥卓著 zhuózhù
⑦因为 yīn·wèi（为，不读wéi）
⑧慢慢 mànmàn
⑨新鲜 xīn·xiān
⑩调度室 diàodùshì（室，不读shǐ）
⑪使得 shǐdé
⑫蒸发 zhēngfā
⑬循环 xúnhuán
⑭飓风 jùfēng
⑮洪涝 hónglào
⑯抑制 yìzhì

作品32号

朋友[1]即将[2]远行。

暮春[3]时节，又邀了几位朋友在家小聚。虽然都是极熟的朋友，却是终年难得一见，偶尔[4]电话里相遇，也无非是几句寻常话。一锅小米稀饭，一碟大头菜，一盘自家酿制[5]的泡菜，一只巷口[6]买回的烤鸭，简简单单，不像请客，倒像家人团聚。

其实，友情也好，爱情也好，久而久之都会转化为亲情[7]。

说也奇怪，和新朋友会谈文学、谈哲学、谈人生道理等等，和老朋友却只话家常，柴米油盐，细细碎碎，种种琐事[8]。很多时候[9]，心灵的契合[10]已经不需要太多的言语来表达。

朋友新烫了个头，不敢回家见母亲，恐怕惊骇[11]了老人家[12]，却欢天喜地来见我们，老朋友颇[13]能以一种趣味性的眼光欣赏这个改变。

年少的时候，我们差不多[14]都在为别人而活，为苦口婆心的父母活，为循循善诱[15]的师长活，为许多观念、许多传统的约束力[16]而活。年岁逐增[17]，渐渐挣脱[18]外在的限制与束缚[19]，开始懂得为自己活，照自己的方式做一些自己喜欢[20]的事，不在乎[21]别人的批评意见，不在乎别人的诋毁[22]流言，只在乎那一份随心所欲[23]的舒坦[24]自然。偶尔，也能够纵容[25]自己放浪一下，并且有一种恶作剧的窃喜[26]。

就让生命顺其自然，水到渠成吧，犹如窗前的//乌桕[27]，自生自落之间，自有一份圆融[28]丰满的喜悦。春雨轻轻落着，没有诗，没有酒，有的只是一份相知相属[29]的自在[30]自得。

夜色在笑语中渐渐沉落，朋友起身告辞，没有挽留，没有送别，甚至也没有问归期。

已经过了大喜大悲的岁月，已经过了伤感流泪的年华，知道了聚散原来是这样的自然和顺理成章[31]，懂得这点，便懂得珍惜每一次相聚的温馨，离别便也欢喜。

（节选自〔中国台湾〕杏林子《朋友和其他》）

朗读提示

①朋友 péngyou
②即将 jíjiāng
③暮春 mùchūn
④偶尔 ǒu'ěr
⑤酿制 niàngzhì
⑥巷口 xiàngkǒu（巷，不读hàng）
⑦亲情 qīnqíng
⑧琐事 suǒshì
⑨时候 shíhou
⑩契合 qìhé
⑪惊骇 jīnghài
⑫老人家 lǎo·rén·jiā
⑬颇 pō
⑭差不多 chà·bùduō
⑮循循善诱 xúnxún-shànyòu
⑯约束力 yuēshùlì
⑰逐增 zhúzēng
⑱挣脱 zhèngtuō（挣，不读zhēng）
⑲束缚 shùfù（缚，不读fú）
⑳喜欢 xǐhuan
㉑不在乎 bùzàihu
㉒诋毁 dǐhuǐ
㉓随心所欲 suíxīn-suǒyù
㉔舒坦 shūtan
㉕纵容 zòngróng
㉖窃喜 qièxǐ
㉗乌桕 wūjiù
㉘圆融 yuánróng
㉙相属 xiāngzhǔ（属，不读 shǔ）
㉚自在 zìzài
㉛顺理成章 shùnlǐ-chéngzhāng

作品33号

我们在田野散步：我，我的母亲，我的妻子和儿子。

母亲本不愿出来的。她老了，身体不好，走远一点儿[1]就觉得[2]很累。我说，正因为如此，才应该多走走。母亲信服地点点头，便去拿外套。她现在很听我的话，就像我小时候[3]很听她的话一样。

这南方初春[4]的田野，大块小块[5]的新绿随意地铺着[6]，有的浓，有的淡，树上的嫩芽[7]也密了，田里的冬水也咕咕地起着水泡[8]。这一切都使人想着一样东西[9]——生命。

我和母亲走在前面，我的妻子和儿子走在后面。小家伙[10]突然叫起来："前面是妈妈和儿子，后面也是妈妈和儿子。"我们都笑了。

后来发生了分歧[11]：母亲要走大路，大路平顺[12]；我的儿子要走小路，小路有意思[13]。不过，一切都取决于我。我的母亲老了，她早已习惯听从她强壮的儿子；我的儿子还小，他还习惯听从他高大的父亲；妻子呢，在外面，她总是听我的。一霎时[14]我感到了责任的重大。我想找一个两全的办法，找不出；我想拆散[15]一家人，分成两路，各得其所，终不愿意。我决定委屈[16]儿子，因为[17]我伴同他的时日还长。我说："走大路。"

但是母亲摸摸孙儿[18]的小脑瓜[19]，变了主意[20]："还是走小路吧。"她的眼随小路望去：那里有金色的菜花，两行整齐的桑树，//尽头一口水波粼粼[21]的鱼塘。"我走不过去的地方[22]，你就背着我。"母亲对我说。

这样，我们在阳光下，向着那菜花、桑树和鱼塘走去。到了一处，我蹲下来，背起了母亲；妻子也蹲下来，背起了儿子。我和妻子都是慢慢地，稳稳地，走得很仔细，好像我背上的同她背上的加起来，就是整个世界。

(节选自莫怀戚《散步》)

朗读提示

①一点儿 yīdiǎnr
②觉得 juéde
③时候 shíhou
④初春 chūchūn
⑤大块小块 dàkuàixiǎokuài
⑥铺着 pūzhe
⑦嫩芽 nènyá
⑧水泡 shuǐpào
⑨东西 dōngxi
⑩小家伙 xiǎojiāhuo
⑪分歧 fēnqí
⑫平顺 píngshùn
⑬有意思 yǒuyìsi
⑭一霎时 yīshàshí
⑮拆散 chāisàn(散，不读sǎn)
⑯委屈 wěiqū
⑰因为 yīn·wèi
⑱孙儿 sūn'ér("儿"自成音节)
⑲小脑瓜 xiǎonǎoguā
⑳主意 zhǔyì(口语为zhúyi)
㉑粼粼 línlín
㉒地方 dìfang

作品34号

地球上是否真的存在"无底洞"？按说地球是圆的，由地壳[1]、地幔[2]和地核三层组成，真正的"无底洞"是不应存在的，我们所看到的各种山洞、裂口、裂缝，甚至火山口也都只是地壳浅部的一种现象。然而中国一些古籍[3]却多次提到海外有个深奥莫测[4]的无底洞。事实上地球上确实有这样一个"无底洞"。

它位于希腊亚各斯[5]古城的海滨。由于濒临[6]大海，大涨潮时，汹涌[7]的海水便会排山倒海般地涌入洞中，形成一股湍湍[8]的急流。据测，每天流入洞内的海水量达三万多吨。奇怪的是，如此大量的海水灌入洞中，却从来没有把洞灌满。曾有人怀疑，这个"无底洞"会不会就像石灰岩[9]地区的漏斗[10]、竖井[11]、落水洞一类的地形。然而从二十世纪三十年代以来，人们就做了多种努力企图寻找它的出口，却都是枉费心机[12]。

为了揭开[13]这个秘密，一九五八年美国地理学会派出一支考察队，他们把一种经久不变的带色染料溶解在海水中，观察染料是如何随着海水一起沉下去。接着又察看了附近海面以及岛上的各条河、湖，满怀希望地寻找这种带颜色的水，结果令人失望。难道是海水量太大把有色水稀释[14]得太淡，以致无法发现？//

至今谁也不知道[15]为什么这里的海水会没完没了[16]地"漏"下去，这个"无底洞"的出口又在哪里，每天大量的海水究竟都流到哪里去了？

（节选自罗伯特·罗威尔《神秘的"无底洞"》）

朗读提示

①地壳 dìqiào
②地幔 dìmàn
③古籍 gǔjí
④深奥莫测 shēn'ào-mòcè
⑤亚各斯 Yàgèsī
⑥濒临 bīnlín(濒，不读pín)
⑦汹涌 xiōngyǒng
⑧湍湍 tuāntuān
⑨石灰岩 shíhuīyán
⑩漏斗 lòudǒu
⑪竖井 shùjǐng
⑫枉费心机 wǎngfèi-xīnjī
⑬揭开 jiēkāi
⑭稀释 xīshì
⑮知道 zhī·dao
⑯没完没了 méiwán-méiliǎo

作品35号

我在俄国见到的景物再没有比托尔斯泰[1]墓更宏伟、更感人的。

完全按照托尔斯泰的愿望，他的坟墓成了世间最美的、给人印象最深刻的坟墓。它只是树林中的一个小小的长方形土丘[2]，上面开满鲜花——没有十字架，没有墓碑，没有墓志铭[3]，连托尔斯泰这个名字[4]也没有。

这位比谁都感到受自己的声名所累[5]的伟人，却像偶尔[6]被发现的流浪汉，不为[7]人知的士兵，不留名姓[8]地被人埋葬了。谁都可以踏进他最后的安息地，围在四周稀疏[9]的木栅栏[10]是不关闭的——保护列夫·托尔斯泰得以安息的没有任何别的东西[11]，唯有[12]人们的敬意；而通常，人们却总是怀着好奇，去破坏伟人墓地的宁静[13]。

这里[14]，逼人的朴素禁锢[15]住任何一种观赏的闲情，并且不容许你大声说话。

风儿[16]俯临[17]，在这座无名者之墓的树木之间飒飒[18]响着，和暖的阳光在坟头[19]嬉戏[20]；冬天，白雪温柔地覆盖这片幽暗[21]的圭土地[22]。无论你在夏天或冬天经过这儿，你都想象不到，这个小小的、隆起的长方体里安放着一位当代最伟大的人物。

然而，恰恰是这座不留姓名的坟墓，比所有挖空心思用大理石和奢华[23]装饰建造的坟墓更扣人心弦[24]。在今天这个特殊的日子//里，到他的安息地来的成百上千人中间，没有一个有勇气，哪怕仅仅从这幽暗的土丘上摘下一朵花留作纪念。人们重新感到，世界上再没有比托尔斯泰最后留下的这座纪念碑式的朴素坟墓，更打动人心的了。

（节选自〔奥〕茨威格《世间最美的坟墓》，张厚仁译）

朗读提示

①托尔斯泰 Tuō'ěrsītài
②土丘 tǔqiū
③墓志铭 mùzhìmíng
④名字 míngzi
⑤所累 suǒlěi（累，不读 lèi）
⑥偶尔 ǒu'ěr
⑦不为 bùwéi
⑧名姓，不是"姓名"。
⑨稀疏 xīshū
⑩栅栏 zhàlan
⑪东西 dōngxi
⑫唯有 wéiyǒu
⑬宁静 níngjìng
⑭这里 zhè·lǐ
⑮禁锢 jìngù
⑯风儿 fēng'ér（"儿"自成音节）
⑰俯临 fǔlín
⑱飒飒 sàsà
⑲坟头 féntóur
⑳嬉戏 xīxì
㉑幽暗 yōu'àn
㉒圭土地 guītǔdì
㉓奢华 shēhuá
㉔心弦 xīnxián

作品36号

我国的建筑，从古代的宫殿到近代的一般住房，绝大部分是对称[1]的，左边怎么样，右边怎么样。苏州园林可绝不讲究对称，好像故意避免似的[2]。东边有了一个亭子或者一道回廊，西边决不会来一个同样的亭子或者一道同样的回廊。这是为什么？我想，用图画来比方[3]，对称的建筑是图案画，不是美术画，而园林是美术画，美术画要求自然之趣，是不讲究对称的。

苏州园林里都有假山和池沼[4]。

假山的堆叠[5]，可以说是一项艺术而不仅是技术。或者是重峦叠嶂[6]，或者是几座小山配合着竹子花木，全在乎[7]设计者和匠师们生平多阅历，胸中有丘壑[8]，才能使游览者攀登的时候[9]忘却苏州城市，只觉得[10]身在山间。

至于池沼，大多引用活水。有些园林池沼宽敞[11]，就把池沼作为全园的中心，其他景物配合着布置。水面假如成河道模样[12]，往往安排桥梁。假如安排两座以上的桥梁，那就一座一个样，决不雷同。

池沼或河道的边沿⑬很少砌⑭齐整⑮的石岸，总是高低屈曲⑯，任其自然。还在那儿布置几块玲珑⑰的石头⑱，或者种些花草。这也是为了取得从各个角度看都成一幅画的效果。池沼里养着金鱼或各色鲤鱼，夏秋季节荷花或睡莲开//放，游览者看“鱼戏莲叶间”，又是入画的一景。

（节选自叶圣陶《苏州园林》）

朗读提示

①对称 duìchèn（称，不读 chèng）
②似的 shìde
③比方 bǐfang
④池沼 chízhǎo
⑤堆叠 duīdié
⑥重峦叠嶂 chóngluán-diézhàng
⑦在乎 zàihu
⑧丘壑 qiūhè
⑨时候 shíhou
⑩觉得 juéde
⑪宽敞 kuān·chǎng
⑫模样 múyàng（模，不读 mó）
⑬边沿 biānyán
⑭砌 qì
⑮齐整，不是“整齐”。
⑯屈曲 qūqū
⑰玲珑 línglóng
⑱石头 shítou

作品37号

一位访美中国女作家，在纽约遇到一位卖花的老太太。老太太穿着①破旧②，身体虚弱③，但脸上的神情却是那样祥和兴奋④。女作家挑了一朵花说：“看起来，你很高兴。”老太太面带微笑地说：“是的，一切都这么美好，我为什么不高兴呢？”“对烦恼⑤，你倒真能看得开。”女作家又说了一句。没料到，老太太的回答更令女作家大吃一惊：“耶稣⑥在星期五被钉上⑦十字架时，是全世界最糟糕的一天，可三天后就是复活节。所以，当我遇到不幸时，就会等待三天，这样一切就恢复正常了。”

“等待三天”，多么富于哲理的话语，多么乐观的生活方式。它把烦恼和痛苦抛下，全力去收获快乐。

沈从文在“文革”期间，陷入了非人的境地。可他毫不在意，他在咸宁时给他的表侄、画家黄永玉写信说：“这里的荷花真好，你若来……”身陷苦难却仍为荷花的盛开欣喜赞叹不已，这是一种趋于澄明⑧的境界，一种旷达洒脱⑨的胸襟⑩，一种面临磨难⑪坦荡从容⑫的气度，一种对生活童子般的热爱和对美好事物无限向往的生命情感。

由此可见，影响一个人快乐的，有时并不是困境及磨难，而是一个人的心态。如果把自己浸泡⑬在积极、乐观、向上的心态中，快乐必然会//占据⑭你的每一天。

（节选自《态度创造快乐》）

朗读提示

①穿着 chuānzhuó(着,不读zhe)
②破旧 pòjiù
③虚弱 xūruò
④兴奋 xīngfèn
⑤烦恼 fánnǎo
⑥耶稣 Yēsū
⑦钉上 dìng·shàng(钉,不读dīng)
⑧澄明 chéngmíng
⑨旷达洒脱 kuàngdásǎ·tuō
⑩胸襟 xiōngjīn
⑪磨难 mónàn
⑫从容 cóngróng(从,不读cōng)
⑬浸泡 jìnpào
⑭占据 zhànjù

作品38号

泰山极顶看日出,历来被描绘成十分壮观的奇景。有人说:登泰山而看不到日出,就像一出大戏没有戏眼,味儿①终究有点②寡淡③。

我去爬山那天,正赶上个难得的好天,万里长空,云彩丝儿④都不见。素常,烟雾腾腾的山头⑤,显得眉目分明。同伴们⑥都欣喜地说:"明天早晨准可以看见日出了。"我也是抱着这种想头⑦,爬上山去。

一路从山脚往上爬,细看山景,我觉得挂在眼前的不是五岳独尊的泰山,却像一幅规模惊人的青绿山水⑧画,从下面倒展⑨开来。在画卷中最先露出⑩的是山根⑪底那座明朝建筑岱宗坊⑫,慢慢地便现出王母池、斗母宫⑬、经石峪⑭。山是一层比一层深,一叠比一叠奇,层层叠叠,不知还会有多深多奇。万山丛中,时而点染着极其工细的人物。王母池旁的吕祖殿里有不少尊明塑⑮,塑着吕洞宾等一些人,姿态神情是那样有生气,你看了,不禁⑯会脱口赞叹说:"活啦。"

画卷继续展开,绿阴森森的柏洞⑰露面⑱不太久,便来到对松山。两面奇峰对峙⑲着,满山峰都是奇形怪状的老松,年纪怕都有上千岁了,颜色竟那么浓,浓得好像要流下来似的⑳。来到这儿㉑,你不妨权当一次画里的写意人物,坐在路旁的对松亭里,看看山色,听听流//水和松涛。

一时间,我又觉得自己不仅是在看画卷,却又像是在零零乱乱翻着一卷㉒历史稿本㉓。

(节选自杨朔《泰山极顶》)

朗读提示

①味儿 wèir
②有点 yǒudiǎnr
③寡淡 guǎdàn
④云彩丝儿 yúncaisīr
⑤山头 shāntóu
⑥同伴们 tóngbànmen
⑬斗母宫 Dǒumǔgōng
⑭经石峪 Jīngshíyù
⑮明塑 míngsù
⑯不禁 bùjīn
⑰柏洞 Bǎidòng(柏,不读bó)
⑱露面 lòumiàn(露,不读lù)

⑦想头 xiǎngtou
⑧青绿山水，不是“青山绿水”。
⑨倒展 dàozhǎn
⑩露出 lùchū
⑪山根 shāngēnr
⑫岱宗坊 Dàizōngfāng（坊，不读fáng）
⑲对峙 duìzhì
⑳似的 shìde
㉑这儿 zhèr
㉒一卷 yījuàn（卷，不读juǎn）
㉓稿本 gǎoběn

作品39号

育才小学校长陶行知在校园看到学生[①]王友用泥块砸自己班上的同学，陶行知当即[②]喝止[③]了他，并令他放学后到校长室去。无疑，陶行知是要好好[④]教育这个“顽皮”的学生。那么他是如何教育的呢？

放学后，陶行知来到校长室，王友已经等在门口准备挨训[⑤]了。可一见面，陶行知却掏出一块糖果送给王友，并说：“这是奖给你的，因为[⑥]你按时来到这里，而我却迟到了。”王友惊疑地接过糖果。

随后，陶行知又掏出一块糖果放到他手里，说：“这第二块糖果也是奖给你的，因为当我不让你再打人时，你立即[⑦]就住手了，这说明你很尊重我，我应该奖你。”王友更惊疑了，他眼睛[⑧]睁得大大的。

陶行知又掏出第三块糖果塞到[⑨]王友手里，说：“我调查过了，你用泥块砸那些男生，是因为他们不守游戏规则，欺负[⑩]女生；你砸他们，说明你很正直善良，且有批评不良行为的勇气，应该奖励你啊[⑪]！”王友感动极了，他流着眼泪后悔地喊道：“陶……陶校长你打我两下吧！我砸的不是坏人，而是自己的同学啊[⑫]……”

陶行知满意地笑了，他随即[⑬]掏出第四块糖果递给王友，说：“为你正确地认识[⑭]错误[⑮]，我再奖给你一块糖果，只可惜我只有这一块糖果了。我的糖果//没有了，我看我们的谈话也该结束[⑯]了吧！”说完，就走出了校长室。

（节选自《教师博览·百期精华》中《陶行知的“四块糖果”》）

朗读提示

①学生 xuésheng
②当即 dāngjí
③喝止 hèzhǐ（喝，不读hē）
④好好 hǎohǎo
⑤挨训 áixùn
⑥因为 yīnwèi
⑦立即 lìjí
⑧眼睛 yǎnjing
⑨塞到 sāidao
⑩欺负 qīfu
⑪啊 ya
⑫啊 ya
⑬随即 suíjí
⑭认识 rènshi
⑮错误 cuò·wù
⑯结束 jiéshù

作品40号

享受幸福是需要学习的，当它即将[①]来临的时刻需要提醒。人可以自然而然地学会感官的享乐，却无法天生地掌握幸福的韵律。灵魂的快意同器官的舒适像一对孪生[②]兄弟，时而相傍相依[③]，时而南辕北辙[④]。

幸福是一种心灵的震颤[⑤]。它像会倾听[⑥]音乐的耳朵[⑦]一样，需要不断地训练。

简而言之，幸福就是没有痛苦的时刻。它出现的频率[⑧]并不像我们想象得那样少。人们常常只是在幸福的金马车已经驶过去很远时，才拣起地上的金鬃毛[⑨]说，原来我见过它。

人们喜爱回味幸福的标本，却忽略它披着露水[⑩]散发[⑪]清香的时刻。那时候我们往往步履匆匆[⑫]，瞻前顾后[⑬]不知在忙着什么。

世上有预报台风的，有预报蝗灾的，有预报瘟疫[⑭]的，有预报地震的。没有人预报幸福。

其实幸福和世界万物一样，有它的征兆[⑮]。

幸福常常是朦胧的，很有节制地向我们喷洒[⑯]甘霖[⑰]。你不要总希望轰轰烈烈的幸福，它多半只是悄悄地扑面而来。你也不要企图把水龙头拧得更大，那样它会很快地流失。你需要静静地以平和之心，体验它的真谛[⑱]。

幸福绝大多数是朴素的。它不会像信号弹似的[⑲]，在很高的天际闪烁[⑳]红色的光芒。它披着本色的外//衣，亲切温暖地包裹起我们。

幸福不喜欢喧嚣[㉑]浮华，它常常在暗淡中降临。贫困中相濡以沫[㉒]的一块糕饼，患难中心心相印的一个眼神，父亲一次粗糙[㉓]的抚摸，女友一张温馨的字条……这都是千金难买的幸福啊[㉔]。像一粒粒缀[㉕]在旧绸子上的红宝石，在凄凉中愈发熠熠[㉖]夺目。

（节选自毕淑敏《提醒幸福》）

朗读提示

①即将 jíjiāng
②孪生 luánshēng
③相傍相依 xiāngbàng-xiāngyī
④南辕北辙 nányuán-běizhé
⑤震颤 zhènchàn
⑥倾听 qīngtīng
⑦耳朵 ěrduo
⑧频率 pínlǜ
⑨鬃毛 zōngmáo
⑩露水 lù·shuǐ
⑭瘟疫 wēnyì
⑮征兆 zhēngzhào
⑯喷洒 pēnsǎ
⑰甘霖 gānlín
⑱真谛 zhēndì
⑲似的 shìde
⑳闪烁 shǎnshuò
㉑喧嚣 xuānxiāo
㉒相濡以沫 xiāngrúyǐmò
㉓粗糙 cūcāo

⑪散发 sànfā
⑫步履匆匆 bùlǚcōngcōng
⑬瞻前顾后 zhānqián-gùhòu
㉔啊 wa
㉕缀 zhuì
㉖熠熠 yìyì

作品41号

在里约热内卢①的一个贫民窟②里，有一个男孩子，他非常喜欢③足球，可是又买不起，于是就踢塑料盒④，踢汽水瓶，踢从垃圾箱里拣来的椰子壳⑤。他在胡同⑥里踢，在能找到的任何一片空地上踢。

有一天，当他在一处干涸⑦的水塘里猛踢一个猪膀胱⑧时，被一位足球教练看见了。他发现这个男孩儿踢得很像是那么回事，就主动提出要送给他一个足球。小男孩儿得到足球后踢得更卖劲⑨了。不久，他就能准确地把球踢进远处随意摆放的一个水桶里。

圣诞节到了，孩子的妈妈说："我们没有钱买圣诞礼物送给我们的恩人，就让我们为他祈祷⑩吧。"

小男孩儿跟随妈妈祈祷完毕，向妈妈要了一把铲子便跑了出去。他来到一座别墅⑪前的花园里，开始挖坑。

就在他快要挖好坑的时候⑫，从别墅里走出一个人来，问小孩儿在干什么，孩子抬起满是汗珠的脸蛋儿，说："教练，圣诞节到了，我没有礼物送给您，我愿给您的圣诞树挖一个树坑⑬。"

教练把小男孩儿从树坑里拉上来，说，我今天得到了世界上最好的礼物。明天你就到我的训练场去吧。

三年后，这位十七岁的男孩儿在第六届足球锦标赛上独进二十一球，为巴西第一次捧回了金杯。一个原//来不为世人所知的名字⑭——贝利，随之传遍世界。

（节选自刘燕敏《天才的造就》）

朗读提示

①里约热内卢 Lǐyuērènèilú
②贫民窟 pínmínkū
③喜欢 xǐhuan
④塑料盒 sùliàohér
⑤椰子壳 yēzikér
⑥胡同 hútòngr
⑦干涸 gānhé(涸，不读kū)
⑧膀胱 pángguāng
⑨卖劲 màijìnr
⑩祈祷 qídǎo
⑪别墅 biéshù
⑫时候 shíhou
⑬树坑 shùkēng
⑭名字 míngzi

作品42号

记得我十三岁时，和母亲住在法国东南部的耐斯城①。母亲没有丈夫②，也没有亲戚③，够清苦的，但她经常能拿出令人吃惊的东西④，摆在我面前。她从来不吃肉，一再说自己是素食者。然而有一天，我发现母亲正仔细地用一小块[5]碎面包擦那给我煎牛排用的油锅。我明白[6]了她称自己为素食者的真正原因。

我十六岁时，母亲成了耐斯市美蒙旅馆[7]的女经理。这时，她更忙碌了。一天，她瘫在椅子上，脸色苍白，嘴唇发灰。我马上找来医生，做出诊断：她摄取了过多的胰岛素[8]。直到这时我才知道母亲多年一直对我隐瞒[9]的疾痛[10]——糖尿病。

她的头歪向枕头[11]一边，痛苦地用手抓挠[12]胸口。床架上方，则挂着一枚我一九三二年赢得[13]的耐斯市少年乒乓球冠军的银质奖章。

啊，是对我的美好前途的憧憬[14]支撑着她活下去，为了给她那荒唐的梦至少加一点真实的色彩，我只能继续努力，与时间竞争，直至一九三八年我被征入空军。巴黎很快失陷，我辗转[15]调到英国皇家空军。刚到英国就接到了母亲的来信。这些信是由在瑞士的一个朋友秘密地转到伦敦，送到我手中的。

现在我要回家了，胸前佩戴着醒目的绿黑两色的解放十字绶//带[16]，上面挂着五六枚我终身难忘的勋章[17]，肩上还佩带着军官肩章。到达旅馆时，没有一个人跟我打招呼[18]。原来，我母亲在三年半以前就已经离开人间了。

在她死前的几天中，她写了近二百五十封信，把这些信交给她在瑞士的朋友，请这个朋友定时寄给我。就这样，在母亲死后的三年半的时间里，我一直从她身上吸取着力量和勇气——这使我能够继续战斗到胜利那一天。

（节选自〔法〕罗曼·加里《我的母亲独一无二》）

朗读提示

①耐斯城 Nàisīchéng
②丈夫 zhàngfu
③亲戚 qīnqi
④东西 dōngxi
⑤一小块 yīxiǎokuàir
⑥明白 míngbai
⑦美蒙旅馆 Měiménglǚguǎn
⑧胰岛素 yídǎosù
⑨隐瞒 yǐnmán
⑩疾痛 jítòng
⑪枕头 zhěntou
⑫抓挠 zhuānáo
⑬赢得 yíngdé（得，不读de）
⑭憧憬 chōngjǐng
⑮辗转 zhǎnzhuǎn
⑯绶带 shòudài
⑰勋章 xūnzhāng
⑱招呼 zhāohu

作品43号

生活对于任何人都非易事，我们必须有坚韧不拔[1]的精神。最要紧的，还是我们自己要有信心。我们必须相信，我们对每一件事情[2]都具有天赋的才能，并且，无论付出任何代价，都要把这件事完成。当事情结束的时候[3]，你要能问心无愧地说："我已经尽我所能了。"

有一年的春天，我因病被迫在家里休息数周。我注视着我的女儿们所养的蚕[4]正在结茧[5]，这使我很感兴趣。望着这些蚕执著[6]地、勤奋地工作，我感到我和它们非常相似。像它们一样，我总是耐心地把自己的努力集中在一个目标上。我之所以如此，或许是因为[7]有某种力量在鞭策着我——正如蚕被鞭策着去结茧一般。

近五十年来，我致力于科学研究，而研究，就是对真理的探讨。我有许多美好快乐的记忆。少女时期我在巴黎大学，孤独地过着求学的岁月；在后来献身科学的整个时期，我丈夫[8]和我专心致志，像在梦幻[9]中一般，坐在简陋[10]的书房里艰辛地研究，后来我们就在那里发现了镭[11]。

我永远追求安静的工作和简单的家庭生活。为了实现这个理想，我竭力[12]保持宁静的环境，以免受人事的干扰和盛名的拖累[13]。

我深信，在科学方面我们有对事业而不//是对财富的兴趣。我的唯一奢望[14]是在一个自由国家中，以一个自由学者的身份[15]从事研究工作。

我一直沉醉于世界的优美之中，我所热爱的科学也不断增加它崭新[16]的远景。我认定科学本身就具有伟大的美。

（节选自〔波兰〕玛丽·居里《我的信念》，剑捷译）

朗读提示

①坚韧不拔 jiānrèn-bùbá
②事情 shìqing
③时候 shíhou
④蚕 cán
⑤结茧 jiéjiǎn(结，不读 jiē)
⑥执著 zhízhuó
⑦因为 yīn·wèi
⑧丈夫 zhàngfu
⑨梦幻 mènghuàn
⑩简陋 jiǎnlòu
⑪镭 léi
⑫竭力 jiélì
⑬拖累 tuōlěi(累，不读lèi)
⑭奢望 shēwàng
⑮身份 shēn·fèn
⑯崭新 zhǎnxīn

作品44号

我为什么非要教书[1]不可？是因为[2]我喜欢[3]当教师的时间安排表和生活节奏。七、八、九三个月给我提供[4]了进行回顾、研究、写作的良机，并将三者有机融合，而善于回顾、研究和总结正是优秀教师素质中不可缺少的成分[5]。

干这行给了我多种多样的“甘泉”去品尝[6]，找优秀的书籍去研读，到“象牙塔”和实际世界里去发现。教学[7]工作给我提供了继续学习的时间保证，以及多种途径[8]、机遇和挑战。

然而，我爱这一行的真正原因，是爱我的学生[9]。学生们在我的眼前成长、变化。当教师意味着亲历“创造”过程的发生——恰似[10]亲手赋予[11]一团泥土以生命，没有什么比目睹[12]它开始呼吸更激动人心的了。

权利我也有了：我有权利去启发诱导，去激发智慧的火花，去问费心思考的问题，去赞扬回答的尝试，去推荐书籍，去指点迷津⑬。还有什么别的权利能与之相比呢？

而且，教书还给我金钱和权利之外的东西⑭，那就是爱心。不仅有对学生的爱，对书籍的爱，对知识的爱，还有教师才能感受到的对"特别"学生的爱。这些学生，有如冥顽不灵⑮的泥块，由于接受了老师的炽爱⑯才勃发了生机。

所以，我爱教书，还因为，在那些勃发⑰生机的"特别"学//生身上，我有时发现自己和他们呼吸相通，忧乐与共⑱。

（节选自〔美〕彼得·基·贝得勒《我为什么当教师》）

朗读提示

①教书 jiāoshū
②因为 yīn·wèi
③喜欢 xǐhuan
④提供 tígōng(供，不读gòng)
⑤成分 chéng·fèn
⑥品尝 pǐncháng
⑦教学 jiàoxué
⑧途径 tújìng
⑨学生 xuésheng
⑩恰似 qiàsì
⑪赋予 fùyǔ
⑫目睹 mùdǔ
⑬迷津 míjīn
⑭东西 dōngxi
⑮冥顽不灵 míngwánbùlíng
⑯炽爱 chì'ài(炽，不读zhì)
⑰勃发 bófā
⑱忧乐与共 yōulèyǔgòng

作品45号

中国西部我们通常是指黄河与秦岭相连一线以西，包括西北和西南的十二个省、市、自治区。这块广袤①的土地面积②为五百四十六万平方公里，占国土总面积的百分之五十七；人口二点八亿，占全国总人口的百分之二十三。

西部是华夏文明的源头③。华夏祖先的脚步是顺着水边走的：长江上游出土过元谋人④牙齿化石，距今约一百七十万年；黄河中游出土过蓝田人⑤头盖骨⑥，距今约七十万年。这两处古人类都比距今约五十万年的北京猿人资格⑦更老。

西部地区是华夏文明的重要发源地。秦皇汉武以后，东西方文化在这里交汇融合，从而有了丝绸之路的驼铃声声，佛院深寺⑧的暮鼓晨钟⑨。敦煌莫高窟⑩是世界文化史上的一个奇迹，它在继承汉晋艺术传统的基础上，形成了自己兼收并蓄⑪的恢宏⑫气度，展现出精美绝伦⑬的艺术形式和博大精深的文化内涵。秦始皇兵马俑⑭、西夏王陵、楼兰古国、布达拉宫⑮、三星堆、大足石刻等历史文化遗产，同样为世界所瞩目⑯，成为中华文化重要的象征。

西部地区又是少数民族及其文化的集萃⑰地，几乎⑱包括了我国所有的少数民族。在一些偏远的少数民族地区，仍保留//了一些久远时代的艺术品种，成为珍贵的"活化石"，如纳西古乐、戏曲、剪纸⑲、刺绣、岩画⑳等民间艺术和宗教艺术。特色鲜明、丰富多彩,犹如一个巨大的民族民间文化艺术宝库。

我们要充分重视和利用这些得天独厚的资源优势,建立良好的民族民间文化生态环境,为西部大开发作出贡献。

(节选自《中考语文课外阅读试题精选》中《西部文化和西部开发》)

朗读提示

①广袤 guǎngmào
②面积 miànjī
③源头 yuántóu
④元谋人 Yuánmóurén
⑤蓝田人 Lántiánrén
⑥头盖骨,不是"头骨盖"。
⑦资格 zī·gé
⑧佛院深寺 fóyuànshēnsì
⑨暮鼓晨钟 mùgǔchénzhōng
⑩敦煌莫高窟 DūnhuángMògāokū
⑪兼收并蓄 jiānshōu-bìngxù
⑫恢宏 huīhóng
⑬精美绝伦 jīngměi-juélún
⑭兵马俑 Bīngmǎyǒng
⑮布达拉宫 Bùdálāgōng
⑯瞩目 zhǔmù
⑰集萃 jícuì
⑱几乎 jīhū
⑲剪纸 jiǎnzhǐ
⑳岩画 yánhuà(画,不读huàr)

作品46号

高兴,这是一种具体的被看得到摸得着的事物所唤起的情绪①。它是心理的,更是生理的。它容易②来也容易去,谁也不应该对它视而不见失之交臂③,谁也不应该总是做那些使自己不高兴也使旁人不高兴的事。让我们说一件最容易做也最令人高兴的事吧,尊重④你自己,也尊重别人⑤,这是每一个人的权利,我还要说这是每一个人的义务。

快乐,它是一种富有概括性的生存状态、工作状态。它几乎⑥是先验的,它来自生命本身的活力,来自宇宙、地球和人间的吸引,它是世界的丰富、绚丽⑦、阔大、悠久的体现。快乐还是一种力量⑧,是埋在地下的根脉⑨。消灭一个人的快乐比挖掘掉一棵大树的根要难得多。

欢欣,这是一种青春的、诗意的情感。它来自面向着未来伸开双臂奔跑的冲力,它来自一种轻松而又神秘、朦胧⑩而又隐秘⑪的激动,它是激情即将到来的预兆,它又是大雨过后的比下雨还要美妙得多也久远得多的回味……

喜悦,它是一种带有形而上色彩的修养和境界。与其说它是一种情绪,不如说它是一种智慧、一种超拔⑫、一种悲天悯人⑬的宽容和理解,一种饱经沧桑⑭的充实和自信,一种光明的理性,一种坚定//的成熟,一种战胜了烦恼和庸俗的清明澄澈⑮。它是一潭清水,它是一抹朝霞,它是无边的平原,它是沉默的地平线。多一点儿、再多一点儿喜悦吧,它是翅膀,也是归巢⑯。它是一杯美酒,也是一朵永远开不败的莲花。

(节选自王蒙《喜悦》)

朗读提示

①情绪 qíng·xù
②容易 róng·yì
③失之交臂 shīzhījiāobì
④尊重 zūnzhòng
⑤别人 bié·rén
⑥几乎 jīhū(几，不读jǐ)
⑦绚丽 xuànlì
⑧力量 lì·liàng
⑨根脉 gēnmài
⑩朦胧 ménglóng
⑪隐秘 yǐnmì
⑫超拔 chāobá
⑬悲天悯人 bēitiān-mǐnrén
⑭饱经沧桑 bǎojīng-cāngsāng
⑮澄澈 chéngchè
⑯归巢 guīcháo

作品47号

在湾仔[①]，香港最热闹[②]的地方，有一棵榕树，它是最贵的一棵树，不光在香港，在全世界，都是最贵的。

树，活的树，又不卖何言其贵？只因它老，它粗，是香港百年沧桑[③]的活见证，香港人不忍看着它被砍伐或者被移走，便跟要占用这片山坡的建筑者谈条件：可以在这儿建大楼盖商厦[④]，但一不准砍树，二不准挪树[⑤]，必须把它原地精心养起来，成为香港闹市中的一景。太古大厦的建设者最后签了合同[⑥]，占用这个大山坡建豪华商厦的先决条件是同意保护这棵老树。

树长在半山坡上，计划将树下面的成千上万吨山石全部掏空取走，腾出地方来盖楼，把树架在大楼上面，仿佛它原本是长在楼顶上似的[⑦]。建设者就地造了一个直径十八米、深十米的大花盆，先固定好这棵老树，再在大花盆底下盖楼。光这一项就花了两千三百八十九万港币，堪称是最昂贵[⑧]的保护措施了。

太古大厦落成之后，人们可以乘滚动扶梯一次到位，来到太古大厦的顶层，出后门，那儿是一片自然景色。一棵大树出现在人们面前，树干[⑨]有一米半粗，树冠[⑩]直径足有二十多米，独木成林，非常壮观，形成一座以它为中心的小公园，取名叫“榕圃[⑪]”。树前面//插着铜牌，说明原由。此情此景，如不看铜牌的说明，绝对想不到巨树根底下还有一座宏伟的现代大楼。

(节选自舒乙《香港：最贵的一棵树》)

朗读提示

①湾仔 Wānzǎi(仔，不读zǐ)
②热闹 rènao
③沧桑 cāngsāng
④商厦 shāngshà
⑤挪树 nuóshù
⑥合同 hétong
⑦似的 shìde
⑧昂贵 ángguì
⑨树干 shùgàn(干，不读gān)
⑩树冠 shùguān(冠，不读guàn)
⑪榕圃 róngpǔ

作品48号

我们的船渐渐地逼近榕树了。我有机会①看清它的真面目:是一棵大树,有数不清的丫枝②,枝上又生根,有许多根一直垂到③地上,伸进泥土里。一部分④树枝垂到水面,从远处看,就像一棵大树斜躺在水面上一样。

现在正是枝繁叶茂的时节。这棵榕树好像在把它的全部生命力展示给我们看。那么多的绿叶,一簇⑤堆在另一簇的上面,不留一点儿缝隙⑥。翠绿的颜色明亮地在我们的眼前闪耀⑦,似乎⑧每一片树叶上都有一个新的生命在颤动⑨,这美丽的南国的树!

船在树下泊⑩了片刻,岸上很湿,我们没有上去。朋友⑪说这里是“鸟的天堂”,有许多鸟在这棵树上做窝,农民不许人去捉它们。我仿佛⑫听见几只鸟扑翅⑬的声音,但是等到我的眼睛⑭注意地看那里时,我却看不见一只鸟的影子。只有无数的树根立在地上,像许多根木桩。地是湿的,大概涨潮时河水常常冲上岸去。“鸟的天堂”里没有一只鸟,我这样想到。船开了,一个朋友拨⑮着船,缓缓地流到河中间去。

第二天,我们划着船到一个朋友的家乡去,就是那个有山有塔的地方⑯。从学校出发,我们又经过那“鸟的天堂”。

这一次是在早晨⑰,阳光照在水面上,也照在树梢⑱上。一切都//显得非常光明。我们的船也在树下泊了片刻。

起初四周非常清静。后来忽然起了一声鸟叫。我们把手一拍,便看见一只大鸟飞了起来,接着又看见第二只、第三只。我们继续拍掌,很快地这个树林就变得很热闹⑲了。到处都是鸟声,到处都是鸟影。大的,小的,花的,黑的,有的站在枝上叫,有的飞起来,在扑翅膀。

(节选自巴金《小鸟的天堂》)

朗读提示

①机会 jī·huì
②丫枝 yāzhī
③垂到 chuídào
④一部分 yībùfen
⑤簇 cù
⑥缝隙 fèngxì
⑦闪耀 shǎnyào
⑧似乎sìhū
⑨颤动 chàndòng(颤,不读zhàn)
⑩泊 bó
⑪朋友 péngyou
⑫仿佛 fǎngfú
⑬扑翅 pūchì
⑭眼睛 yǎnjing
⑮拨 bō
⑯地方 dìfang
⑰早晨 zǎochén
⑱树梢 shùshāo
⑲热闹 rènao

作品49号

有这样一个故事①。

有人问:世界上什么东西②的气力③最大?回答纷纭④得很,有的说"象",有的说"狮",有人开玩笑似的⑤说是"金刚",金刚有多少气力,当然大家全不知道⑥。

结果,这一切答案完全不对,世界上气力最大的,是植物的种子。一粒种子所可以显现出来的力,简直是超越一切。

人的头盖骨,结合得非常致密⑦与坚固,生理学家和解剖⑧学者用尽了一切的方法,要把它完整地分出来,都没有这种力气。后来忽然有人发明了一个方法,就是把一些植物的种子放在要剖析⑨的头盖骨里,给它以温度与湿度,使它发芽。一发芽,这些种子便以可怕的力量,将一切机械⑩力所不能分开的骨骼⑪,完整地分开了。植物种子的力量之大,如此如此。

这,也许特殊了一点儿,常人不容易理解。那么,你看见过笋⑫的成长吗?你看见过被压在瓦砾⑬和石块下面的一棵小草的生长吗?它为着向往阳光,为着达成它的生之意志,不管上面的石块如何重,石与石之间如何狭⑭,它必定要曲曲折折⑮地,但是顽强不屈地透到地面上来。它的根往土壤钻,它的芽往地面挺,这是一种不可抗拒的力,阻止它的石块,结果也被它掀翻⑯,一粒种子的力量之大,如//此如此。

没有一个人将小草叫做"大力士",但是它的力量之大,的确是世界无比。这种力是一般人看不见的生命力。只要生命存在,这种力就要显现。上面的石块,丝毫不足以阻挡⑰。因为它是一种"长期抗战"的力;有弹性,能屈能伸的力;有韧性,不达目的不止的力。

(节选自夏衍《野草》)

朗读提示

①故事 gùshi

②东西 dōngxi

③气力,不是"力气"。

④纷纭 fēnyún

⑤似的 shìde

⑥知道 zhī·dào

⑦致密 zhìmì

⑧解剖jiěpōu(剖,不读 pāo)

⑨剖析 pōuxī(剖,同上)

⑩机械 jīxiè(械,不读jiè)

⑪骨骼 gǔgé

⑫笋 sǔn

⑬瓦砾 wǎlì

⑭狭 xiá

⑮曲曲折折 qūqū-zhézhé(曲,不读qǔ)

⑯掀翻 xiānfān

⑰阻挡 zǔdǎng

作品50号

著名教育家班杰明曾经接到一个青年人的求救电话,并与那个向往成功、渴望[①]指点的青年人约好了见面的时间和地点。

待那个青年如约而至时，班杰明的房门敞开着，眼前的景象却令青年人颇[②]感意外——班杰明的房间里乱七八糟、狼藉[③]一片。

没等青年人开口，班杰明就招呼[④]道："你看我这房间，太不整洁了，请你在门外等候一分钟，我收拾[⑤]一下，你再进来吧。"一边说着，班杰明就轻轻地关上了房门。

不到一分钟的时间，班杰明就又打开了房门并热情地把青年人让进客厅。这时，青年人的眼前展现出另一番景象——房间内的一切已变得井然有序[⑥]，而且有两杯刚刚倒好的红酒，在淡淡的香水气息里还漾着[⑦]微波。

可是，没等青年人把满腹[⑧]的有关人生和事业的疑难问题向班杰明讲出来，班杰明就非常客气[⑨]地说道："干杯。你可以走了。"

青年人手持酒杯一下子愣住[⑩]了，既尴尬[⑪]又非常遗憾地说："可是，我……我还没向您请教呢……"

"这些……难道还不够吗？"班杰明一边微笑着，一边扫视着自己的房间，轻言细语地说，"你进来又有一分钟了。"

"一分钟……一分钟……"青年人若有所思[⑫]地说："我懂了，您让我明白[⑬]了一分钟的时间可以做许//多事情[⑭]，可以改变许多事情的深刻道理[⑮]。"

班杰明舒心地笑了。青年人把杯里的红酒一饮而尽，向班杰明连连道谢后，开心地走了。

其实，只要把握好生命的每一分钟，也就把握了理想的人生。

（节选自纪广洋《一分钟》）

朗读提示

①渴望 kěwàng
②颇 pō
③狼藉 lángjí
④招呼 zhāohu
⑤收拾 shōushi
⑥井然有序jǐngrán-yǒuxù
⑦漾着 yàngzhe
⑧满腹 mǎnfù
⑨客气 kèqi
⑩愣住 lèngzhù
⑪尴尬 gāngà
⑫若有所思 ruòyǒusuǒsī
⑬明白 míngbai
⑭事情 shìqing
⑮道理 dào·lǐ

作品51号

有个塌鼻子[①]的小男孩儿，因为[②]两岁时得过脑炎，智力受损，学习起来很吃力。打个比方[③]，别人写作文能写二三百字，他却只能写三五行。但即便[④]这样的作文，他同样能写得很动人。

那是一次作文课，题目是《愿望》。他极其认真地想了半天，然后极认真地写，那作文极短。只有三句话：我有两个愿望，第一个是，妈妈天天笑眯眯地看着我说："你真聪明[5]。"第二个是，老师天天笑眯眯地看着我说："你一点儿[6]也不笨。"

于是，就是这篇作文，深深地打动了他的老师，那位妈妈式的老师不仅给了他最高分，在班上带感情地朗读了这篇作文，还一笔一画[7]地批道：你很聪明，你的作文写得非常感人，请放心，妈妈肯定会格外喜欢[8]你的，老师肯定会格外喜欢你的，大家肯定会格外喜欢你的。

捧着作文本，他笑了，蹦蹦跳跳地回家了，像只喜鹊[9]。但他并没有把作文本拿给妈妈看，他是在等待，等待着一个美好的时刻。

那个时刻终于到了，是妈妈的生日——一个阳光灿烂的星期天：那天，他起得特别早，把作文本装在一个亲手做的美丽的大信封[10]里，等着妈妈醒来。妈妈刚刚睁眼醒来，他就笑眯眯地走到妈妈跟前说："妈妈，今天是您[11]的生日，我要//送给您一件礼物。"

果然，看着这篇作文，妈妈甜甜地涌出了两行热泪，一把搂住小男孩儿，搂得很紧很紧。

是的，智力可以受损，但爱永远不会。

（节选自张玉庭《一个美丽的故事》）

朗读提示

①塌鼻子 tābízi
②因为 yīn·wèi
③比方 bǐfang
④即便 jíbiàn
⑤聪明 cōng·míng
⑥一点儿 yīdiǎnr
⑦一笔一画 yībǐ-yīhuà
⑧喜欢 xǐhuan
⑨喜鹊 xǐ·què
⑩信封 xìnfēng
⑪您 nín

作品52号

小学的时候[1]，有一次我们去海边远足，妈妈没有做便饭，给了我十块钱买午餐。好像走了很久，很久，终于到海边了，大家坐下来便吃饭[2]，荒凉的海边没有商店，我一个人跑到防风林外面去，级任老师要大家把吃剩的饭菜分给我一点儿。有两三个男生留下一点儿[3]给我，还有一个女生，她的米饭拌了酱油，很香。我吃完的时候，她笑眯眯地看着我，短头发[4]，脸圆圆的。

她的名字[5]叫翁香玉。

每天放学的时候，她走的是经过我们家的一条小路，带着一位比她小的男孩儿，可能是弟弟。小路边是一条清澈[6]见底的小溪，两旁竹阴覆盖[7]，我总是远远地跟在她后面，夏日的午后特别炎热，走到半路她会停下来，拿手帕[8]在溪水里浸湿[9],为小男孩儿擦脸[10]。我也在后面停下来,把肮脏[11]的手帕弄湿了擦脸,再一路远远跟着她回家。

后来我们家搬到镇上去了,过几年我也上了中学。有一天放学回家,在火车上,看见斜对面一位短头发、圆圆脸的女孩儿,一身素净[12]的白衣黑裙。我想她一定不认识[13]我了。火车很快到站了,我随着人群挤向门口,她也走近了,叫我的名字。这是她第一次和我说话。

她笑眯眯的,和我一起走过月台。以后就没有再见过//她了。

这篇文章收在我出版的《少年心事》这本书里。

书出版后半年,有一天我忽然收到出版社转来的一封信,信封上是陌生的字迹[14],但清楚[15]地写着我的本名。

信里面说她看到了这篇文章心里非常激动,没想到在离开家乡,漂泊[16]异地这么久之后,会看见自己仍然[17]在一个人的记忆里,她自己也深深记得[18]这其中的每一幕,只是没想到越过遥远的时空,竟然[19]另一个人也深深记得。

(节选自苦伶《永远的记忆》)

朗读提示

①时候 shíhou
②便吃饭,不是"吃便饭"。
③一点儿 yīdiǎnr
④头发 tóufa
⑤名字 míngzi
⑥清澈 qīngchè
⑦覆盖 fùgài
⑧手帕 shǒupà
⑨浸湿 jìnshī
⑩擦脸 cāliǎn(擦,不读 chā)
⑪肮脏 āngzāng
⑫素净 sùjing
⑬认识 rènshi
⑭字迹 zìjì
⑮清楚 qīngchu
⑯漂泊 piāobó
⑰仍然 réngrán
⑱记得 jìdé
⑲竟然 jìngrán

作品53号

在繁华的巴黎大街的路旁,站着一个衣衫褴褛[1]、头发[2]斑白、双目失明的老人。他不像其他乞丐[3]那样伸手向过路行人乞讨,而是在身旁立一块木牌,上面写着:"我什么[4]也看不见!"街上过往的行人很多,看了木牌上的字都无动于衷,有的还淡淡一笑,便姗姗[5]而去了。

这天中午,法国著名诗人让·彼浩勒[6]也经过这里。他看看木牌上的字,问盲老人[7]:"老人家[8],今天上午有人给你钱吗?"

盲老人叹息着回答:"我,我什么也没有得到。"说着,脸上的神情非常悲伤。

让·彼浩勒听了,拿起笔悄悄地在那行字的前面添上了"春天到了,可是……"几个字,就匆匆地离开了。

晚上,让·彼浩勒又经过这里,问那个盲老人下午的情况。盲老人笑着回答说:"先生[9],不知为什么,下午给我钱的人多极了!"让·彼浩勒听了,摸着胡子满意地笑了。

"春天到了,可是我什么也看不见!"这富有诗意的语言,产生这么大的作用,就在于它有非常浓厚的感情色彩。是的,春天是美好的,那蓝天白云,那绿树红花,那莺歌燕舞[10],那流水人家,怎么不叫人陶醉呢?但这良辰美景[11],对于一个双目失明的人来说,只是一片漆黑[12]。当人们想到这个盲老人,一生中竟连万紫千红的春天//都不曾看到,怎能不对他产生同情之心呢?

(节选自小学《语文》第六册中《语言的魅力》)

朗读提示

①衣衫褴褛 yīshānlánlǚ
②头发 tóufa
③乞丐 qǐgài
④什么 shénme
⑤姗姗 shānshān
⑥让·彼浩勒 RàngBǐhàolè
⑦盲老人 mánglǎorén
⑧老人家 lǎo·rén·jiā
⑨先生 xiānsheng
⑩莺歌燕舞 yīnggē-yànwǔ
⑪良辰美景 liángchénměijǐng
⑫漆黑 qīhēi

作品54号

有一次,苏东坡的朋友张鹗[1]拿着一张宣纸来求他写一幅字,而且希望他写一点儿[2]关于养生方面的内容。苏东坡思索[3]了一会儿,点点头说:"我得到了一个养生长寿古方,药只有四味,今天就赠给你吧。"于是,东坡的狼毫在纸上挥洒起来,上面写着:"一曰无事以当[4]贵,二曰早寝[5]以当[6]富,三曰安步以当[7]车,四曰晚食以当[8]肉。"

"这哪里有药?"张鹗一脸茫然地问。苏东坡笑着解释说,养生长寿的要诀,全在这四句里面。

所谓"无事以当贵",是指人不要把功名利禄、荣辱过失考虑得太多,如能在情志上潇洒大度[9],随遇而安,无事以求,这比富贵更能使人终其天年。

"早寝以当富",指吃好穿好、财货充足,并非就能使你长寿。对老年人来说,养成良好的起居习惯,尤其是早睡早起,比获得任何财富更加宝贵。

"安步以当车",指人不要过于讲求安逸[10]、肢体不劳,而应多以步行来替代骑马乘车,多运动才可以强健体魄,通畅气血。

"晚食以当肉",意思是人应该用已饥方食、未饱先止代替对美味佳肴[11]的贪吃无厌。他进一步解释,饿了以后才进食,虽然是粗茶淡饭[12],但其香甜可口会胜过山珍;如果饱了还要勉强[13]吃,即使[14]美味佳肴摆在眼前也难以//下咽。

苏东坡的四味"长寿药",实际上是强调了情志、睡眠、运动、饮食四个方面对养生长寿的重要性,这种养生观点即使在今天仍然值得借鉴。

（节选自蒲昭和《赠你四味长寿药》）

朗读提示

①张鹗 Zhāng'è
②一点儿 yīdiǎnr
③思索 sīsuǒ
④当 dàng（当，不读dāng）
⑤早寝 zǎoqǐn
⑥当（同④）
⑦当（同④）
⑧当（同④）
⑨大度 dàdù
⑩安逸 ānyì
⑪佳肴 jiāyáo
⑫粗茶淡饭 cūchádànfàn（茶，不读 cá）
⑬勉强 miǎnqiǎng（强，不读qiáng）
⑭即使 jíshǐ

作品55号

人活着，最要紧的是寻觅[①]到那片代表着生命绿色和人类希望的丛林，然后选一高高的枝头站在那里观览人生，消化痛苦，孕育歌声，愉悦[②]世界！

这可真是一种潇洒的人生态度，这可真是一种心境爽朗的情感风貌。

站在历史的枝头微笑，可以减免许多烦恼。在那里，你可以从众生相[③]所包含的甜酸苦辣、百味人生中寻找你自己；你境遇中的那点儿苦痛[④]，也许相比之下，再也难以占据一席之地；你会较[⑤]容易[⑥]地获得从不悦中解脱灵魂的力量，使之不致变得灰色。

人站得高些，不但能有幸早些领略[⑦]到希望的曙光，还能有幸发现生命的立体的诗篇。每一个人的人生，都是这诗篇中的一个词、一个句子或者一个标点。你可能没有成为一个美丽的词，一个引人注目的句子，一个惊叹号，但你依然是这生命的立体诗篇中的一个音节、一个停顿、一个必不可少的组成部分。这足以使你放弃前嫌[⑧]，萌生[⑨]为人类孕育新的歌声的兴致，为世界带来更多的诗意。

最可怕的人生见解，是把多维的生存图景看成平面。因为那平面上刻下的大多是凝固[⑩]了的历史——过去的遗迹[⑪]；但活着的人们，活得却是充满着新生智慧的，由//不断逝去的“现在”组成的未来。人生不能像某些鱼类躺着游，人生也不能像某些兽类爬着走，而应该站着向前行，这才是人类应有的生存姿态。

（节选自〔美〕本杰明·拉什《站在历史的枝头微笑》）

朗读提示

①寻觅 xúnmì
②愉悦 yúyuè
③众生相 zhòngshēngxiàng
④苦痛，不是“痛苦”。
⑤较 jiào
⑥容易 róng·yì
⑦领略 lǐnglüè
⑧前嫌 qiánxián
⑨萌生 méngshēng
⑩凝固 nínggù
⑪遗迹 yíjì

作品56号

中国的第一大岛、台湾省的主岛台湾，位于中国大陆架的东南方，地处①东海和南海之间，隔着台湾海峡和大陆相望。天气晴朗的时候，站在福建沿海较高的地方②，就可以隐隐约约地望见岛上的高山和云朵。

台湾岛形状狭长，从东到西，最宽处只有一百四十多公里；由南至北，最长的地方约有三百九十多公里。地形像一个纺织用的梭子③。

台湾岛上的山脉纵贯南北，中间的中央山脉犹如全岛的脊梁④。西部为⑤海拔近四千米的玉山山脉，是中国东部的最高峰。全岛约有三分之一的地方是平地，其余为山地。岛内有缎带般的瀑布⑥，蓝宝石似的湖泊⑦，四季常青的森林和果园，自然景色十分优美。西南部的阿里山和日月潭，台北市郊的大屯山⑧风景区，都是闻名世界的游览胜地。

台湾岛地处热带和温带之间，四面环海，雨水充足，气温受到海洋的调剂⑨，冬暖夏凉，四季如春，这给水稻和果木生长提供了优越的条件。水稻、甘蔗⑩、樟脑⑪是台湾的“三宝”。岛上还盛产鲜果和鱼虾。

台湾岛还是一个闻名世界的“蝴蝶王国”。岛上的蝴蝶共有四百多个品种，其中有不少是世界稀有的珍贵品种。岛上还有不少鸟语花香的蝴//蝶谷，岛上居民利用蝴蝶制作的标本和艺术品，远销许多国家。

（节选自《中国的宝岛——台湾》）

朗读提示

①地处 dìchǔ
②地方 dìfang
③梭子 suōzi
④脊梁 jǐliang
⑤为 wéi
⑥瀑布 pùbù
⑦湖泊 húpō
⑧大屯山 Dàtúnshān
⑨调剂 tiáojì
⑩甘蔗 gānzhe
⑪樟脑 zhāngnǎo

作品57号

对于中国的牛，我有着一种特别尊敬的感情。

留给我印象最深的，要算在田垄①上的一次“相遇”。

一群朋友郊游，我领头在狭窄②的阡陌③上走，怎料迎面来了几头耕牛，狭道容不下人和牛，终有一方要让路。它们还没有走近，我们已经预计斗不过畜牲④，恐怕难免踩到田地泥水里，弄得鞋袜又泥又湿了。正踟蹰⑤的时候，带头的一头牛，在离我们不远的地方停下来，抬起头看看，稍迟疑一下，就自动走下田去。一队耕牛，全跟着它离开阡陌，从我们身边经过。

我们都呆了，回过头来，看着深褐色⑥的牛队，在路的尽头消失，忽然觉得自已受了很大的恩惠⑦。

中国的牛，永远沉默地为人做着沉重的工作。在大地上，在晨光或烈日下，它拖着沉重的犁，低头一步又一步，拖出了身后一列又一列松土，好让人们下种⑧。等到满地金黄或农闲时候，它可能还得担当搬运负重的工作；或终日绕着石磨⑨，朝同一方向，走不计程的路。

在它沉默的劳动中，人便得到应得的收成⑩。

那时候，也许，它可以松一肩重担，站在树下，吃几口嫩草⑪。偶尔⑫摇摇尾巴⑬，摆摆耳朵⑭，赶走飞附身上的苍蝇⑮，已经算是它最闲适的生活了。

中国的牛，没有成群奔跑的习//惯，永远沉沉实实的，默默地工作，平心静气。这就是中国的牛！

（节选自小思《中国的牛》）

朗读提示

①田垄 tiánlǒng
②狭窄 xiázhǎi
③阡陌 qiānmò
④畜牲 chùsheng
⑤踟蹰 chíchú
⑥褐色 hèsè
⑦恩惠 ēnhuì
⑧下种 xiàzhǒng(种，不读zhòng)
⑨石磨 shímò
⑩收成 shōucheng
⑪嫩草 nèncǎo(嫩，不读 nùn)
⑫偶尔 ǒu'ěr
⑬尾巴 wěiba
⑭耳朵 ěrduo
⑮苍蝇 cāngying

作品58号

不管我的梦想①能否成为事实，说出来总是好玩儿的：

春天，我将要住在杭州。二十年前，旧历的二月初，在西湖我看见了嫩柳②与菜花，碧浪与翠竹。由我看到的那点儿春光，已经可以断定，杭州的春天必定会教人③整天生活在诗与图画之中。所以，春天我的家应当是在杭州。

夏天，我想青城山应当算作最理想的地方④。在那里，我虽然只住过十天，可是它的幽静已拴住了我的心灵。在我所看见过的山水中，只有这里没有使我失望。到处都是绿，目之所及，那片淡而光润⑤的绿色都在轻轻地颤动⑥，仿佛⑦要流入空中与心中似的⑧。这个绿色会像音乐，涤清⑨了心中的万虑。

秋天一定要住北平。天堂是什么样子，我不知道，但是从我的生活经验去判断，北平之秋便是天堂。论天气，不冷不热。论吃的，苹果、梨、柿子、枣儿、葡萄，每样都有若干种。论花草，菊花种类之多，花式之奇，可以甲天下。西山有红叶可见，北海可以划船——虽然荷花已残，荷叶可还有一片清香。衣食住行，在北平的秋天，是没有一项不使人满意的。

冬天，我还没有打好主意[10]，成都或者相当得合适，虽然并不怎样和暖，可是为了水仙，素心腊梅，各色的茶花，仿佛就受一点儿寒//冷，也颇[11]值得去了。昆明的花也多，而且天气比成都好，可是旧书铺与精美而便宜[12]的小吃远不及成都那么多。好吧，就暂[13]这么规定：冬天不住成都便住昆明吧。

在抗战中，我没能发国难[14]财。我想，抗战胜利以后，我必能阔起来。那时候，假若飞机减价，一二百元就能买一架的话，我就自备一架，择黄道吉日慢慢地飞行。

（节选自老舍《住的梦》）

朗读提示

①梦想 mèngxiǎng（梦，不读mòng）
②嫩柳 nènliǔ（嫩，不读 nùn）
③教人 jiàorén（教，不读jiāo）
④地方 dìfang
⑤光润 guāngrùn
⑥颤动 chàndòng
⑦仿佛 fǎngfú
⑧似的 shìde
⑨涤清 díqīng
⑩主意 zhǔyi（口语 zhúyi）
⑪颇 pō
⑫便宜 piányi
⑬暂 zàn（暂，不读 zhàn或 zhǎn）
⑭国难 guónàn

作品 59号

我不由得停住了脚步。

从未见过开得这样盛的藤萝[①]，只见一片辉煌的淡紫色，像一条瀑布[②]，从空中垂下，不见其发端[③]，也不见其终极，只是深深浅浅的紫，仿佛在流动，在欢笑，在不停地生长。紫色的大条幅上，泛着点点银光，就像迸溅[④]的水花。仔细看时，才知那是每一朵紫花中的最浅淡的部分，在和阳光互相挑逗[⑤]。

这里除了光彩，还有淡淡的芳香。香气似乎[⑥]也是浅紫色的，梦幻一般轻轻地笼罩着我。忽然记起十多年前，家门外也曾有过一大株紫藤萝，它依傍[⑦]一株枯槐[⑧]爬得很高，但花朵从来都稀落[⑨]，东一穗[⑩]西一串伶仃[⑪]地挂在树梢，好像在察言观色，试探什么。后来索性连那稀零的花串也没有了。园中别的紫藤花架也都拆掉，改种了果树。那时的说法是，花和生活腐化有什么必然关系[⑫]。我曾遗憾地想：这里再看不见藤萝花了。

过了这么多年，藤萝又开花了，而且开得这样盛，这样密，紫色的瀑布遮住了粗壮的盘虬[⑬]卧龙般的枝干[⑭]，不断地流着，流着，流向人的心底。

花和人都会遇到各种各样的不幸，但是生命的长河是无止境的。我抚摸了一下那小小的紫色的花舱，那里满装[⑮]了生命的酒酿[⑯]，它张满了帆，在这//闪光的花的河流上航行。它是万花中的一朵，也正是由每一个一朵，组成了万花灿烂的流动的瀑布。

在这浅紫色的光辉和浅紫色的芳香中，我不觉加快了脚步。

（节选自宗璞《紫藤萝瀑布》）

朗读提示

①藤萝 téngluó
②瀑布 pùbù
③发端 fāduān
④迸溅 bèngjiàn
⑤挑逗 tiǎodòu
⑥似乎 sìhū
⑦依傍 yībàng
⑧枯槐 kūhuái
⑨稀落 xīluò
⑩穗 suì
⑪伶仃 língdīng
⑫关系 guānxi
⑬盘虬 pánqiú
⑭枝干 zhīgàn(干，不读gān)
⑮满装，不是“装满”。
⑯酒酿 jiǔniàng

作品60号

在一次名人访问中，被问及上个世纪最重要的发明是什么时，有人说是电脑，有人说是汽车，等等。但新加坡的一位知名人士却说是冷气机。他解释，如果没有冷气，热带地区如东南亚国家，就不可能有很高的生产力，就不可能达到今天的生活水准。他的回答实事求是，有理有据。

看了上述报道，我突发奇想：为什么没有记者问：“二十世纪最糟糕的发明是什么？”其实二〇〇二年十月中旬，英国的一家报纸就评出了“人类最糟糕的发明”。获此“殊荣①”的，就是人们每天大量使用的塑料②袋。

诞生于上个世纪三十年代的塑料袋，其家族包括用塑料制成的快餐饭盒、包装纸、餐用杯盘、饮料瓶、酸奶杯、雪糕杯等等。这些废弃物形成的垃圾③，数量多、体积大、重量轻、不降解④，给治理工作带来很多技术难题和社会问题。

比如，散落⑤在田间、路边及草丛中的塑料餐盒，一旦被牲畜⑥吞食，就会危及健康甚至导致死亡。填埋废弃塑料袋、塑料餐盒的土地，不能生长庄稼和树木，造成土地板结⑦，而焚烧⑧处理这些塑料垃圾，则会释放出多种化学有毒气体，其中一种称为二噁英⑨的化合物，毒性极大。

此外，在生产塑料袋、塑料餐盒的//过程中使用的氟利昂⑩，对人体免疫⑪系统和生态环境造成的破坏也极为严重。

（节选自林光如《最糟糕的发明》）

朗读提示

①殊荣 shūróng
②塑料 sùliào
③垃圾 lājī
⑦板结 bǎnjié
⑧焚烧 fénshāo
⑨二噁英 èr'èyīng

④降解 jiàngjiě
⑤散落 sànluò(散,不读 sǎn)
⑥牲畜 shēngchù
⑩氟利昂 fúlì'áng
⑪免疫 miǎnyì

附录七　普通话水平测试用话题

说　明

1. 30则话题供普通话水平测试第五项——命题说话测试使用。
2. 30则话题仅是对话题范围的规定,并不规定话题的具体内容。

1.我的愿望(或理想)
2.我的学习生活
3.我尊敬的人
4.我喜爱的动物(或植物)
5.童年的记忆
6.我喜爱的职业
7.难忘的旅行
8.我的朋友
9.我喜爱的文学(或其他)艺术形式
10.谈谈卫生与健康
11.我的业余生活
12.我喜欢的季节(或天气)
13.学习普通话的体会
14.谈谈服饰
15.我的假日生活
16.我的成长之路
17.谈谈科技发展与社会生活
18.我知道的风俗
19.我和体育
20.我的家乡(或熟悉的地方)
21.谈谈美食
22.我喜欢的节日

23.我所在的集体(学校、机关、公司等)
24.谈谈社会公德(或职业道德)
25.谈谈个人修养
26.我喜欢的明星(或其他知名人士)
27.我喜爱的书刊
28.谈谈对环境保护的认识
29.我向往的地方
30.购物(消费)的感受

附录八　普通话水平测试用必读轻声词语表

说　明

1.本表根据《普通话水平测试用普通话词语表》编制。
2.本表供普通话水平测试第二项——读多音节词语(100个音节)测试使用。
3.本表共收词545条(其中"子"尾词206条),按汉语拼音字母顺序排列。
4.条目中的轻声字,注音不标调号,如:"明白míngbai"。

1. 爱人 àiren
2. 案子 ànzi
3. 巴掌 bāzhang
4. 把子 bǎzi
5. 把子 bàzi
6. 爸爸 bàba
7. 白净 báijing
8. 班子 bānzi
9. 板子 bǎnzi
10. 帮手 bāngshou
11. 梆子 bāngzi
12. 膀子 bǎngzi
13. 棒槌 bàngchui
14. 棒子 bàngzi
15. 包袱 bāofu
16. 包涵 bāohan
17. 包子 bāozi
18. 豹子 bàozi
19. 杯子 bēizi
20. 被子 bèizi
21. 本事 běnshi
22. 本子 běnzi
23. 鼻子 bízi
24. 比方 bǐfang
25. 鞭子 biānzi
26. 扁担 biǎndan
27. 辫子 biànzi
28. 别扭 bièniu
29. 饼子 bǐngzi
30. 拨弄 bōnong
31. 脖子 bózi
32. 簸箕 bòji
33. 补丁 bǔding
34. 不由得 bùyóude
35. 不在乎 bùzàihu
36. 步子 bùzi
37. 部分 bùfen
38. 裁缝 cáifeng

39. 财主 cáizhu
40. 苍蝇 cāngying
41. 差事 chāishi
42. 柴火 cháihuo
43. 肠子 chángzi
44. 厂子 chǎngzi
45. 场子 chǎngzi
46. 车子 chēzi
47. 称呼 chēnghu
48. 池子 chízi
49. 尺子 chǐzi
50. 虫子 chóngzi
51. 绸子 chóuzi
52. 除了 chúle
53. 锄头 chútou
54. 畜生 chùsheng
55. 窗户 chuānghu
56. 窗子 chuāngzi
57. 锤子 chuízi
58. 刺猬 cìwei
59. 凑合 còuhe
60. 村子 cūnzi
61. 答应 dāying
63. 打扮 dǎban
64. 打点 dǎdian
65. 打发 dǎfa
66. 打量 dǎliang
67. 打算 dǎsuan
68. 打听 dǎting
69. 大方 dàfang
70. 大爷 dàye
71. 大夫 dàifu
72. 带子 dàizi
73. 袋子 dàizi
74. 耽搁 dānge
75. 耽误 dānwu
76. 单子 dānzi
77. 胆子 dǎnzi
78. 担子 dànzi
79. 刀子 dāozi
80. 道士 dàoshi
81. 稻子 dàozi
82. 灯笼 dēnglong
83. 提防 dīfang
84. 笛子 dízi
85. 底子 dǐzi
86. 地道 dìdao
87. 地方 dìfang
88. 弟弟 dìdi
89. 弟兄 dìxiong
90. 点心 diǎnxin
91. 调子 diàozi
92. 钉子 dīngzi
93. 东家 dōngjia
94. 东西 dōngxi
95. 动静 dòngjing
96. 动弹 dòngtan
97. 豆腐 dòufu
98. 豆子 dòuzi
99. 嘟囔 dūnang
100. 肚子 dǔzi
101. 肚子 dùzi
102. 缎子 duànzi
103. 对付 duìfu
104. 对头 duìtou
105. 队伍 duìwu
106. 多么 duōme
107. 蛾子 ézi
108. 儿子 érzi
109. 耳朵 ěrduo

110. 贩子 fànzi
111. 房子 fángzi
112. 份子 fènzi
113. 风筝 fēngzheng
114. 疯子 fēngzi
115. 福气 fúqi
116. 斧子 fǔzi
117. 盖子 gàizi
118. 甘蔗 gānzhe
119. 杆子 gānzi
120. 杆子 gǎnzi
121. 干事 gànshi
122. 杠子 gàngzi
123. 高粱 gāoliang
124. 膏药 gāoyao
125. 稿子 gǎozi
126. 告诉 gàosu
127. 疙瘩 gēda
128. 哥哥 gēge
129. 胳膊 gēbo
130. 鸽子 gēzi
131. 格子 gézi
132. 个子 gèzi
133. 根子 gēnzi
134. 跟头 gēntou
135. 工夫 gōngfu
136. 弓子 gōngzi
137. 公公 gōnggong
138. 功夫 gōngfu
139. 钩子 gōuzi
140. 姑姑 gūgu
141. 姑娘 gūniang
142. 谷子 gǔzi
143. 骨头 gǔtou
144. 故事 gùshi
145. 寡妇 guǎfu
146. 褂子 guàzi
147. 怪物 guàiwu
148. 关系 guānxi
149. 官司 guānsi
150. 罐头 guàntou
151. 罐子 guànzi
152. 规矩 guīju
153. 闺女 guīnü
154. 鬼子 guǐzi
155. 柜子 guìzi
156. 棍子 gùnzi
157. 锅子 guōzi
158. 果子 guǒzi
159. 蛤蟆 háma
160. 孩子 háizi
161. 含糊 hánhu
162. 汉子 hànzi
163. 行当 hángdang
164. 合同 hétong
165. 和尚 héshang
166. 核桃 hétao
167. 盒子 hézi
168. 红火 hónghuo
169. 猴子 hóuzi
170. 后头 hòutou
171. 厚道 hòudao
172. 狐狸 húli
173. 胡琴 húqin
174. 糊涂 hútu
175. 皇上 huángshang
176. 幌子 huǎngzi
177. 胡萝卜 húluóbo
178. 活泼 huópo
179. 火候 huǒhou

180. 伙计 huǒji
181. 护士 hùshi
182. 机灵 jīling
183. 脊梁 jǐliang
184. 记号 jìhao
185. 记性 jìxing
186. 夹子 jiāzi
187. 家伙 jiāhuo
188. 架子 jiàzi
190. 嫁妆 jiàzhuang
191. 尖子 jiānzi
192. 茧子 jiǎnzi
193. 剪子 jiǎnzi
194. 见识 jiànshi
195. 毽子 jiànzi
196. 将就 jiāngjiu
197. 交情 jiāoqing
198. 饺子 jiǎozi
199. 叫唤 jiàohuan
200. 轿子 jiàozi
201. 结实 jiēshi
202. 街坊 jiēfang
203. 姐夫 jiěfu
204. 姐姐 jiějie
205. 戒指 jièzhi
206. 金子 jīnzi
207. 精神 jīngshen
208. 镜子 jìngzi
209. 舅舅 jiùjiu
210. 橘子 júzi
211. 句子 jùzi
212. 卷子 juànzi
213. 咳嗽 késou
214. 客气 kèqi
215. 空子 kòngzi
216. 口袋 kǒudai
217. 口子 kǒuzi
218. 扣子 kòuzi
219. 窟窿 kūlong
220. 裤子 kùzi
221. 快活 kuàihuo
222. 筷子 kuàizi
223. 框子 kuàngzi
224. 困难 kùnnan
225. 阔气 kuòqi
226. 喇叭 lǎba
227. 喇嘛 lǎma
228. 篮子 lánzi
229. 懒得 lǎnde
230. 浪头 làngtou
231. 老婆 lǎopo
232. 老实 lǎoshi
233. 老太太 lǎotàitai
234. 老头子 lǎotóuzi
235. 老爷 lǎoye
236. 老子 lǎozi
237. 姥姥 lǎolao
238. 累赘 léizhui
239. 篱笆 líba
240. 里头 lǐtou
241. 力气 lìqi
242. 厉害 lìhai
243. 利落 lìluo
244. 利索 lìsuo
245. 例子 lìzi
246. 栗子 lìzi
247. 痢疾 lìji
248. 连累 liánlei
249. 帘子 liánzi
250. 凉快 liángkuai

251. 粮食 liángshi
252. 两口子 liǎngkǒuzi
253. 料子 liàozi
254. 林子 línzi
255. 翎子 língzi
256. 领子 lǐngzi
257. 溜达 liūda
258. 聋子 lóngzi
259. 笼子 lóngzi
260. 炉子 lúzi
261. 路子 lùzi
262. 轮子 lúnzi
263. 萝卜 luóbo
264. 骡子 luózi
265. 骆驼 luòtuo
266. 妈妈 māma
267. 麻烦 máfan
268. 麻利 máli
269. 麻子 mázi
270. 马虎 mǎhu
271. 码头 mǎtou
272. 买卖 mǎimai
273. 麦子 màizi
274. 馒头 mántou
275. 忙活 mánghuo
276. 冒失 màoshi
277. 帽子 màozi
278. 眉毛 méimao
279. 媒人 méiren
280. 妹妹 mèimei
281. 门道 méndao
282. 眯缝 mīfeng
283. 迷糊 míhu
284. 面子 miànzi
285. 苗条 miáotiao
286. 苗头 miáotou
287. 名堂 míngtang
288. 名字 míngzi
289. 明白 míngbai
290. 蘑菇 mógu
291. 模糊 móhu
292. 木匠 mùjiang
293. 木头 mùtou
294. 那么 nàme
295. 奶奶 nǎinai
296. 难为 nánwei
297. 脑袋 nǎodai
298. 脑子 nǎozi
299. 能耐 néngnai
300. 你们 nǐmen
301. 念叨 niàndao
302. 念头 niàntou
303. 娘家 niángjia
304. 镊子 nièzi
305. 奴才 núcai
306. 女婿 nǚxu
307. 暖和 nuǎnhuo
308. 疟疾 nüèji
309. 拍子 pāizi
310. 牌楼 páilou
311. 牌子 páizi
312. 盘算 pánsuan
313. 盘子 pánzi
314. 胖子 pàngzi
315. 狍子 páozi
316. 盆子 pénzi
317. 朋友 péngyou
318. 棚子 péngzi
319. 脾气 píqi
320. 皮子 pízi

321. 痞子 pǐzi
322. 屁股 pìgu
323. 片子 piānzi
324. 便宜 piányi
325. 骗子 piànzi
326. 票子 piàozi
327. 漂亮 piàoliang
328. 瓶子 píngzi
329. 婆家 pójia
330. 婆婆 pópo
331. 铺盖 pūgai
332. 欺负 qīfu
333. 旗子 qízi
334. 前头 qiántou
335. 钳子 qiánzi
336. 茄子 qiézi
337. 亲戚 qīnqi
338. 勤快 qínkuai
339. 清楚 qīngchu
340. 亲家 qìngjia
341. 曲子 qǔzi
342. 圈子 quānzi
343. 拳头 quántou
344. 裙子 qúnzi
345. 热闹 rènao
346. 人家 rénjia
347. 人们 rénmen
348. 认识 rènshi
349. 日子 rìzi
350. 褥子 rùzi
351. 塞子 sāizi
352. 嗓子 sǎngzi
353. 嫂子 sǎozi
354. 扫帚 sàozhou
355. 沙子 shāzi
356. 傻子 shǎzi
357. 扇子 shànzi
358. 商量 shāngliang
359. 上司 shàngsi
360. 上头 shàngtou
361. 烧饼 shāobing
362. 勺子 sháozi
363. 少爷 shàoye
364. 哨子 shàozi
365. 舌头 shétou
366. 身子 shēnzi
367. 什么 shénme
368. 婶子 shěnzi
369. 生意 shēngyi
370. 牲口 shēngkou
371. 绳子 shéngzi
372. 师父 shīfu
373. 师傅 shīfu
374. 虱子 shīzi
375. 狮子 shīzi
376. 石匠 shíjiang
377. 石榴 shíliu
378. 石头 shítou
379. 时候 shíhou
380. 实在 shízai
381. 拾掇 shíduo
382. 使唤 shǐhuan
383. 世故 shìgu
383. 似的 shìde
385. 事情 shìqing
386. 柿子 shìzi
387. 收成 shōucheng
388. 收拾 shōushi
389. 首饰 shǒushi
390. 叔叔 shūshu

391. 梳子 shūzi
392. 舒服 shūfu
393. 舒坦 shūtan
394. 疏忽 shūhu
395. 爽快 shuǎngkuai
396. 思量 sīliang
397. 算计 suànji
398. 岁数 suìshu
399. 孙子 sūnzi
400. 他们 tāmen
401. 它们 tāmen
402. 她们 tāmen
403. 台子 táizi
404. 太太 tàitai
405. 摊子 tānzi
406. 坛子 tánzi
407. 毯子 tǎnzi
408. 桃子 táozi
409. 特务 tèwu
410. 梯子 tīzi
411. 蹄子 tízi
412. 挑剔 tiāoti
423. 挑子 tiāozi
414. 条子 tiáozi
415. 跳蚤 tiàozao
416. 铁匠 tiějiang
417. 亭子 tíngzi
418. 头发 tóufa
419. 头子 tóuzi
420. 兔子 tùzi
421. 妥当 tuǒdang
422. 唾沫 tuòmo
423. 挖苦 wāku
424. 娃娃 wáwa
425. 袜子 wàzi
426. 晚上 wǎnshang
427. 尾巴 wěiba
428. 委屈 wěiqu
429. 为了 wèile
430. 位置 wèizhi
431. 位子 wèizi
432. 蚊子 wénzi
433. 稳当 wěndang
434. 我们 wǒmen
435. 屋子 wūzi
436. 稀罕 xīhan
437. 席子 xízi
438. 媳妇 xífu
439. 喜欢 xǐhuan
440. 瞎子 xiāzi
441. 匣子 xiázi
442. 下巴 xiàba
443. 吓唬 xiàhu
444. 先生 xiānsheng
445. 乡下 xiāngxia
446. 箱子 xiāngzi
447. 相声 xiàngsheng
448. 消息 xiāoxi
449. 小伙子 xiǎohuǒzi
450. 小气 xiǎoqi
451. 小子 xiǎozi
452. 笑话 xiàohua
453. 谢谢 xièxie
454. 心思 xīnsi
455. 星星 xīngxing
456. 猩猩 xīngxing
457. 行李 xíngli
458. 性子 xìngzi
459. 兄弟 xiōngdi
460. 休息 xiūxi

461. 秀才 xiùcai
462. 秀气 xiùqi
463. 袖子 xiùzi
464. 靴子 xuēzi
465. 学生 xuésheng
466. 学问 xuéwen
467. 丫头 yātou
468. 鸭子 yāzi
469. 衙门 yámen
470. 哑巴 yǎba
471. 胭脂 yānzhi
472. 烟筒 yāntong
473. 眼睛 yǎnjing
474. 燕子 yànzi
475. 秧歌 yāngge
476. 养活 yǎnghuo
477. 样子 yàngzi
478. 吆喝 yāohe
479. 妖精 yāojing
480. 钥匙 yàoshi
481. 椰子 yēzi
482. 爷爷 yéye
483. 叶子 yèzi
484. 一辈子 yībèizi
485. 衣服 yīfu
486. 衣裳 yīshang
487. 椅子 yǐzi
488. 意思 yìsi
489. 银子 yínzi
490. 影子 yǐngzi
491. 应酬 yìngchou
492. 柚子 yòuzi
493. 冤枉 yuānwang
494. 院子 yuànzi
495. 月饼 yuèbing
496. 月亮 yuèliang
497. 云彩 yúncai
498. 运气 yùnqi
499. 在乎 zàihu
500. 咱们 zánmen
501. 早上 zǎoshang
502. 怎么 zěnme
503. 扎实 zhāshi
504. 眨巴 zhǎba
505. 栅栏 zhàlan
506. 宅子 zháizi
507. 寨子 zhàizi
508. 张罗 zhāngluo
509. 丈夫 zhàngfu
510. 帐篷 zhàngpeng
511. 丈人 zhàngren
512. 帐子 zhàngzi
513. 招呼 zhāohu
514. 招牌 zhāopai
515. 折腾 zhēteng
516. 这个 zhège
517. 这么 zhème
518. 枕头 zhěntou
519. 镇子 zhènzi
520. 芝麻 zhīma
521. 知识 zhīshi
522. 侄子 zhízi
523. 指甲 zhǐjia(zhījia)
524. 指头 zhǐtou(zhítou)
525. 种子 zhǒngzi
526. 珠子 zhūzi
527. 竹子 zhúzi
528. 主意 zhǔyi(zhúyi)
529. 主子 zhǔzi
530. 柱子 zhùzi

531. 爪子 zhuǎzi
532. 转悠 zhuànyou
533. 庄稼 zhuāngjia
534. 庄子 zhuāngzi
535. 壮实 zhuàngshi
536. 状元 zhuàngyuan
537. 锥子 zhuīzi
538. 桌子 zhuōzi
539. 字号 zìhao
540. 自在 zìzai
541. 粽子 zòngzi
542. 祖宗 zǔzong
543. 嘴巴 zuǐba
544. 作坊 zuōfang
545. 琢磨 zuómo

附录九　普通话水平测试用儿化词语表

说　明

1.本表参照《普通话水平测试用普通话词语表》及《现代汉语词典》编制。加“*”的是以上二者未收、根据测试需要而酌增的条目。

2.本表仅供普通话水平测试第二项——读多音节词语(100个音节)测试使用。本表儿化音节,在书面上一律加“儿”,但并不表明所列词语在任何语言场合都必须儿化。

3.本表共收词189条,按儿化韵母的汉语拼音字母顺序排列。

4.本表列出原形韵母和所对应的儿化韵,用>表示条目中儿化音节的注音,只在基本形式后面加r,如:“一会儿yíhuìr”,不标语音上的实际变化。

一

a>ar	刀把儿dāobàr	号码儿hàomǎr
	戏法儿xìfǎr	在哪儿zàinǎr
	找茬儿zhǎochár	打杂儿dǎzár
	板擦儿bǎncār	
ai>ar	名牌儿míngpáir	鞋带儿xiédàir
	壶盖儿húgàir	小孩儿xiǎoháir
	加塞儿jiāsāir	
an>ar	快板儿kuàibǎnr	老伴儿lǎobànr
	蒜瓣儿suànbànr	脸盘儿liǎnpánr
	脸蛋儿liǎndànr	收摊儿shōutānr
	栅栏儿zhàlanr	包干儿bāogānr
	笔杆儿bǐgǎnr	门槛儿ménkǎnr

二

ang>ar(鼻化)	药方儿yàofāngr	赶趟儿gǎntàngr

	香肠儿xiāngchángr	瓜瓤儿guārángr
三		
ia>iar	掉价儿diàojiàr	一下儿yíxiàr
	豆芽儿dòuyár	
ian>iar	小辫儿xiǎobiànr	照片儿zhàopiānr
	扇面儿shànmiànr	差点儿chàdiǎnr
	一点儿yìdiǎnr	雨点儿yǔdiǎnr
	聊天儿liáotiānr	拉链儿lāliànr
	冒尖儿màojiānr	坎肩儿kǎnjiānr
	牙签儿yáqiānr	露馅儿lòuxiànr
	心眼儿xīnyǎnr	
四		
iāng>iar(鼻化)	鼻梁儿bíliángr	透亮儿tòuliàngr
	花样儿huāyàngr	
五		
ua>uar	脑瓜儿nǎoguār	大褂儿dàguàr
	麻花儿máhuār	笑话儿xiàohuar
	牙刷儿yáshuār	
uai>uar	一块儿yíkuàir	
uan>uar	茶馆儿cháguǎnr	饭馆儿fànguǎnr
	火罐儿huǒguànr	落款儿luòkuǎnr
	打转儿dǎzhuànr	拐弯儿guǎiwānr
	好玩儿hǎowánr	大腕儿dàwànr
六		
uang>uar(鼻化)	蛋黄儿dànhuángr	打晃儿dǎhuàngr
	天窗儿tiānchuāngr	
七		
üan>üar	烟卷儿yānjuǎnr	手绢儿shǒujuànr
	出圈儿chūquānr	包圆儿bāoyuánr
	人缘儿rényuánr	绕远儿ràoyuǎnr
	杂院儿záyuànr	
八		
ei>er	刀背儿dāobèir	摸黑儿mōhēir
ren>er	老本儿lǎoběnr	花盆儿huāpénr
	嗓门儿sǎngménr	把门儿bǎménr

哥们儿gēmenr　纳闷儿nàmènr
后跟儿hòugēnr　高跟儿鞋gāogēnrxié
别针儿biézhēnr　一阵儿yízhènr
走神儿zǒushénr　大婶儿dàshěnr
小人儿书xiǎorénrshū　杏仁儿xìngrénr
刀刃儿dāorènr

九

eng>er(鼻化)　钢镚儿gāngbèngr　夹缝儿jiāfèngr
脖颈儿bógěngr　提成儿tíchéngr

十

ie>ier　半截儿bànjiér　小鞋儿xiǎoxiér
rüe>üer　旦角儿dànjuér　主角儿zhǔjuér

十一

uei>uer　跑腿儿pǎotuǐr　一会儿yíhuìr
耳垂儿ěrchuír　墨水儿mòshuǐr
围嘴儿wéizuǐr　走味儿zǒuwèir
uen>uer　打盹儿dǎdǔnr　胖墩儿pàngdūnr
砂轮儿shālúnr　冰棍儿bīnggùnr
没准儿méizhǔnr　开春儿kāichūnr
ueng>uer(鼻化)　*小瓮儿xiǎowèngr

十二

–i(前)>er　瓜子儿guāzǐr　石子儿shízǐr
没词儿méicír　挑刺儿tiāocìr
–i(后)>er　墨汁儿mòzhīr　锯齿儿jùchǐr
记事儿jìshìr

十三

i>i:er　针鼻儿zhēnbír　垫底儿diàndǐr
肚脐儿dùqír　玩意儿wányìr
in>i:er　有劲儿yǒujìnr　送信儿sòngxìnr
脚印儿jiǎoyìnr

十四

ing>i:er(鼻化)　花瓶儿huāpíngr　打鸣儿dǎmíngr
图钉儿túdīngr　门铃儿ménlíngr
眼镜儿yǎnjìngr　蛋清儿dànqīngr
火星儿huǒxīngr　人影儿rényǐngr

十五

ü>ü:er 毛驴儿máolǘr 小曲儿xiǎoqǔr

痰盂儿tányúr

ün>ü:er 合群儿héqúnr

十六

e>er 模特儿mótèr 逗乐儿dòulèr

唱歌儿chànggēr 挨个儿āigèr

打嗝儿dǎgér 饭盒儿fànhér

在这儿zàizhèr

十七

u>ur 碎步儿suìbùr 没谱儿méipǔr

儿媳妇儿érxífur 梨核儿líhér

泪珠儿lèizhūr 有数儿yǒushùr

十八

ong>or(鼻化) 果冻儿guǒdòngr 门洞儿méndòngr

胡同儿hútòngr 抽空儿chōukòngr

酒盅儿jiǔzhōngr 小葱儿xiǎocōngr

iong>ior(鼻化) *小熊儿xiǎoxióngr

十九

ao>aor 红包儿hóngbāor 灯泡儿dēngpàor

半道儿bàndàor 手套儿shǒutàor

跳高儿tiàogāor 叫好儿jiàohǎor

口罩儿kǒuzhàor 绝着儿juézhāor

口哨儿kǒushàor 蜜枣儿mìzǎor

二十

iao>iaor 鱼漂儿yúpiāor 火苗儿huǒmiáor

跑调儿pǎodiàor 面条儿miàntiáor

豆角儿dòujiǎor 开窍儿kāiqiàor

二十一

ou>our 衣兜儿yīdōur 老头儿lǎotóur

年头儿niántóur 小偷儿xiǎotōur

门口儿ménkǒur 纽扣儿niǔkòur

线轴儿xiànzhóur 小丑儿xiǎochǒur

加油儿jiāyóur

二十二

iou>iour	顶牛儿dǐngniúr	抓阄儿zhuājiūr
	棉球儿miánqiúr	

二十三

uo>uor	火锅儿huǒguōr	做活儿zuòhuór
	大伙儿dàhuǒr	邮戳儿yóuchuōr
	小说儿xiǎoshuōr	被窝儿bèiwōr
r(o)>or	耳膜儿ěrmór	粉末儿fěnmòr

附录十　普通话水平测试用常见量词、名词搭配表

说　明

本表以量词为条目，共选收常用量词45条，可与表中所列多个量词搭配的名词，以互见形式出现。

1.把　bǎ　菜刀、剪刀、宝剑(口)、铲子、铁锹、尺子、扫帚、椅子、锁、钥匙
伞(顶)、茶壶、扇子、提琴、手枪(支)

2.本　běn　书(部、套)、著作(部)、字典(部)、杂志(份)、账

3.部　bù　书(本、套)、著作(本)、字典(本)
电影(场)、电视剧、交响乐(场)
电话机、摄像机(架、台)
汽车(辆、台)

4.场　cháng　雨、雪、冰雹、大风
病、大战、官司

5.场　chǎng　电影(部)、演出(台)、话剧(台)、杂技(台)、节目(台、套)、交响乐(部)、比赛(节、项)、考试

6.道　dào　河(条)、瀑布(条)
山(座)、山脉(条)、闪电、伤痕(条)
门(扇)、墙(面)
命令(项、条)、试题(份、套)、菜(份)

7.滴　dī　水、血、油、汗水、眼泪

8.顶　dǐng　伞(把)、轿子、帽子、蚊帐、帐篷

9.对　duì　夫妻、舞伴、耳朵(双、只)、眼睛(双、只)、翅膀(双、只)、球拍(副、只)、沙发(套)、枕头、电池(节)

10.朵　duǒ　花、云(片)、蘑菇

11.份 fèn 菜(道)、午餐、报纸(张)、杂志(本)、文件、礼物(件)、工作(项)、事(件)、试题(道、套)

12.幅 fú 布(块、匹)、被面、彩旗(面)、图画(张)、相片(张)

13.副 fù 对联、手套(双、只)、眼镜、球拍(寻、只)

脸(张)、扑克牌(张)、围棋、担架

14.个 gè 人、孩子

盘子、瓶子

梨、桃儿、橘子、苹果、西瓜、土豆、西红柿

鸡蛋、饺子、馒头

玩具、皮球

太阳、月亮、白天、上午

国家、社会、故事

15.根 gēn 草(棵)、葱(棵)、藕(节)、甘蔗(节)

胡须、头发、羽毛

冰棍儿、黄瓜(条)、香蕉、油条、竹竿

针、火柴、蜡烛(支)、香(支、盘)、筷子(双、支)、电线、绳子(条)、项链(条)、辫子(条)

16.家 jiā 人、亲戚(门)

工厂(座)、公司、饭店、商店、医院(所)、银行(所)

17.架 jià 飞机、钢琴(台)、摄像机(部、台)、鼓(面)

18.间 jiān 房子(所、套、座)、屋子、卧室、仓库

19.件 jiàn 礼物(份)、行李、家具(套)

大衣、衬衣、毛衣、衣服(套)、西装(套)

工作(项)、公文、事(份)

20.节 jié 甘蔗(根)、藕(根)、电池(对)、车厢、课(门)、比赛(场、项)

21.棵 kē 树、草(根)、葱(根)、白菜

22.颗 kē 种子(粒)、珍珠(粒)、宝石(粒)、糖(块)、星星、卫星

牙齿(粒)、心脏

子弹(粒)、炸弹

图钉、图章

23.口 kǒu 人、猪(头)

大锅、大缸、大钟(座)、井、宝剑(把)

24.块 kuài 糖(颗)、橡皮、石头、肥皂(条)、手表(只)

肉(片)、蛋糕、大饼(张)、布(幅、匹)、绸缎(匹)、手绢(条)、地(片)

石碑(座)

25.粒　lì　米、种子(颗)、珍珠(颗)、宝石(颗)、牙齿(颗)、子弹(颗)

26.辆　liàng　汽车(部、台)、自行车、摩托车、三轮车

27.门　mén　课(节)、课程、技术(项)

亲戚(家)、婚姻

大炮

28.名　míng　教师(位)、医生(位)、犯人

29.面　miàn　墙(道)、镜子、彩旗(幅)、鼓(架)、锣

30.盘　pán　磨(扇)、香(根、支)

磁带、录像带

31.匹　pǐ　马

布(块、幅)、绸缎(块)

32.片　piàn　树叶、药片、肉(块)

阴凉、阳光、云(朵)、地(块)

33.扇　shàn　门(道)、窗户、屏风、磨(盘)

34.双　shuāng　手(只)、脚(只)、耳朵(对、只)、眼睛(对、只)、翅膀(对、只)

鞋(只)、袜子(只)、手套(副、只)、筷子(根、支)

35.所　suǒ　学校、医院(家)、银行(家)、房子(间、套、座)

36.台　tái　计算机、医疗设备(套)、汽车(部、辆)、钢琴(架)、摄像机(部、架)

演出(场)、话剧(场)、杂技(场)、节目(场、套)

37.套　tào　衣服(件)、西装(件)、房子(间、所、座)、家具(件)、沙发(对)、餐具、书(本、部)、邮票(张)、医疗设备(台)

节目(场、台)、试题(道、份)

38.条　tiáo　绳子(根)、项链(根)、辫子(根)、裤子、毛巾、手绢儿(块)、肥皂(块)

船(只)、游艇(只)

蛇、鱼、狗(只)、牛(头、只)、驴(头、只)、黄瓜(根)

河(道)、瀑布(道)、山脉(道)、道路、胡同儿、伤痕(道)

新闻、信息、措施(项)、命令(道、项)

39.头　tóu　牛(条、只)、驴(条、只)、骆驼(只)、羊(只)、猪(口)

蒜

40.位　wèi　客人、朋友、作家(名)

41.项　xiàng　措施(条)、制度、工作(份)、任务、技术(门)、运动、命令(道、条)、比赛(场、节)

42.张 zhāng 报纸(份)、图画(幅)、相片(幅)、邮票(套)、扑克牌(副)、光盘
大饼(块)、脸(副)、嘴
网、弓
床、桌子

43.只 zhī 鸟、鸡、鸭、老鼠、兔子、狗(条)、牛(头、条)、驴(头、条)、羊(头)、骆驼(头)、老虎、蚊子、苍蝇、蜻蜓、蝴蝶
手表(块)、杯子
船(条)、游艇(条)
鞋(双)、袜子(双)、手套(副、双)、袖子、球拍(对、副)、手(双)、脚(双)、耳朵(对、双)、眼睛(对、双)、翅膀(对、双)

44.支 zhī 笔、手枪(把)、蜡烛(根)、筷子(根、双)、香(根、盘)
军队、歌

45.座 zuò 山(道)、岛屿
城市、工厂(家)、学校(所)、房子(间、所、套)、桥
石碑(块)、雕塑、大钟(口)

附录十一 普通话异读词审音表

中国文字改革委员会普通话审音委员会,于1957年、1959年至1962年先后发表了《普通话异读词审音表初稿》正编、续编和三编,1963年公布《普通话异读词三次审音总表初稿》。经过二十多年的实际应用,普通话审音委员会在总结经验的基础上,于1982年至1985年组织专家学者进行审核修订,制定了《普通话异读词审音表》。这个审音表经过国家语言文字工作委员会、国家教育委员会、广播电视部(现为广播电影电视部)审查通过,于1985年12月联合发布。

说 明

一、本表所审,主要是普通话有异读的词和有异读的作为"语素"的字。不列出多音多义字的全部读音和全部义项,与字典、词典形式不同。例如"和"字有多种义项和读音,而本表仅列出原有异读的八条词语,分列于hè和huo两种读音之下(有多种读音,较常见的在前。下同);其余无异读的音、义均不涉及。

二、在字后注明"统读"的,表示此字不论用于任何词语中只读一音(轻声变读不受此限),本表不再举出词例。例如"阀"字注明"fá(统读)",原表"军阀"、"学阀"、"财阀"条和原表所无的"阀门"等词均不再列举。

三、在字后不注"统读"的,表示此字有几种读音,本表只审订其中有异读的

词语的读音。例如“艾”字本有ài和yì两种读音，本表只列举“自怨自艾”一词，注明此处读yì音；至于ài音及其义项，并无异读，不再赘列。

四、有些字有文白二读，本表以“文”和“语”作注。前者一般用于书面语言，用于复音词和文言成语中，后者多用于口语中的单音词及少数日常生活事物的复音词中。这种情况在必要时各举词语为例。例如“杉”字下注“(一)shān(文)：紫~、红~、水~；(二)shā(语)：~篙、~木”。

五、有些字除列举词例之外，酌加简单说明，以便读者分辨。说明或按具体字义，或按“动作义”、“名词义”等区分，例如“畜”字下注“(一)chù(名物义)：~力、家~、牲~、幼~；(二)xù(动作义)：~产、~牧、~养”。

六、有些字的几种读音中某音用处较窄，另音用处甚宽，则注“除××(较少的词)念乙音外，其他都念甲音”，以避免列举词条繁而未尽、挂一漏万的缺点。例如“结”字下注“除‘~了个果子’、‘开花~果’、‘~巴’、‘~实’念jiē之外，其他都念jié”。

七、由于轻声问题比较复杂，除《初稿》涉及的部分轻声词之外，本表一般不予审订，并删去部分原审的轻声词，例如“麻刀(dao)”、“容易(yi)”等。

八、本表酌增少量有异读的字或词，作了审订。

九、除因第二、六、七条说明中所举原因而删略的词条之外，本表又删汰了部分词条。主要原因是：1.现已无异读(如“队伍”、“理会”)；2.罕用词语(如“俵分”、“仔密”)；3.方言土音[如“归里包锥(zuī)”、“告送(song)”]；4.不常用的文言词语(如“刍荛”、“氍毹”)；5.音变现象[如“胡里八涂(tū)”、“毛毛腾腾(tēngtēng)”]；6.重复累赘(如原表“色”字的有关词语分列达23条之多)。删汰条目不再编入。

十、人名、地名的异读审订，除原表已涉及的少数词条外，留待以后再审订。

A

阿(一)ā

~訇　~罗汉

~木林　~姨

(二)ē

~谀　~附

~胶　~弥陀佛

挨(一)āi

~个　~近

(二)ái

~打　~饿

癌ái(统读)

霭ǎi(统读)

蔼ǎi(统读)

隘ài(统读)

谙ān(统读)

埯ǎn(统读)

昂áng(统读)

凹āo(统读)

拗(一)ào

~口

(二)niù

执~　脾气很~

坳ào(统读)

B

拔bá(统读)

把bà

印~子

白bái(统读)

膀bǎng

翅~

蚌(一)bàng

蛤~

(二)bèng

~埠

傍bàng(统读)

磅bàng
过～
龅bāo(统读)
胞bāo(统读)
薄(一)báo(语)
常单用,如"纸很～"。
(二)bó(文)
多用于复音词。
～弱　稀～
淡～　尖嘴～舌
单～　厚～
堡(一)bǎo
碉～　～垒
(二)bǔ
～子　吴～
瓦窑～　柴沟～
(三)pù
十里～
暴(一)bào
～露
(二)pù
一～(曝)十寒
爆bào(统读)
焙bèi(统读)
惫bèi(统读)
背bèi
～脊　～静
鄙bǐ(统读)
俾bǐ(统读)
笔bǐ(统读)
比bǐ(统读)
臂(一)bì
手～　～膀
(二)bei
胳～

庇bì(统读)
髀bì(统读)
避bì(统读)
辟bì(统读)
复～
裨bì
～补　～益
婢bì(统读)
痹bì(统读)
壁bì(统读)
蝙biān(统读)
遍biàn(统读)
骠(一)biāo
黄～马
(二)piào
～骑　～勇
傧bīn(统读)
缤bīn(统读)
濒bīn(统读)
髌bìn(统读)
屏(一)bǐng
～除　～弃
～气　～息
(二)píng
～藩　～风
柄bǐng(统读)
波bō(统读)
播bō(统读)
菠bō(统读)
剥(一)bō(文)
～削
(二)bāo(语)
～皮
泊(一)bó
淡～　停～

(二)pō
湖～　血～
帛bó(统读)
勃bó(统读)
钹bó(统读)
伯(一)bó
～～(bo)　老～
(二)bǎi
大～子(丈夫的哥哥)
箔bó(统读)
簸(一)bǒ
颠～
(二)bò
～箕
膊bo
胳～
卜bo
萝～
醭bú(统读)
哺bǔ(统读)
捕bǔ(统读)
埠bù(统读)

C

残cán(统读)
惭cán(统读)
灿càn(统读)
藏(一)cáng
矿～
(二)zàng
宝～
糙cāo(统读)
嘈cáo(统读)
螬cáo(统读)
厕cè(统读)
岑cén(统读)

差(一)chā(文)
不~什么 偏~ 色~
~别 视~ 误~
电势~ 一念之~
~池 ~错 阴错阳~
~等 ~额 ~价
~强人意 ~数 ~异
(二)chà(语)
~不多 ~不离
~点儿
(三)cī
参~
猹chá(统读)
搽chá(统读)
阐chǎn(统读)
羼chàn(统读)
颤(一)chàn
~动 发~
(二)zhàn
~栗(战栗)
打~(打战)
伥chāng(统读)
场(一)chǎng
~合 ~所 冷~
捧~
(二)cháng
外~ 圩~ ~院
一~雨
(三)chang
排~
钞chāo(统读)
巢cháo(统读)
嘲cháo
~讽 ~骂 ~笑
耖chào(统读)

车(一)chē
安步当~ 杯水~薪
闭门造~ 螳臂当~
(二)jū
(象棋棋子名称)
晨chén(统读)
称chèn
~心 ~意 ~职
对~ 相~
撑chēng(统读)
乘 chéng(动作义)
包~制 ~便
~风破浪 ~客
~势 ~兴
橙chéng(统读)
惩chéng(统读)
澄(一)chéng(文)
~清(如"~清混乱"、"~清问题")
(二)dèng(语)单用,如"把水~清了"。
痴chī(统读)
吃chī(统读)
弛chí(统读)
褫chǐ(统读)
尺chǐ
~寸 ~度
豉chǐ(统读)
侈chǐ(统读)
炽chì(统读)
舂chōng(统读)
冲chòng
~床 ~模
臭(一)chòu
遗~万年

(二)xiù
乳~ 铜~
储chǔ(统读)
处chǔ(动作义)
~罚 ~分 ~决
~理 ~女 ~置
畜(一)chù(名物义)
~力 家~ 牲~
(二)xù(动作义)
~产 ~牧 ~养
触chù(统读)
搐chù(统读)
绌chù(统读)
黜chù(统读)
闯chuǎng(统读)
创(一)chuàng
草~ ~举 首~
~造 ~作
(二)chuāng
~伤 重~
绰(一)chuò
~~有余
(二)chuo
宽~
疵cī(统读)
雌cí(统读)
赐cì(统读)
伺cì
~候
枞(一)cōng
~树
(二)zōng
~阳〔地名〕
从cóng(统读)
丛cóng(统读)

攒cuán
万头~动 万箭~心
脆cuì(统读)
撮(一)cuō
~合 一~盐
一~儿匪帮
(二)zuǒ
一~毛
措cuò(统读)

D

搭dā(统读)
答(一)dá
报~ ~复
(二)dā
~理 ~应
打dá
苏~ 一~(十二个)
大(一)dà
~夫(古官名)
~王(如"爆破~王"、"钢铁~王")
(二)dài
~夫(医生) ~黄
~王(如山~王)
~城〔地名〕
呆dāi(统读)
傣dǎi(统读)
逮(一)dài(文)
~捕
(二)dǎi(语)单用,如"~蚊子"、"~特务"。
当(一)dāng
~地 ~间儿
~年(指过去)
~日(指过去)
螳臂~车
(二)dàng
一个~俩 安步当车
~年(同一年)
~日(同一时候)
~天(同一天)
档dàng(统读)
蹈dǎo(统读)
导dǎo(统读)
倒(一)dǎo
颠~ 颠~是非
颠三~四 倾箱~箧
排山~海 ~仓
~嗓 ~戈 潦~
(二)dào
~粪(把粪弄碎)
悼dào(统读)
纛dào(统读)
凳dèng(统读)
羝dī(统读)
氐dī〔古民族名〕
堤dī(统读)
提dī
~防
的dí
~当 ~确
抵dǐ(统读)
蒂dì(统读)
缔dì(统读)
谛dì(统读)
点dian
打~(收拾、贿赂)
跌diē(统读)
蝶dié(统读)
订dìng(统读)
都(一)dōu
~来了
(二)dū
~市 首~
大~(大多)
堆duī(统读)
吨dūn(统读)
盾dùn(统读)
多duō(统读)
咄duō(统读)
掇(一)duō("拾取、采取"义)
(二)duo
撺~ 掂~
裰duō(统读)
踱duó(统读)
度duó(统读)
忖~ ~德量力

E

婀ē(统读)

F

伐fá(统读)
阀fá(统读)
砝fǎ(统读)
法fǎ(统读)
发fà
理~ 脱~ 结~
帆fān(统读)
藩fān(统读)
梵fàn(统读)
坊(一)fāng
牌~ ~巷
(二)fáng
粉~ 磨~ 碾~
染~ 油~ 谷~

妨fáng(统读)
防fáng(统读)
肪fáng(统读)
沸fèi(统读)
汾fén(统读)
讽fěng(统读)
肤fū(统读)
敷fū(统读)
俘fú(统读)
浮fú(统读)
服fú
~毒 ~药
拂fú(统读)
辐fú(统读)
幅fú(统读)
甫fǔ(统读)
复fù(统读)
缚fù(统读)

G

噶gá(统读)
冈gāng(统读)
刚gāng(统读)
岗gǎng
~楼 ~哨 ~卡
门~ 站~ 山~
港gǎng(统读)
葛(一)gé
~藤 ~布 瓜~
(二)gě(姓,包括单、复姓)
隔gé(统读)
革gé
~命 ~新 改~
合gě(一升的十分之一)
给(一)gěi(语)单用。
(二)jǐ(文)
补~ 供~制 ~予
配~ 自~自足
亘gèn(统读)
更gēng
五~ ~生
颈gěng
脖~子
供(一)gōng
~给 提~ ~销
(二)gòng
口~ 翻~ 上~
佝gōu(统读)
枸gǒu
~杞
勾gòu
~当
估gū(除"~衣"读gù外,都读gū)
骨gǔ(除"~碌"、"~朵"读gū外,都读gǔ)
谷gǔ
~雨
锢gù(统读)
冠(一)guān(名物义)
~心病
(二)guàn(动作义)
沐猴而~ ~军
犷guǎng(统读)
庋guǐ(统读)
桧(一)guì(树名)
(二)huì(人名)
秦~
刽guì(统读)
聒guō(统读)
蝈guō(统读)
过guò(除姓氏读guō外,都读guò)

H

虾há
~蟆
哈(一)hǎ
~达
(二)hà
~什蚂
汗hán
可~
巷hàng
~道
号háo
寒~鸟
和(一)hè
唱~ 附~
曲高~寡
(二)huo
搀~ 搅~ 暖~
热~ 软~
貉(一)hé(文)
一丘之~
(二)háo(语)
~绒 ~子
壑hè(统读)
褐hè(统读)
喝hè
~彩 ~道 ~令
~止 呼幺~六
鹤hè(统读)
黑hēi(统读)
亨hēng(统读)
横(一)héng

~肉　~行霸道
(二)hèng
蛮~　~财
訇hōng(统读)
虹(一)hóng(文)
彩~　~吸
(二)jiàng(语)
限于单用。
讧hòng(统读)
囫hú(统读)
瑚hú(统读)
蝴hú(统读)
桦huà(统读)
徊huái(统读)
踝huái(统读)
浣huàn(统读)
黄huáng(统读)
荒huang
饥~(指经济困难)
诲huì(统读)
贿huì(统读)
会huì
一~儿　多~儿
~厌(生理名词)
混hùn
~合　~乱　~凝土
~淆　~血儿　~杂
蠖huò(统读)
霍huò(统读)
豁huò
~亮
获huò(统读)

J

羁jī(统读)
击jī(统读)
奇jī
~数
芨jī(统读)
缉(一)jī
通~　侦~
(二)qī
~鞋口
几jī
茶~　条~
圾jī(统读)
戢jí(统读)
疾jí(统读)
汲jí(统读)
棘jí(统读)
藉jí
狼~(籍)
嫉jí(统读)
脊jǐ(统读)
纪(一)jǐ〔姓〕
(二)jì
~念　~律
纲~　~元
偈jì
~语
绩jì(统读)
迹jì(统读)
寂jì(统读)
箕ji
簸~
辑ji
逻~
茄jiā
雪~
夹jiā
~带藏掖　~道儿
~攻　~棍　~生
~杂　~竹桃　~注
浃jiā(统读)
甲jiǎ(统读)
歼jiān(统读)
鞯jiān(统读)
间(一)jiān
~不容发　中~
(二)jiàn
中~儿　~道　~谍
~断　~或　~接
~距　~隙　~续
~阻　~作　挑拨离~
趼jiǎn(统读)
俭jiǎn(统读)
缰jiāng(统读)
嚼(一)jiáo(语)
味同~蜡　咬文~字
(二)jué(文)
咀~　过屠门而大~
(三)jiào
倒~(倒嚼)
侥jiǎo
~幸
角(一)jiǎo
八~(大茴香)　~落
独~戏　~膜　~度
头~　犄~　~楼
勾心斗~　号~
口~(嘴~)
(二)jué
~斗　~儿(脚色)
主~儿　配~儿
~力　捧~儿
脚(一)jiǎo

根～

(二)jué

～儿(也作"角儿",脚色)

剿(一)jiǎo

围～

(二)chāo

～说　～袭

校jiào

～勘　～样　～正

较jiào(统读)

酵jiào(统读)

嗟jiē(统读)

疖jiē(统读)

结jié(除"～了个果子"、"开花～果"、"～巴"、"～实"念jiē之外,其他都念jié)

睫jié(统读)

芥(一)jiè

～菜(一般的芥菜)

～末

(二)gài

～菜(也作"盖菜")

～蓝菜

矜jīn

～持　自～　～怜

仅jǐn

～～　绝无～有

馑jǐn(统读)

觐jìn(统读)

浸jìn(统读)

斤jin

千～(起重工具)

茎jīng(统读)

粳jīng(统读)

鲸jīng(统读)

境jìng(统读)

痉jìng(统读)

劲jìng

刚～

窘jiǒng(统读)

究jiū(统读)

纠jiū(统读)

鞠jū(统读)

鞫jū(统读)

掬jū(统读)

苴jū(统读)

咀jǔ

～嚼

矩(一)jǔ

～形

(二)ju

规～

俱jù(统读)

龟jūn

～裂(也作"皲裂")

菌(一)jūn

细～　病～

杆～　霉～

(二)jùn

香～　～子

俊jùn(统读)

K

卡(一)kǎ

～宾枪　～车　～介苗

～片　～通

(二)qiǎ

～子　关～

揩kāi(统读)

慨kǎi(统读)

忾kài(统读)

勘kān(统读)

看kān

～管　～护　～守

慷kāng(统读)

拷kǎo(统读)

坷kē

～拉(垃)

疴kē(统读)

壳(一)ké(语)

～儿　贝～儿　脑～

驳～枪

(二)qiào(文)

地～　甲～　躯～

可(一)kě

～～儿的

(二)kè

～汗

恪kè(统读)

刻kè(统读)

克kè(统读)

～扣

空(一)kōng

～心砖　～城计

(二)kòng

～心吃药

眍kōu(统读)

酷kù(统读)

框kuàng(统读)

矿kuàng(统读)

傀kuǐ(统读)

溃(一)kuì

～烂

(二)huì

~脓
篑kuì(统读)
括kuò(统读)

L

垃lā(统读)
邋lā(统读)
罱lǎn(统读)
缆lǎn(统读)
蓝lan
苤~
琅láng(统读)
捞lāo(统读)
劳láo(统读)
醪láo(统读)
烙(一)lào
~印　~铁　~饼
(二)luò
炮~　(古酷刑)
勒(一)lè(文)
~逼　~令　~派
~索　悬崖~马
(二)lēi(语)多单用。
擂léi(除"~台"、"打~"读lèi外,都读léi)
羸léi(统读)
蕾lěi(统读)
累　(一)lèi [辛劳义,如"受~"(受劳~)]
(二)léi
~赘
(三)lěi [牵连义,如"带~"、"~及"、"连~"、"赔~"、"牵~"、"受~"(受牵~)]
蠡(一)lí
管窥~测
(二)lǐ
~县　范~
喱lí(统读)
连lián(统读)
敛liǎn(统读)
恋liàn(统读)
量(一)liàng
~入为出　忖~
(二)liang
打~　掂~
踉liàng
~跄
潦liáo
~草　~倒
劣liè(统读)
捩liè(统读)
趔liè(统读)
拎līn(统读)
遴lín(统读)
淋(一)lín
~浴　~漓　~巴
(二)lìn
~硝　~盐　~病
蛉líng(统读)
榴liú(统读)
馏(一)liú(文)
如"干~"、"蒸~"。
(二)liù(语)
如"~馒头"。
镏liú
~金
碌liù
~碡
笼(一)lóng(名物义)
~子　牢~
(二)lǒng(动作义)
~络　~括
~统　~罩
偻(一)lóu
佝~
(二)lǚ
伛~
虏lǔ(统读)
掳lǔ(统读)
露(一)lù(文)
赤身~体　~天
~骨　~头角
藏头~尾　抛头~面
~头(矿)
(二)lòu(语)
~富　~苗　~光
~相　~马脚　~头
榈lǘ(统读)
捋(一)lǚ
~胡子
(二)luō
~袖子
绿(一)lǜ(语)
(二)lù(文)
~林　鸭~江
孪luán(统读)
挛luán(统读)
掠lüè(统读)
囵lún(统读)
络luò
~腮胡子
落(一)luò(文)
~膘　~魄　涨~
~槽　着~

(二)lào(语)

~架 ~色 ~炕

~枕 ~儿

~子(一种曲艺)

(三)là(语)遗落义。

丢三~四 ~在后面

M

脉mài(除"~~"念mòmò外,一律念mài)

漫màn(统读)

蔓(一)màn(文)

~延

(二)wàn(语)

瓜~ 压~

氓máng

流~

芒máng(统读)

铆mǎo(统读)

瑁mào(统读)

虻méng(统读)

盟méng(统读)

祢mí(统读)

眯(一)mí

~了眼(灰尘等入目)

(二)mī

~了一会儿(小睡)

~缝着眼(微微合目)

靡(一)mí

~费

(二)mǐ

风~ 委~ 披~

秘mì(除"~鲁"读bì外,都读mì)

泌(一)mì(语)

分~

(二)bì(文)

~阳〔地名〕

娩miǎn(统读)

缈miǎo(统读)

皿mǐn(统读)

闽mǐn(统读)

茗míng(统读)

酩mǐng(统读)

谬miù(统读)

摸mō(统读)

模(一)mó

~范 ~式 ~型

~糊 ~特儿

~棱两可

(二)mú

~子 ~具 ~样

膜mó(统读)

摩mó

按~ 抚~

嬷mó(统读)

墨mò(统读)

耱mò(统读)

沫mò(统读)

缪móu

绸~

N

难(一)nán

困~ (或变轻声)

~兄~弟(难得的兄弟,现多用作贬义)

(二)nàn

排~解纷 发~

刁~ 责~

~兄~弟(共患难或同受苦难的人)

蝻nǎn(统读)

蛲náo(统读)

讷nè(统读)

馁něi(统读)

嫩nèn(统读)

恁nèn(统读)

妮nī(统读)

拈niān(统读)

鲇nián(统读)

酿niàng(统读)

尿(一)niào

糖~病

(二)suī(只用于口语名词)

~脬

嗫niè(统读)

宁(一)níng

安~

(二)nìng

~可

忸niǔ(统读)

脓nóng(统读)

弄(一)nòng

玩~

(二)lòng

~堂

暖nuǎn(统读)

衄nǜ(统读)

疟(一)nüè(文)

~疾

(二)yào(语)

发~子

娜(一)nuó

婀~ 袅~

(二)nà(人名)

O

殴ōu(统读)
呕ǒu(统读)

P

杷pá(统读)
琶pá(统读)
牌pái(统读)
排pǎi
　~子车
迫pǎi
　~击炮
湃pài(统读)
爿pán(统读)
胖pán
心广体~(~为安舒貌)
蹒pán(统读)
畔pàn(统读)
乓pāng(统读)
滂pāng(统读)
脬pāo(统读)
胚pēi(统读)
喷(一)pēn
　~嚏
　(二)pèn
　~香
　(三)pen
　嚏~
澎péng(统读)
坯pī(统读)
披pī(统读)
匹pǐ(统读)
僻pì(统读)
譬pì(统读)
片(一)piàn
　~子　唱~　画~
　相~　影~　~儿会
　(二)piān(口语一部分词)
　~子　~儿　唱~儿
　画~儿　相~儿
　影~儿
剽piāo(统读)
缥piāo
　~缈(飘渺)
撇piē
　~弃
聘pìn(统读)
乒pīng(统读)
颇pō(统读)
剖pōu(统读)
仆(一)pū
　前~后继
　(二)pú
　~从
扑pū(统读)
朴(一)pǔ
　俭~　~素　~质
　(二)pō
　~刀
　(三)pò
　~硝
蹼pǔ(统读)
瀑pù
　~布
曝(一)pù
　一~十寒
　(二)bào
　~光(摄影术语)

Q

栖qī
　两~
戚qī(统读)
漆qī(统读)
期qī(统读)
蹊qī
　~跷
蛴qí(统读)
畦qí(统读)
萁qí(统读)
骑qí(统读)
企qǐ(统读)
绮qǐ(统读)
杞qǐ(统读)
槭qì(统读)
洽qià(统读)
签qiān(统读)
潜qián(统读)
荨(一)qián(文)
　~麻
　(二)xún(语)
　~麻疹
嵌qiàn(统读)
欠qian
　打哈~
戕qiāng(统读)
镪qiāng
　~水
强(一)qiáng
　~渡　~取豪夺
　~制　博闻~识
　(二)qiǎng
　勉~　牵~　~迫
　~词夺理　~颜欢笑
　(三)jiàng
　倔~

跄qiàng(统读)

悄(一)qiāo

~~儿的

(二)qiǎo

~声

橇qiāo(统读)

翘(一)qiào(语)

~尾巴

(二)qiáo(文)

~首 ~楚

怯(qiè)(统读)

挈(qiè)(统读)

趄qie

趔~

侵qīn(统读)

衾qīn(统读)

噙qín(统读)

倾qīng(统读)

亲qìng

~家

穹qióng(统读)

黢qū(统读)

曲qū

大~ 红~

渠qú(统读)

瞿qú(统读)

蠼qú(统读)

苣qǔ

~荬菜

龋qǔ(统读)

趣qù(统读)

雀què

~斑 ~盲症

R

髯rán(统读)

攘rǎng(统读)

桡ráo(统读)

绕rào(统读)

任rén(姓,地名)

妊rèn(统读)

扔rēng(统读)

容róng(统读)

糅róu(统读)

茹rú(统读)

孺rú(统读)

蠕rú(统读)

辱rǔ(统读)

S

噻sāi(统读)

散(一)sǎn

懒~ 零零~~ ~漫

(二)san

零~

丧sang

哭~着脸

扫(一)sǎo

~兴

(二)sào

~帚

埽sào(统读)

色(一)sè(文)

(二)shǎi(语)

塞(一)sè(文)动作义。

(二)sāi(语)名物义,如"活~"、"瓶~";动作义,如"把洞~住"。

森sēn(统读)

煞(一)shā

~尾 ~车

(二)shà

~白

啥shá(统读)

厦(一)shà(语)

(二)xià(文)

~门 噶~

杉(一)shān(文)

紫~ 红~ 水~

(二)shā(语)

~篙 ~木

衫shān(统读)

姗shān(统读)

苫(一)shàn(动作义,如"~布")

(二)shān(名物义,如"草~子")

墒shāng(统读)

猞shē(统读)

舍shè

宿~

慑shè(统读)

摄shè(统读)

射shè(统读)

谁shéi,又音shuí

娠shēn(统读)

什shén

~么

蜃shèn(统读)

葚(一)shèn(文)

桑~

(二)rèn(语)

桑~儿

胜shèng(统读)

识shí

常~ ~货 ~字

似shì

～的
室shì(统读)
螫shì(统读)
匙shi
钥～
殊shū(统读)
蔬shū(统读)
疏shū(统读)
叔shū(统读)
淑shū(统读)
菽shū(统读)
熟(一)shú(文)
(二)shóu(语)
署shǔ(统读)
曙shǔ(统读)
漱shù(统读)
戍shù(统读)
蟀shuài(统读)
孀shuāng(统读)
说shuì
游～
数shuò
～见不鲜
硕shuò(统读)
蒴shuò(统读)
艘sōu(统读)
嗾sǒu(统读)
速sù(统读)
塑sù(统读)
虽suī(统读)
绥suí(统读)
髓suǐ(统读)
遂(一)suì
不～　毛～自荐
(二)suí
半身不～
隧suì(统读)
隼sǔn(统读)
莎suō
～草
缩(一)suō
收～
(二)sù
～砂密(一种植物)
嗍suō(统读)
索suǒ(统读)

T

趿tā(统读)
鳎tǎ(统读)
獭tǎ(统读)
沓(一)tà
杂～
(二)dá
一～纸
苔(一)tái(文)
(二)tāi(语)
探tàn(统读)
涛tāo(统读)
悌tì(统读)
佻tiāo(统读)
调tiáo
～皮
帖(一)tiē
妥～　伏伏～～
俯首～耳
(二)tiě
请～　字～儿
(三)tiè
字～　碑～
听tīng(统读)
庭tíng(统读)
骰tóu(统读)
凸tū(统读)
突tū(统读)
颓tuí(统读)
蜕tuì(统读)
臀tún(统读)
唾tuò(统读)

W

娲wā(统读)
挖wā(统读)
瓦wà
～刀
蜿wān(统读)
玩wán(统读)
惋wǎn(统读)
脘wǎn(统读)
往wǎng(统读)
忘wàng(统读)
微wēi(统读)
巍wēi(统读)
薇wēi(统读)
危wēi(统读)
韦wéi(统读)
违wéi(统读)
唯wéi(统读)
圩(一)wéi
～子
(二)xū
～(墟)场
纬wěi(统读)
委wěi
～靡
伪wěi(统读)
萎wěi(统读)

尾(一)wěi
~巴
(二)yǐ
马~
尉wèi
~官
文wén(统读)
闻wén(统读)
紊wěn(统读)
喔wō(统读)
蜗wō(统读)
硪wò(统读)
诬wū(统读)
梧wú(统读)
牾wǔ(统读)
乌wù
~拉草
杌wù(统读)
骛wù(统读)

X

夕xī(统读)
汐xī(统读)
晰xī(统读)
析xī(统读)
皙xī(统读)
昔xī(统读)
溪xī(统读)
悉xī(统读)
蜥xī(统读)
螅xī(统读)
惜xī(统读)
锡xī(统读)
樨xī(统读)
袭xí(统读)
檄xí(统读)
峡xiá(统读)
暇xiá(统读)
吓xià
杀鸡~猴
鲜xiān
屡见不~
锨xiān(统读)
纤xiān
~维
涎xián(统读)
弦xián(统读)
陷xiàn(统读)
霰xiàn(统读)
向xiàng(统读)
相xiàng
~机行事
淆xiáo(统读)
哮xiào(统读)
些xiē(统读)
颉xié
~颃
携xié(统读)
偕xié(统读)
挟xié(统读)
械xiè(统读)
馨xīn(统读)
囟xìn(统读)
行xíng
操~ 德~
发~ 品~
省xǐng
内~ 反~
~亲 不~人事
芎xiōng(统读)
朽xiǔ(统读)
宿xiù
星~ 二十八~
煦xù(统读)
蓿xu
苜~
癣xuǎn(统读)
削(一)xuē(文)
剥~ ~减 瘦~
(二)xiāo(语)
切~ ~铅笔 ~球
穴xué(统读)
学xué(统读)
雪xuě(统读)
血(一)xuè(文)用于复音词及成语，如“贫~”、“心~”、“呕心沥~”、“~泪史”、“狗~喷头”等。
(二)xiě(语)口语多单用，如“流了点儿~”，词如“鸡~”、“~晕”、“~块子”等。
谑xuè(统读)
寻xún(统读)
驯xùn(统读)
逊xùn(统读)
熏xùn
煤气~着了
徇xùn(统读)
殉xùn(统读)

Y

押yā(统读)
崖yá(统读)
哑yǎ
~然失笑
亚yà(统读)

殷yān
　～红
芫yán
　～荽
筵yán(统读)
沿yán(统读)
焰yàn(统读)
夭yāo(统读)
肴yáo(统读)
杳yǎo(统读)
舀yǎo(统读)
钥(一)yào(语)
　～匙
　(二)yuè(文)
　锁～
曜yào(统读)
耀yào(统读)
椰yē(统读)
噎yē(统读)
叶yè
　～公好龙
曳yè
　弃甲～兵　摇～
　～光弹
屹yì(统读)
轶yì(统读)
谊yì(统读)
懿yì(统读)
诣yì(统读)
艾yì
　自怨自～
荫yìn
　(“树～”、“林～道”应作“树阴”、“林阴道”)
应(一)yīng
　～届　～名儿　～许
　提出的条件他都～了
　是我～下来的任务
　(二)yìng
　～承　～付　～声
　～时　～验　～邀
　～用　～征　里～外合
萦yíng(统读)
映yìng(统读)
佣yōng(统读)
庸yōng(统读)
臃yōng(统读)
壅yōng(统读)
拥yōng(统读)
踊yǒng(统读)
咏yǒng(统读)
泳yǒng(统读)
莠yǒu(统读)
愚yú(统读)
娱yú(统读)
愉yú(统读)
伛yǔ(统读)
屿yǔ(统读)
吁yù
　呼～
跃yuè(统读)
晕(一)yūn
　～倒　头～
　(二)yùn
　月～　血～　～车
酝yùn(统读)

Z

匝zā(统读)
杂zá(统读)
载(一)zǎi
　登～　记～
　(二)zài
　搭～　怨声～道
　重～　装～　～歌～舞
簪zān(统读)
咱zán(统读)
暂zàn(统读)
凿záo(统读)
择(一)zé
　选～
　(二)zhái
　～不开　～菜　～席
贼zéi(统读)
憎zēng(统读)
甑zèng(统读)
喳zhā
　唧唧～～
轧yà(除“～钢”、“～辊”念zhá外，其他都念yà)
摘zhāi(统读)
粘zhān
　～贴
涨zhǎng
　～落　高～
着(一)zháo
　～慌　～急　～家
　～凉　～忙　～迷
　～水　～雨
　(二)zhuó
　～落　～手　～眼
　～意　～重　不～边际
　(三)zhāo
　失～
沼zhǎo(统读)
召zhào(统读)

遮zhē(统读)
蛰zhé(统读)
辙zhé(统读)
贞zhēn(统读)
侦zhēn(统读)
帧zhēn(统读)
胗zhēn(统读)
枕zhěn(统读)
诊zhěn(统读)
振zhèn(统读)
知zhī(统读)
织zhī(统读)
脂zhī(统读)
植zhí(统读)
殖(一)zhí
繁～　生～　～民
(二)shi
骨～
指zhǐ(统读)
掷zhì(统读)
质zhì(统读)
蛭zhì(统读)
秩zhì(统读)
栉zhì(统读)
炙zhì(统读)
中zhōng
人～(人口上唇当中处)
种zhòng
点～(义同"点播"。动宾结构念diǎnzhǒng，义为点播种子。)
诌zhōu(统读)
碡zhóu
碌～
骤zhòu(统读)
轴zhòu
大～子　压～子
烛zhú(统读)
逐zhú(统读)
属zhǔ
～望
筑zhù(统读)
著zhù
土～
转zhuǎn
运～
撞zhuàng(统读)
幢(一)zhuàng
一～楼房
(二)chuáng
经～(佛教所设刻有经咒的石柱)
拙zhuō(统读)
茁zhuó(统读)
灼zhuó(统读)
卓zhuó(统读)
综zōng
～合
纵zòng(统读)
粽zòng(统读)
镞zú(统读)
组zǔ(统读)
钻(一)zuān
～探　～孔
(二)zuàn
～床　～杆　～具
佐zuǒ(统读)
唑zuò(统读)
柞(一)zuò
～蚕　～绸
(二)zhà
～水(在陕西)
做zuò(统读)
作zuò(除"～坊"读zuō外，其余都读zuò)

附录十二　现代汉语常用字表

一画

一　乙

二画

二　十　丁　厂　七　卜　人　入　八　九　几　儿　了　力　乃　刀　又

三画

三 于 干 亏 士 工 土 才 寸 下 大 丈 与 万 上 小
口 巾 山 千 乞 川 亿 个 勺 久 凡 及 夕 丸 么 广
亡 门 义 之 尸 弓 己 已 子 卫 也 女 飞 刃 习 叉
马 乡

四画

丰 王 井 开 夫 天 无 元 专 云 扎 艺 木 五 支 厅
不 太 犬 区 历 尤 友 匹 车 巨 牙 屯 比 互 切 瓦
止 少 日 中 冈 贝 内 水 见 午 牛 手 毛 气 升 长
仁 什 片 仆 化 仇 币 仍 仅 斤 爪 反 介 父 从 今
凶 分 乏 公 仓 月 氏 勿 欠 风 丹 匀 乌 凤 勾 文
六 方 火 为 斗 忆 订 计 户 认 心 尺 引 丑 巴 孔
队 办 以 允 予 劝 双 书 幻

五画

玉 刊 示 末 未 击 打 巧 正 扑 扒 功 扔 去 甘 世
古 节 本 术 可 丙 左 厉 右 石 布 龙 平 灭 轧 东
卡 北 占 业 旧 帅 归 且 旦 目 叶 甲 申 叮 电 号
田 由 史 只 央 兄 叼 叫 另 叨 叹 四 生 失 禾 丘
付 仗 代 仙 们 仪 白 仔 他 斥 瓜 乎 丛 令 用 甩
印 乐 句 匆 册 犯 外 处 冬 鸟 务 包 饥 主 市 立
闪 兰 半 汁 汇 头 汉 宁 穴 它 讨 写 让 礼 训 必
议 讯 记 永 司 尼 民 出 辽 奶 奴 加 召 皮 边 发
孕 圣 对 台 矛 纠 母 幼 丝

六画

式 刑 动 扛 寺 吉 扣 考 托 老 执 巩 圾 扩 扫 地
扬 场 耳 共 芒 亚 芝 朽 朴 机 权 过 臣 再 协 西
压 厌 在 有 百 存 而 页 匠 夸 夺 灰 达 列 死 成
夹 轨 邪 划 迈 毕 至 此 贞 师 尘 尖 劣 光 当 早
吐 吓 虫 曲 团 同 吊 吃 因 吸 吗 屿 帆 岁 回 岂
刚 则 肉 网 年 朱 先 丢 舌 竹 迁 乔 伟 传 乒 乓
休 伍 伏 优 伐 延 件 任 伤 价 份 华 仰 仿 伙 伪
自 血 向 似 后 行 舟 全 会 杀 合 兆 企 众 爷 伞
创 肌 朵 杂 危 旬 旨 负 各 名 多 争 色 壮 冲 冰
庄 庆 亦 刘 齐 交 次 衣 产 决 充 妄 闭 问 闯 羊
并 关 米 灯 州 汗 污 江 池 汤 忙 兴 宇 守 宅 字

安 讲 军 许 论 农 讽 设 访 寻 那 迅 尽 导 异 孙
阵 阳 收 阶 阴 防 奸 如 妇 好 她 妈 戏 羽 观 欢
买 红 纤 级 约 纪 驰 巡

七画

寿 弄 麦 形 进 戒 吞 远 违 运 扶 抚 坛 技 坏 扰
拒 找 批 扯 址 走 抄 坝 贡 攻 赤 折 抓 扮 抢 孝
均 抛 投 坟 抗 坑 坊 抖 护 壳 志 扭 块 声 把 报
却 劫 芽 花 芹 芬 苍 芳 严 芦 劳 克 苏 杆 杠 杜
材 村 杏 极 李 杨 求 更 束 豆 两 丽 医 辰 励 否
还 歼 来 连 步 坚 旱 盯 呈 时 吴 助 县 里 呆 园
旷 围 呀 吨 足 邮 男 困 吵 串 员 听 吩 吹 呜 吧
吼 别 岗 帐 财 针 钉 告 我 乱 利 秃 秀 私 每 兵
估 体 何 但 伸 作 伯 伶 佣 低 你 住 位 伴 身 皂
佛 近 彻 役 返 余 希 坐 谷 妥 含 邻 岔 肝 肚 肠
龟 免 狂 犹 角 删 条 卵 岛 迎 饭 饮 系 言 冻 状
亩 况 床 库 疗 应 冷 这 序 辛 弃 冶 忘 闲 间 闷
判 灶 灿 弟 汪 沙 汽 沃 泛 沟 没 沈 沉 怀 忧 快
完 宋 宏 牢 究 穷 灾 良 证 启 评 补 初 社 识 诉
诊 词 译 君 灵 即 层 尿 尾 迟 局 改 张 忌 际 陆
阿 陈 阻 附 妙 妖 妨 努 忍 劲 鸡 驱 纯 纱 纳 纲
驳 纵 纷 纸 纹 纺 驴 纽

八画

奉 玩 环 武 青 责 现 表 规 抹 拢 拔 拣 担 坦 押
抽 拐 拖 拍 者 顶 拆 拥 抵 拘 势 抱 垃 拉 拦 拌
幸 招 坡 披 拨 择 抬 其 取 苦 若 茂 苹 苗 英 范
直 茄 茎 茅 林 枝 杯 柜 析 板 松 枪 构 杰 述 枕
丧 或 画 卧 事 刺 枣 雨 卖 矿 码 厕 奔 奇 奋 态
欧 垄 妻 轰 顷 转 斩 轮 软 到 非 叔 肯 齿 些 虎
虏 肾 贤 尚 旺 具 果 味 昆 国 昌 畅 明 易 昂 典
固 忠 咐 呼 鸣 咏 呢 岸 岩 帖 罗 帜 岭 凯 败 贩
购 图 钓 制 知 垂 牧 物 乖 刮 秆 和 季 委 佳 侍
供 使 例 版 侄 侦 侧 凭 侨 佩 货 依 的 迫 质 欣
征 往 爬 彼 径 所 舍 金 命 斧 爸 采 受 乳 贪 念
贫 肤 肺 肢 肿 胀 朋 股 肥 服 胁 周 昏 鱼 兔 狐
忽 狗 备 饰 饱 饲 变 京 享 店 夜 庙 府 底 剂 郊

废 净 盲 放 刻 育 闸 闹 郑 券 卷 单 炒 炊 炕 炎
炉 沫 浅 法 泄 河 沾 泪 油 泊 沿 泡 注 泻 泳 泥
沸 波 泼 泽 治 怖 性 怕 怜 怪 学 宝 宗 定 宜 审
宙 官 空 帘 实 试 郎 诗 肩 房 诚 衬 衫 视 话 诞
询 该 详 建 肃 录 隶 居 届 刷 屈 弦 承 孟 孤 陕
降 限 妹 姑 姐 姓 始 驾 参 艰 线 练 组 细 驶 织
终 驻 驼 绍 经 贯

九画

奏 春 帮 珍 玻 毒 型 挂 封 持 项 垮 挎 城 挠 政
赴 赵 挡 挺 括 拴 拾 挑 指 垫 挣 挤 拼 挖 按 挥
挪 某 甚 革 荐 巷 带 草 茧 茶 荒 茫 荡 荣 故 胡
南 药 标 枯 柄 栋 相 查 柏 柳 柱 柿 栏 树 要 咸
威 歪 研 砖 厘 厚 砌 砍 面 耐 耍 牵 残 殃 轻 鸦
皆 背 战 点 临 览 竖 省 削 尝 是 盼 眨 哄 显 哑
冒 映 星 昨 畏 趴 胃 贵 界 虹 虾 蚁 思 蚂 虽 品
咽 骂 哗 咱 响 哈 咬 咳 哪 炭 峡 罚 贱 贴 骨 钞
钟 钢 钥 钩 卸 缸 拜 看 矩 怎 牲 选 适 秒 香 种
秋 科 重 复 竿 段 便 俩 贷 顺 修 保 促 侮 俭 俗
俘 信 皇 泉 鬼 侵 追 俊 盾 待 律 很 须 叙 剑 逃
食 盆 胆 胜 胞 胖 脉 勉 狭 狮 独 狡 狱 狠 贸 怨
急 饶 蚀 饺 饼 弯 将 奖 哀 亭 亮 度 迹 庭 疮 疯
疫 疤 姿 亲 音 帝 施 闻 阀 阁 差 养 美 姜 叛 送
类 迷 前 首 逆 总 炼 炸 炮 烂 剃 洁 洪 洒 浇 浊
洞 测 洗 活 派 洽 染 济 洋 洲 浑 浓 津 恒 恢 恰
恼 恨 举 觉 宣 室 宫 宪 突 穿 窃 客 冠 语 扁 袄
祖 神 祝 误 诱 说 诵 垦 退 既 屋 昼 费 陡 眉 孩
除 险 院 娃 姥 姨 姻 娇 怒 架 贺 盈 勇 怠 柔 垒
绑 绒 结 绕 骄 绘 给 络 骆 绝 绞 统

十画

耕 耗 艳 泰 珠 班 素 蚕 顽 盏 匪 捞 栽 捕 振 载
赶 起 盐 捎 捏 埋 捉 捆 捐 损 都 哲 逝 捡 换 挽
热 恐 壶 挨 耻 耽 恭 莲 莫 荷 获 晋 恶 真 框 桂
档 桐 株 桥 桃 格 校 核 样 根 索 哥 速 逗 栗 配
翅 辱 唇 夏 础 破 原 套 逐 烈 殊 顾 轿 较 顿 毙
致 柴 桌 虑 监 紧 党 晒 眠 晓 鸭 晃 晌 晕 蚊 哨

哭 恩 唤 啊 唉 罢 峰 圆 贼 贿 钱 钳 钻 铁 铃 铅
缺 氧 特 牺 造 乘 敌 秤 租 积 秧 秩 称 秘 透 笔
笑 笋 债 借 值 倚 倾 倒 倘 俱 倡 候 俯 倍 倦 健
臭 射 躬 息 徒 徐 舰 舱 般 航 途 拿 爹 爱 颂 翁
脆 脂 胸 胳 脏 胶 脑 狸 狼 逢 留 皱 饿 恋 桨 浆
衰 高 席 准 座 脊 症 病 疾 疼 疲 效 离 唐 资 凉
站 剖 竞 部 旁 旅 畜 阅 羞 瓶 拳 粉 料 益 兼 烤
烘 烦 烧 烛 烟 递 涛 浙 涝 酒 涉 消 浩 海 涂 浴
浮 流 润 浪 浸 涨 烫 涌 悟 悄 悔 悦 害 宽 家 宵
宴 宾 窄 容 宰 案 请 朗 诸 读 扇 袜 袖 袍 被 祥
课 谁 调 冤 谅 谈 谊 剥 恳 展 剧 屑 弱 陵 陶 陷
陪 娱 娘 通 能 难 预 桑 绢 绣 验 继

十一画

球 理 捧 堵 描 域 掩 捷 排 掉 堆 推 掀 授 教 掏
掠 培 接 控 探 据 掘 职 基 著 勒 黄 萌 萝 菌 菜
萄 菊 萍 菠 营 械 梦 梢 梅 检 梳 梯 桶 救 副 票
戚 爽 聋 袭 盛 雪 辅 辆 虚 雀 堂 常 匙 晨 睁 眯
眼 悬 野 啦 晚 啄 距 跃 略 蛇 累 唱 患 唯 崖 崭
崇 圈 铜 铲 银 甜 梨 犁 移 笨 笼 笛 符 第 敏 做
袋 悠 偿 偶 偷 您 售 停 偏 假 得 衔 盘 船 斜 盒
鸽 悉 欲 彩 领 脚 脖 脸 脱 象 够 猜 猪 猎 猫 猛
馅 馆 凑 减 毫 麻 痒 痕 廊 康 庸 鹿 盗 章 竟 商
族 旋 望 率 着 盖 粘 粗 粒 断 剪 兽 清 添 淋 淹
渠 渐 混 渔 淘 液 淡 深 婆 梁 渗 情 惜 惭 悼 惧
惕 惊 惨 惯 寇 寄 宿 窑 密 谋 谎 祸 谜 逮 敢 屠
弹 随 蛋 隆 隐 婚 婶 颈 绩 绪 续 骑 绳 维 绵 绸
绿

十二画

琴 斑 替 款 堪 搭 塔 越 趁 趋 超 提 堤 博 揭 喜
插 揪 搜 煮 援 裁 搁 搂 搅 握 揉 斯 期 欺 联 散
惹 葬 葛 董 葡 敬 葱 落 朝 辜 葵 棒 棋 植 森 椅
椒 棵 棍 棉 棚 棕 惠 惑 逼 厨 厦 硬 确 雁 殖 裂
雄 暂 雅 辈 悲 紫 辉 敞 赏 掌 晴 暑 最 量 喷 晶
喇 遇 喊 景 践 跌 跑 遗 蛙 蛛 蜓 喝 喂 喘 喉 幅
帽 赌 赔 黑 铸 铺 链 销 锁 锄 锅 锈 锋 锐 短 智

毯 鹅 剩 稍 程 稀 税 筐 等 筑 策 筛 筒 答 筋 筝
傲 傅 牌 堡 集 焦 傍 储 奥 街 惩 御 循 艇 舒 番
释 禽 腊 脾 腔 鲁 猾 猴 然 馋 装 蛮 就 痛 童 阔
善 羡 普 粪 尊 道 曾 焰 港 湖 渣 湿 温 渴 滑 湾
渡 游 滋 溉 愤 慌 惰 愧 愉 慨 割 寒 富 窜 窝 窗
遍 裕 裤 裙 谢 谣 谦 属 屡 强 粥 疏 隔 隙 絮 嫂
登 缎 缓 编 骗 缘

十三画

瑞 魂 肆 摄 摸 填 搏 塌 鼓 摆 携 搬 摇 搞 塘 摊
蒜 勤 鹊 蓝 墓 幕 蓬 蓄 蒙 蒸 献 禁 楚 想 槐 榆
楼 概 赖 酬 感 碍 碑 碎 碰 碗 碌 雷 零 雾 雹 输
督 龄 鉴 睛 睡 睬 鄙 愚 暖 盟 歇 暗 照 跨 跳 跪
路 跟 遣 蛾 蜂 嗓 置 罪 罩 错 锡 锣 锤 锦 键 锯
矮 辞 稠 愁 筹 签 简 毁 舅 鼠 催 傻 像 躲 微 愈
遥 腰 腥 腹 腾 腿 触 解 酱 痰 廉 新 韵 意 粮 数
煎 塑 慈 煤 煌 满 漠 源 滤 滥 滔 溪 溜 滚 滨 粱
滩 慎 誉 塞 谨 福 群 殿 辟 障 嫌 嫁 叠 缝 缠

十四画

静 碧 璃 墙 撇 嘉 摧 截 誓 境 摘 摔 聚 蔽 慕 暮
蔑 模 榴 榜 榨 歌 遭 酷 酿 酸 磁 愿 需 弊 裳 颗
嗽 蜻 蜡 蝇 蜘 赚 锹 锻 舞 稳 算 箩 管 僚 鼻 魄
貌 膜 膊 膀 鲜 疑 馒 裹 敲 豪 膏 遮 腐 瘦 辣 竭
端 旗 精 歉 熄 熔 漆 漂 漫 滴 演 漏 慢 寨 赛 察
蜜 谱 嫩 翠 熊 凳 骡 缩

十五画

慧 撕 撒 趣 趟 撑 播 撞 撤 增 聪 鞋 蕉 蔬 横 槽
樱 橡 飘 醋 醉 震 霉 瞒 题 暴 瞎 影 踢 踏 踩 踪
蝶 蝴 嘱 墨 镇 靠 稻 黎 稿 稼 箱 箭 篇 僵 躺 僻
德 艘 膝 膛 熟 摩 颜 毅 糊 遵 潜 潮 懂 额 慰 劈

十六画

操 燕 薯 薪 薄 颠 橘 整 融 醒 餐 嘴 蹄 器 赠 默
镜 赞 篮 邀 衡 膨 雕 磨 凝 辨 辩 糖 糕 燃 澡 激
懒 壁 避 缴

十七画

戴 擦 鞠 藏 霜 霞 瞧 蹈 螺 穗 繁 辫 赢 糟 糠 燥

臂 翼 骤

十八画

鞭 覆 蹦 镰 翻 鹰

十九画

警 攀 蹲 颤 瓣 爆 疆

二十画

壤 耀 躁 嚼 嚷 籍 魔 灌

二十一画

蠢 霸 露

二十二画

囊

二十三画

罐

附录十三 国家语言文字工作委员会、国家教育委员会、广播电影电视部关于开展普通话水平测试工作的决定

(国语〔1994〕43号)

各省、自治区、直辖市语委、教委、高教、教育厅(局)、广播电视厅(局):

《中华人民共和国宪法》规定:"国家推广全国通用的普通话。"推广普通话是社会主义精神文明建设的重要内容;社会主义市场经济的迅速发展和语言文字信息处理技术的不断革新,使推广普通话的紧迫性日益突出。国务院在批转国家语委关于当前语言文字工作请示的通知(国发〔1992〕63号文件)中强调指出,推广普通话对于改革开放和社会主义现代化建设具有重要意义,必须给予高度重视。为加快普及进程,不断提高全社会普通话水平,国家语言文字工作委员会、国家教育委员会和广播电影电视部决定:

一、普通话是以汉语文授课的各级各类学校的教学语言;是以汉语传送的各级广播电台、电视台的规范语言,是汉语电影、电视剧、话剧必须使用的规范语言;是全国党政机关、团体、企事业单位干部在公务活动中必须使用的工作语言;是不同方言区及国内不同民族之间的通用语言。掌握并使用一定水平的普通话是社会各行各业人员,特别是教师、播音员、节目主持人、演员等专业人员必备的

职业素质。因此,有必要在一定范围内对某些岗位的人员进行普通话水平测试,并逐步实行普通话等级证书制度。

二、现阶段的主要测试对象和他们应达到的普通话等级要求是:

中小学教师、师范院校的教师和毕业生应达到一级或二级水平,专门教授普通话语音的教师应达到一级水平;

县级以上(含县级)广播电台和电视台的播音员、节目主持人应达到一级水平(此要求列入广播电影电视部部颁岗位规范,逐步实行持普通话等级合格证书上岗);

电影、电视剧演员和配音演员,以及相关专业的院校毕业生应达到一级水平。

三、测试对象经测试达到规定的等级要求时,颁发普通话等级证书。对播音员、节目主持人、教师等岗位人员,从1995年起逐步实行持普通话等级证书上岗制度。

四、成立国家普通话水平测试委员会,负责领导全国普通话水平测试工作。委员会由国家语言文字工作委员会、国家教育委员会、广播电影电视部有关负责同志和专家学者若干人组成。委员会下设秘书长一人、副秘书长若干人处理日常工作,办公室设在国家语委普通话培训测试中心。各省、自治区、直辖市也应相应地成立测试委员会和培训测试中心,负责本地区的普通话培训测试工作。

普通话培训测试中心为事业单位,测试工作要合理收费,开展工作初期,应有一定的启动经费,培训和测试工作要逐步做到自收自支。

五、普通话水平测试工作按照《普通话水平测试实施办法(试行)》和《普通话水平测试等级标准(试行)》的规定进行。

六、普通话水平测试是推广普通话工作的重要组成部分,是使推广普通话工作逐步走向科学化、规范化、制度化的重要举措。各省、自治区、直辖市语委、教委、高教、教育厅(局)、广播电视厅(局)要密切配合、互相协作,加强宣传,不断总结经验,切实把这项工作做好。

国家语言文字工作委员会
国家教育委员会
广播电影电视部
1994年10月30日

附录十四　普通话水平测试等级标准(试行)

（国家语言文字工作委员会1997年12月5日颁布，
国语〔1997〕64号）

一　级

甲等　朗读和自由交谈时，语音标准，词汇、语法正确无误，语调自然，表达流畅。测试总失分率在3%以内。

乙等　朗读和自由交谈时，语音标准，词汇、语法正确无误，语调自然，表达流畅。偶然有字音、字调失误。测试总失分率在8%以内。

二　级

甲等　朗读和自由交谈时，声韵调发音基本标准，语调自然，表达流畅。少数难点音(平翘舌音、前后鼻尾音、边鼻音等)有时出现失误。词汇、语法极少有误。测试总失分率在13%以内。

乙等　朗读和自由交谈时，个别调值不准，声韵母发音有不到位现象。难点音(平翘舌音、前后鼻尾音、边鼻音、fu–hu、z–zh–l送气不送气、i–ü不分、保留浊塞音和浊塞擦音、丢介音、复韵母单音化等)失误较多。方言语调不明显。有使用方言词、方言语法的情况。测试总失分率在20%以内。

三　级

甲等　朗读和自由交谈时，声韵调发音失误较多，难点音超出常见范围，声调调值多不准。方言语调较明显。词汇、语法有失误。测试总失分率在30%以内。

乙等　朗读和自由交谈时，声韵调发音失误多，方音特征突出。方言语调明显。词汇、语法失误较多。外地人听其谈话有听不懂情况。测试总失分率在40%以内。

附录十五　普通话水平测试大纲

（教育部国家语委发教语用〔2003〕2号文件）

根据教育部、国家语言文字工作委员会发布的《普通话水平测试管理规定》、《普通话水平测试等级标准》，制定本大纲。

一、测试的名称、性质、方式

本测试定名为"普通话水平测试"(PUTONGHUASHUIPINGCESHI，缩写为PSC)。

普通话水平测试测查应试人的普通话规范程度、熟练程度,认定其普通话水平等级,属于标准参照性考试。本大纲规定测试的内容、范围、题型及评分系统。

普通话水平测试以口试方式进行。

二、测试内容和范围

普通话水平测试的内容包括普通话语音、词汇和语法。

普通话水平测试的范围是国家测试机构编制的《普通话水平测试用普通话词语表》、《普通话水平测试用普通话与方言词语对照表》、《普通话水平测试用普通话与方言常见语法差异对照表》、《普通话水平测试用朗读作品》、《普通话水平测试用话题》。

三、试卷构成和评分

试卷包括5个组成部分,满分为100分。

(一)读单音节字词(100个音节,不含轻声、儿化音节),限时3.5分钟,共10分。

1.目的:测查应试人声母、韵母、声调读音的标准程度。

2.要求:

(1)100个音节中,70%选自《普通话水平测试用普通话词语表》"表一",30%选自"表二"。

(2)100个音节中,每个声母出现次数一般不少于3次,每个韵母出现次数一般不少于2次,4个声调出现次数大致均衡。

(3)音节的排列要避免同一测试要素连续出现。

3.评分:

(1)语音错误,每个音节扣0.1分。

(2)语音缺陷,每个音节扣0.05分。

(3)超时1分钟以内,扣0.5分;超时1分钟以上(含1分钟),扣1分。

(二)读多音节词语(100个音节),限时2.5分钟,共20分。

1.目的:测查应试人声母、韵母、声调和变调、轻声、儿化读音的标准程度。

2.要求:

(1)词语的70%选自《普通话水平测试用普通话词语表》"表一",30%选自"表二"。

(2)声母、韵母、声调出现的次数与读单音节字词的要求相同。

(3)上声与上声相连的词语不少于3个,上声与非上声相连的词语不少于4个,轻声不少于3个,儿化不少于4个(应为不同的儿化韵母)。

(4)词语的排列要避免同一测试要素连续出现。

3.评分:

(1)语音错误,每个音节扣0.2分。

(2)语音缺陷,每个音节扣0.1分。

(3)超时1分钟以内,扣0.5分;超时1分钟以上(含1分钟),扣1分。

(三)选择判断*,限时3分钟,共10分。

1.词语判断(10组)

(1)目的:测查应试人掌握普通话词语的规范程度。

(2)要求:根据《普通话水平测试用普通话与方言词语对照表》,列举10组普通话与方言意义相对应但说法不同的词语,由应试人判断并读出普通话的词语。

(3)评分:判断错误,每组扣0.25分。

2.量词、名词搭配(10组)

(1)目的:测查应试人掌握普通话量词和名词搭配的规范程度。

(2)要求:根据《普通话水平测试用普通话与方言常见语法差异对照表》,列举10个名词和若干量词,由应试人搭配并读出符合普通话规范的10组名量短语。

(3)评分:搭配错误,每组扣0.5分。

3.语序或表达形式判断(5组)

(1)目的:测查应试人掌握普通话语法的规范程度。

(2)要求:根据《普通话水平测试用普通话与方言常见语法差异对照表》,列举5组普通话和方言意义相对应,但语序或表达习惯不同的短语或短句,由应试人判断并读出符合普通话语法规范的表达形式。

(3)评分:判断错误,每组扣0.5分。

选择判断合计超时1分钟以内,扣0.5分;超时1分钟以上(含1分钟),扣1分。答题时语音错误,每个错误音节扣0.1分;如判断错误已经扣分,不重复扣分。

(四)朗读短文(1篇,400个音节),限时4分钟,共30分。

1.目的:测查应试人使用普通话朗读书面作品的水平。在测查声母、韵母、声调读音标准程度的同时,重点测查连读音变、停连、语调以及流畅程度。

2.要求:

(1)短文从《普通话水平测试用朗读作品》中选取。

(2)评分以朗读作品的前400个音节(不含标点符号和括注的音节)为限。

3.评分:

(1)每错1个音节,扣0.1分;漏读或增读1个音节,扣0.1分。

(2)声母或韵母的系统性语音缺陷，视程度扣0.5分、1分。

(3)语调偏误，视程度扣0.5分、1分、2分。

(4)停连不当，视程度扣0.5分、1分、2分。

(5)朗读不流畅(包括回读)，视程度扣0.5分、1分、2分。

(6)超时扣1分。

(五)命题说话，限时3分钟，共30分。

1.目的：测查应试人在无文字凭借的情况下说普通话的水平，重点测查语音标准程度、词汇语法规范程度和自然流畅程度。

2.要求：

(1)说话话题从《普通话水平测试用话题》中选取，由应试人从给定的两个话题中选定1个话题，连续说一段话。

(2)应试人单向说话。如发现应试人有明显背稿、离题、说话难以继续等表现时，主试人应及时提示或引导。

3.评分：

(1)语音标准程度，共20分。分六档：

一档：语音标准，或极少有失误。扣0分、0.5分、1分。

二档：语音错误在10次以下，有方音但不明显。扣1.5分、2分。

三档：语音错误在10次以下，但方音比较明显；或语音错误在10次—15次之间，有方音但不明显。扣3分、4分。

四档：语音错误在10次—15次之间，方音比较明显。扣5分、6分。

五档：语音错误超过15次，方音明显。扣7分、8分、9分。

六档：语音错误多，方音重。扣10分、11分、12分。

(2)词汇语法规范程度，共5分。分三档：

一档：词汇、语法规范。扣0分。

二档：词汇、语法偶有不规范的情况。扣0.5分、1分。

三档：词汇、语法屡有不规范的情况。扣2分、3分。

(3)自然流畅程度，共5分。分三档：

一档：语言自然流畅。扣0分。

二档：语言基本流畅，口语化较差，有背稿子的表现。扣0.5分、1分。

三档：语言不连贯，语调生硬。扣2分、3分。

说话不足3分钟，酌情扣分：缺时1分钟以内(含1分钟)，扣1分、2分、3分；缺时1分钟以上，扣4分、5分、6分；说话不满30秒(含30秒)，本测试项成绩计为0分。

四、应试人普通话水平等级的确定

国家语言文字工作部门发布的《普通话水平测试等级标准》是确定应试人普

通话水平等级的依据。测试机构根据应试人的测试成绩确定其普通话水平等级，由省、自治区、直辖市以上语言文字工作部门颁发相应的普通话水平测试等级证书。

普通话水平划分为三个级别，每个级别内划分两个等次。其中：

97分及其以上，为一级甲等；

92分及其以上但不足97分，为一级乙等；

87分及其以上但不足92分，为二级甲等；

80分及其以上但不足87分，为二级乙等；

70分及其以上但不足80分，为三级甲等；

60分及其以上但不足70分，为三级乙等。

*说明：各省、自治区、直辖市语言文字工作部门可以根据测试对象或本地区的实际情况，决定是否免测“选择判断”测试项。如免测此项，“命题说话”测试项的分值由30分调整为40分。评分档次不变，具体分值调整如下：

(1)语音标准程度的分值，由20分调整为25分。

一档：扣0分、1分、2分。

二档：扣3分、4分。

三档：扣5分、6分。

四档：扣7分、8分。

五档：扣9分、10分、11分。

六档：扣12分、13分、14分。

(2)词汇语法规范程度的分值，由5分调整为10分。

一档：扣0分。

二档：扣1分、2分。

三档：扣3分、4分。

(3)自然流畅程度，仍为5分，各档分值不变。

附录十六　中华人民共和国国家通用语言文字法

(2000年10月31日第九届全国人民代表大会
常务委员会第十八次会议通过)

第一章　总　则

第一条　为推动国家通用语言文字的规范化、标准化及其健康发展，使国家通用语言文字在社会生活中更好地发挥作用，促进各民族、各地区经济文化交流，根据宪法，制定本法。

第二条 本法所称的国家通用语言文字是普通话和规范汉字。

第三条 国家推广普通话，推行规范汉字。

第四条 公民有学习和使用国家通用语言文字的权利。

国家为公民学习和使用国家通用语言文字提供条件。

地方各级人民政府及其有关部门应当采取措施，推广普通话和推行规范汉字。

第五条 国家通用语言文字的使用应当有利于维护国家主权和民族尊严，有利于国家统一和民族团结，有利于社会主义物质文明建设和精神文明建设。

第六条 国家颁布国家通用语言文字的规范和标准，管理国家通用语言文字的社会应用，支持国家通用语言文字的教学和科学研究，促进国家通用语言文字的规范、丰富和发展。

第七条 国家奖励为国家通用语言文字事业作出突出贡献的组织和个人。

第八条 各民族都有使用和发展自己的语言文字的自由。

少数民族语言文字的使用依据宪法、民族区域自治法及其他法律的有关规定。

第二章　国家通用语言文字的使用

第九条 国家机关以普通话和规范汉字为公务用语用字。法律另有规定的除外。

第十条 学校及其他教育机构以普通话和规范汉字为基本的教育教学用语用字。法律另有规定的除外。

学校及其他教育机构通过汉语文课程教授普通话和规范汉字。使用的汉语文教材，应当符合国家通用语言文字的规范和标准。

第十一条 汉语文出版物应当符合国家通用语言文字的规范和标准。

汉语文出版物中需要使用外国语言文字的，应当用国家通用语言文字作必要的注释。

第十二条 广播电台、电视台以普通话为基本的播音用语。

需要使用外国语言为播音用语的，须经国务院广播电视部门批准。

第十三条 公共服务行业以规范汉字为基本的服务用字。因公共服务需要，招牌、广告、告示、标志牌等使用外国文字并同时使用中文的，应当使用规范汉字。

提倡公共服务行业以普通话为服务用语。

第十四条 下列情形，应当以国家通用语言文字为基本的用语用字：

（一）广播、电影、电视用语用字；

(二)公共场所的设施用字;

(三)招牌、广告用字;

(四)企业事业组织名称;

(五)在境内销售的商品的包装、说明。

第十五条 信息处理和信息技术产品中使用的国家通用语言文字应当符合国家的规范和标准。

第十六条 本章有关规定中,有下列情形的,可以使用方言:

(一)国家机关的工作人员执行公务时确需使用的;

(二)经国务院广播电视部门或省级广播电视部门批准的播音用语;

(三)戏曲、影视等艺术形式中需要使用的;

(四)出版、教学、研究中确需使用的。

第十七条 本章有关规定中,有下列情形的,可以保留或使用繁体字、异体字:

(一)文物古迹;

(二)姓氏中的异体字;

(三)书法、篆刻等艺术作品;

(四)题词和招牌的手书字;

(五)出版、教学、研究中需要使用的;

(六)经国务院有关部门批准的特殊情况。

第十八条 国家通用语言文字以《汉语拼音方案》作为拼写和注音工具。

《汉语拼音方案》是中国人名、地名和中文文献罗马字母拼写法的统一规范,并用于汉字不便或不能使用的领域。

初等教育应当进行汉语拼音教学。

第十九条 凡以普通话作为工作语言的岗位,其工作人员应当具备说普通话的能力。

以普通话作为工作语言的播音员、节目主持人和影视话剧演员、教师、国家机关工作人员的普通话水平,应当分别达到国家规定的等级标准;对尚未达到国家规定的普通话等级标准的,分别情况进行培训。

第二十条 对外汉语教学应当教授普通话和规范汉字。

第三章 管理和监督

第二十一条 国家通用语言文字工作由国务院语言文字工作部门负责规划指导、管理监督。

国务院有关部门管理本系统的国家通用语言文字的使用。

第二十二条 地方语言文字工作部门和其他有关部门,管理和监督本行政区域内的国家通用语言文字的使用。

第二十三条 县级以上各级人民政府工商行政管理部门依法对企业名称、商品名称以及广告的用语用字进行管理和监督。

第二十四条 国务院语言文字工作部门颁布普通话水平测试等级标准。

第二十五条 外国人名、地名等专有名词和科学技术术语译成国家通用语言文字,由国务院语言文字工作部门或者其他有关部门组织审定。

第二十六条 违反本法第二章有关规定,不按照国家通用语言文字的规范和标准使用语言文字的,公民可以提出批评和建议。

本法第十九条第二款规定的人员用语违反本法第二章有关规定的,有关单位应当对直接责任人员进行批评教育;拒不改正的,由有关单位作出处理。

城市公共场所的设施和招牌、广告用字违反本法第二章有关规定的,由有关行政管理部门责令改正;拒不改正的,予以警告,并督促其限期改正。

第二十七条 违反本法规定,干涉他人学习和使用国家通用语言文字的,由有关行政管理部门责令限期改正,并予以警告。

第四章 附 则

第二十八条 本法自2001年1月1日起施行。

附录十七 推荐书目

[1]国家语委普通话培训测试中心编制.普通话水平测试实施纲要.北京:商务印书馆,2004.

[2]中央文明办、国家语委编.国家通用语言文字规范知识读本.北京:学习出版社,2001.

[3]张瑞主编.语言文字应用手册.成都:四川辞书出版社,2004.

[4]张觉编著.现代汉语规范指南.上海:汉语大辞典出版社,2002.

[5]彭红著.普通话正音.上海:上海辞书出版社,2002.

[6]徐世荣编著.普通话正音手册.2版.北京:语文出版社,1997.

[7]《咬文嚼字》编辑部.咬文嚼字(合订本).上海:上海文化出版社,1995—2010.